DU MÊME AUTEUR

Participation à l'ouvrage collectif :
Industrialisation et changements sociaux dans l'Orient arabe, CERMOC, Beyrouth, diffusion P.U.L., 1982.

Les Palestiniens : naissance d'un pouvoir
(à paraître), éd. L'Harmattan, Paris, 1989.

ISBN 2-87027-273-1
D/1638/1989/6

La déchirure libanaise

Nadine Picaudou

La déchirure libanaise

Questions au XXe siècle

EDITIONS COMPLEXE

A Michel SEURAT

SOMMAIRE

INTRODUCTION

Le Liban serait-il devenu « l'homme malade » du XXe siècle comme l'empire ottoman fut celui du XIXe ?[1] Le Liban d'aujourd'hui est malade du sectarisme de ses factions armées et de la haine de ses fils, malade aussi de ses deux occupations étrangères et d'un effondrement économique récent, malade enfin de l'incompréhension du monde et des larmes que chacun verse tour à tour sur *ses* victimes.

Dans l'imaginaire des opinions publiques occidentales soumises au feu nourri des médias, les images du sang et des larmes, les mots de la violence et du terrorisme, ont remplacé depuis bientôt quinze ans les représentations idylliques jusque-là liées à l'évocation du Liban : rivages bénis de la Méditerranée orientale, complicité heureuse de la montagne et de la mer, image de l'entente harmonieuse entre communautés chrétiennes et musulmanes, havre de paix et de « civilisation » dans une région agitée d'incessants soubresauts, refuge des chrétiens d'Orient, amis de la France depuis des siècles. Aujourd'hui les mots se bousculent qui nous submergent d'explications amorcées, de paradoxes incessants, de renversements troublants de situations. On parle de communautés religieuses et de confessionnalisme politique, d'islamo-progressistes puis de palestino-progressistes, d'isolationnisme maronite ou d'intégrisme chiite. On risque des analyses : guerre de religion ou guerre sociale. On tient pour la guerre civile ou pour la guerre étrangère par Libanais interposés. A moins qu'on n'abdique en décrétant par commodité que, décidément, il n'y a rien à y comprendre.

Depuis l'échec des dernières interventions de la Force Multinationale en 1984, l'Occident a pris la mesure de son impuissance à résoudre le conflit et de sa difficulté à en démêler les causes. Soldats français et américains se sont réembarqués à Beyrouth la mort dans l'âme après les attentats meurtriers commis contre leur quartier général respectif au mois d'octobre précédent. Comme si la France elle-même, abandonnant derrière elle une poignée de maronites nostalgiques de sa protection séculaire sur la chrétienté libanaise, n'était plus prête à voir un seul de ses fils mourir pour le Liban. Depuis quelques années déjà sa politique libanaise tendait à se diluer dans l'approche géostratégique globale des Etats-Unis au Proche-Orient. Mieux valait tenter de résoudre l'interminable conflit israélo-arabe plutôt que de s'enfoncer plus avant dans le « bourbier » libanais. Pouvait-on d'ailleurs faire autre chose ? L'Occident n'avait plus désormais qu'une ambition : faire libérer ses otages et abandonner les Libanais aux démons du fanatisme, de la violence et de la haine.

Impuissance et incompréhension. Jadis l'essence du Liban ne résidait-elle pas dans l'harmonie communautaire, le génie des affaires et la démocratie consensuelle ? Aujourd'hui les noirceurs de l'âme libanaise éclatent au grand jour dans la violence confessionnelle, les vengeances de clan et la barbarie généralisée. On s'émerveillait il y a peu des subtilités de sa démocratie, des réussites de son économie, de la vigueur de sa société civile dans une région arabe vouée au sous-développement et aux dictatures militaires. On affirme aujourd'hui que le Liban n'a jamais été autre chose qu'un ramassis de communautés et de clans rivaux dans un espace artificiellement découpé par le colonisateur français au lendemain de la Première Guerre mondiale. Tant que le discours occidental procédera ainsi par simplifications et amalgames et fondera ses « explications » sur les caractères supposés objectifs d'une essence libanaise quelle qu'elle soit, il se condamnera à produire des analyses fantasmatiques et intemporelles et à ne rien comprendre aux dynamiques historiques d'une société.

Tant que certains discours libanais eux-mêmes s'obstineront à donner de leur pays l'image de la victime absolue livrée aux machinations étrangères ou celle d'un paradis foulé aux pieds par les barbares, tant qu'ils chercheront à minimiser la crise de la société et à disculper sa classe politique, l'analyse raisonnée des événements ne progressera pas davantage. Le Liban n'est ni la victime innocente d'un complot extérieur ni l'unique responsable de ses malheurs actuels.

Mais de quel Liban parle-t-on ? Du Liban de la montagne, toujours rural, minoritaire et rebelle mais cœur historique incontesté du pays ? ou du Liban des villes côtières, affairistes, cosmopolites et pluriconfessionnelles ? du Liban des communautés ? de celui des clientèles ? de celui des classes ? du Liban au visage chrétien, traditionnellement proche de l'Occident ? du Liban arabe, terre d'accueil des réfugiés de Palestine ? ou du Liban sanctuaire des commandos « intégristes » pro-iraniens ? D'un Liban maronito-druze comme au siècle dernier ou maronito-sunnite comme au temps du mandat français puis de l'indépendance ? Demain peut-être d'un Liban maronito-chiite. Mais toujours d'un pays né de mauvais compromis qui excluent une part de sa population, d'un pays écartelé entre les pressions divergentes de son environnement régional et international, d'une société ouverte à tous les courants des idéologies régionales et fragilisée par la proximité d'Israël, précédent grave d'un Etat à base confessionnelle unique aux portes d'un Liban malheureux héritier du pluralisme confessionnel ottoman.

De tout cela en même temps et d'un conflit aux multiples facettes qui est à la fois une guerre civile libanaise, une guerre civile arabe au Liban et une guerre israélo-palestinienne sur le territoire libanais. D'un conflit aux mille visages où les formes de la mobilisation traduisent de manière décalée la dynamique réelle des affrontements, où les luttes sociales et les rivalités de pouvoir revêtent l'aspect d'antagonismes confessionnels, où le choc bruyant des proclamations idéologiques masque parfois les véritables enjeux.

Comprendre les guerres d'aujourd'hui c'est savoir que le Liban est d'abord malade de son histoire, malade d'un passé aussi explosif que le présent car il est comme lui l'objet de toutes les mythologies voire de toutes les falsifications. Au Liban la guerre est aussi historiographique. Pas une communauté, pas un groupe qui ne s'attache à produire *sa* version du passé en fonction des débats du présent.

Les interrogations portent sur les fondements mêmes de l'Etat et de la société et d'abord cette question : à quel moment faut-il situer la naissance du Liban ? Y a-t-il quelque évidence historique de l'existence d'une entité nationale avant la Première Guerre mondiale ? Rien n'est moins sûr. Dans sa configuration actuelle, le pays ne remonte pas au-delà de ce jour de septembre

1920 où, sur le perron de la Résidence des Pins à Beyrouth, le général Gouraud proclamait la naissance de l'Etat du Grand-Liban sous mandat français.

Pourtant la tendance dominante de l'historiographie maronite postule une continuité historique entre le nouvel Etat et le « Petit-Liban » druzo-maronite de la montagne, organisé depuis 1861 dans un gouvernorat[2] autonome garanti par les puissances occidentales, comme si le Liban de 1920 n'était que l'extension « naturelle » de ce noyau montagnard. Par le simple choix de son nom, le jeune pays n'affirmait-il pas son ancrage géographique et historique dans cette montagne que la Bible déjà appelait le Liban ? Mais comment ignorer qu'en 1920 la société montagnarde, jusque-là repliée sur ses valeurs claniques et « féodales », rencontre la société plus ouverte des villes côtières hier encore indispensables relais de l'administration ottomane, que les clans maronites, druzes mais aussi chiites de la montagne vont désormais cohabiter avec les populations sunnites et orthodoxes des plaines, que deux cultures se heurtent, que deux histoires se télescopent, que deux Liban s'affrontent avant de fusionner ?

L'historiographie maronite établit pourtant une filiation plus lointaine encore entre le Liban d'aujourd'hui et l'émirat de la montagne organisé au début du XVIe siècle dans le cadre de l'empire ottoman. Ici point de gouverneur venu d'Istanbul pour faire appliquer la volonté du Sultan mais un prince local, druze à l'origine, chargé de la collecte de l'impôt et responsable de l'ordre dans la montagne. Que l'émirat soit ou non l'embryon d'un Etat capable de dépasser les segmentations de la société et de cristalliser une amorce de conscience nationale, qu'il soit ou non la racine historique du Liban actuel, tel est aujourd'hui encore l'un des enjeux majeurs de l'historiographie.

Il en est d'autres non moins cruciaux, liés à la question des communautés religieuses. Faut-il ou non définir le Liban comme un conglomérat de confessions rivales, de tout temps acharnées à se combattre ou au contraire comme le modèle idéal de la coexistence communautaire, perverti de loin en loin par les pressions extérieures et les déséquilibres régionaux ? Faut-il considérer les troubles des années 1840 à 1860 dans le Mont-Liban comme un nouvel épisode de la lutte séculaire entre chrétienté et islam ou comme les premiers affrontements confessionnels des temps modernes préfigurant les sanglants combats actuels ? Durant ces vingt années au cœur du XIXe siècle, le Mont-Liban bascule dans la modernité, entre dans l'orbite de l'Europe conquérante et des *tanzimats*[3] ottomans tandis que se redéfinissent dans le drame les rapports de la communauté druze, jusque-là politiquement dominante, avec la communauté maronite en pleine ascension économique et culturelle. Sans céder à la tentation de chercher dans les crises du Liban au XIXe siècle ni la racine directe ni le modèle d'interprétation des affrontements du XXe, d'étranges résonances s'imposent à l'analyste : troubles sociaux rapidement devenus confessionnels, alignement des forces communautaires sur les forces politiques, ingérences des puissances étrangères, comme si, à plus d'un siècle de distance, la région entrait dans une nouvelle phase de turbulences selon des mécanismes comparables mais dans un contexte à l'évidence radicalement différent.

Les événements du Liban sont difficiles à déchiffrer sans doute, ils ne relèvent pas pour autant de l'absurde. Leur complexité provient de l'imbrication des guerres superposées, de la multiplicité des facteurs en jeu, du décalage entre la nature des conflits et les formes qui les expriment, de la discordance des interprétations idéologiques et des reconstructions historiques de chacun.

Pour mieux en démêler les fils entrelacés nous avons choisi d'adopter une démarche essentiellement chronologique qui nous conduira de cette année 1840 où les premières interventions des puissances occidentales brisent les équilibres traditionnels de la montagne, jusqu'à ce jour de l'automne 1987 où 10 000 manifestants contre la cherté de la vie se retrouvaient sur la *ligne verte* qui partage Beyrouth en deux secteurs rivaux, dans un pays ruiné, éclaté et envahi.

I

Du Petit-Liban au Grand-Liban

VERS L'AFFIRMATION POLITIQUE DES COMMUNAUTÉS DE LA MONTAGNE

En 1840 éclate au Liban une révolte contre l'occupation égyptienne d'Ibrahim Pacha, allié de l'émir Bachir II. Révolte contre les innovations administratives et fiscales introduites par l'occupant, révolte contre la rupture des équilibres socio-politiques antérieurs. La crise qu'elle ouvre contraindra les Egyptiens au départ, provoquera en 1842 la chute de l'émirat et suscitera la première intervention politique directe des puissances occidentales dans les affaires de la montagne. C'est donc à l'heure où s'effondre le vieux système de l'émirat, sous la poussée conjointe des dynamiques propres à la société locale et de la pénétration européenne dans la région, que nous choisissons de tourner nos regards vers cet obscur recoin de l'empire prêt à basculer dans les déchirements nouveaux de la modernité. Pour mesurer toute la portée de ce tournant historique majeur, il importe d'opérer un premier retour en arrière. Peut-être apporterons-nous ainsi quelques éléments au débat historiographique relatif à la nature de l'émirat et à ses implications politiques ultérieures.

L'émirat de la montagne

Le régime de l'émirat remonte à 1516, l'année même où les Ottomans enlèvent aux Mamelouks les terres qui s'étendent de la Méditerranée à l'Euphrate et du Taurus au Sinaï. A l'ouest, la zone montagneuse du Liban — au sens géographique du terme — abrite un groupement complexe de communautés religieuses minoritaires. Il y a là des chrétiens maronites venus au VIIe siècle des bords de l'Oronte et initialement fixés dans le nord, autour des rebords abrupts de la vallée sainte de la Qadisha. C'est une communauté rurale compacte, réfugiée là pour échapper aux persécutions byzantines disent certains, pour fuir l'avancée des conquérants musulmans affirment les autres. Dans le premier cas leur migration forcée s'inscrirait dans l'histoire compliquée des querelles théologiques qui ont jalonné les premiers siècles de la chrétienté. Dans le second, elle marquerait les débuts de l'affrontement islamo-chrétien en Orient. On mesure aisément les connotations idéologiques d'une telle explication et la relation qui peut s'établir avec certains discours confessionnels dans le Liban d'aujourd'hui. Les liens doctrinaux et institutionnels de l'Eglise maronite avec Rome sont une autre source de polémiques historiographiques dont les implications politiques sont évidentes. Les historiens de la communauté ont cherché à prouver l'ancienneté et la continuité de ces liens pour mieux ancrer les maronites dans l'histoire de l'Occident.

La montagne abrite aussi des druzes détachés de

l'islam chiite sous le califat fatimide égyptien d'Al Hakim au XIe siècle et adeptes d'un syncrétisme philosophico-religieux complexe fondé sur une doctrine ésotérique réservée aux seuls initiés. Communauté rurale et guerrière à la fois, installée au cœur de la montagne, dans la région du Chouf, elle a marqué d'une empreinte indélébile l'histoire du Mont-Liban.

Il y a enfin les chiites, ceux que l'on appelle ici les *metouali*, chassés d'Irak sous le califat omeyyade et qui occupent la majeure partie de la montagne et de ses abords. Nombreux sont ceux qui se feront plus tard maronites pour ne pas être contraints de fuir devant le renforcement démographique et politique de la communauté chrétienne. Ces populations de « mécréants » et de « schismatiques » ont subi la répression mamelouke dans le Kesrouan au début du XIVe siècle : les premiers pour avoir jadis porté secours aux Croisés, les autres pour oser défier, par leur existence même, le pouvoir sunnite.

Les nouveaux maîtres ottomans, reprenant en cela la tradition des grands empires moyen-orientaux, ne cherchent à aucun moment à établir un contrôle direct sur la montagne qu'ils perçoivent comme un refuge de minoritaires et une zone de rébellion potentielle. Ils s'en remettent à un émir tout à la fois fermier général de l'impôt, chef militaire et grand administrateur, connu sous le nom d'émir de la montagne des Druzes, sans que jamais son investiture ait fait l'objet d'aucun acte écrit d'Istanbul. La coutume seule en consacre l'usage.

C'est à Deir al Qamar dans le Chouf que les premiers émirs druzes de la famille des Ma'an établissent leur capitale à l'orée du XVIe siècle. Ils parviennent à s'assurer le contrôle progressif du nord maronite puis à étendre un pouvoir intermittent sur les villes de la côte ou sur la plaine céréalière de la Beqa, tantôt par la ferme de l'impôt tantôt par la fortune des armes. Les partisans du Grand-Liban y verront plus tard la légitimation historique de leur revendication d'extension territoriale. Il paraît toutefois difficile de considérer que les émirs aient ainsi jeté les bases d'une domination durable sur les régions périphériques, plus encore qu'ils aient pu y conduire une politique délibérée de construction étatique.

L'émir se trouve placé à la tête d'une hiérarchie rigide de grandes familles bénéficiaires de charges militaires et fiscales, une manière de féodalité[1] même si, à la différence de la seigneurie médiévale occidentale, la terre sur laquelle portent ces charges n'est pas nécessairement une unité de production et si les paysans ne perdent pas la libre possession de leurs parcelles. Pourtant au Liban plus tôt qu'ailleurs, ces charges féodales deviennent héréditaires et ce qui fut à l'origine une simple concession fiscale s'accompagne bientôt de fonctions administratives et de pouvoirs de première juridiction.

Cette évolution, amorcée chez les druzes, gagne les maronites désormais intégrés à l'émirat et encouragés à émigrer vers le sud tout au long des XVIIe et XVIIIe siècles. La tutelle traditionnelle de l'Eglise et de son Patriarche fait place à la domination nouvelle d'une féodalité singulièrement dans les zones centrales du Kesrouan et du Metn.

L'émirat de la montagne repose ainsi sur une coalition de familles, hiérarchiquement organisée, traversée par un jeu complexe d'alliances politiques fluctuantes mais aussi par de sanglantes rivalités de clan. Au Liban depuis l'époque omeyyade on est *qaisi* et l'on arbore alors l'œillet blanc sur fond rouge ou bien on est *yamani* et l'on se reconnaît dans le fanion blanc orné d'un pavot rouge. Cette vieille rivalité opposait à l'origine les tribus du nord de la péninsule arabique à celles du sud ; elle avait suivi l'expansion arabe et continuait à fournir le cadre des rivalités de pouvoir au sein de l'aristocratie dominante.

Mais à aucun moment les oppositions politiques internes ne recouvrent des appartenances religieuses ; le clivage confessionnel apparaît toujours soumis aux impératifs politiques. En témoigne l'attitude des Chehab qui succèdent aux Ma'an à la tête de l'émirat à partir de 1697 et qui, bien que sunnites du Wadi al Taym, essayent jusqu'au milieu du XVIIIe siècle de passer pour druzes tant il est vrai que le pouvoir politique sur la montagne reste associé à la communauté druze. Si au contraire en 1770 c'est un prince maronite, Youssef Chehab, qui accède à l'émirat, il faut y voir la consécration de la lente migration des maronites vers le sud et le renforcement de leur influence. Si enfin au XIXe siècle, Bachir II Chehab initialement baptisé ne s'avouera ouvertement maronite qu'au début de l'occupation égyptienne, c'est qu'il aura alors définitivement choisi de s'appuyer sur la force politique montante que représente le clergé maronite.

La hiérarchie féodale qui constitue le système de l'émirat se superpose au réseau compliqué des clans familiaux qui forment le cadre des solidarités de base toujours vivantes aujourd'hui mais qui sont aussi des unités économiques au sein desquelles s'organise la production. Le Liban de l'émirat c'est un peu la structure clanique de la montagne, segmentaire et hiérarchisée, où la médiation politique avec le centre ottoman est assurée par l'administration émirale.

L'agonie de la féodalité

Sous le règne de Bachir II[2], dernier grand émir du Liban, la configuration politique de l'émirat est tout entière bouleversée. Le début de son règne s'inscrit pourtant dans la plus pure tradition de la montagne : Bachir s'emploie à renforcer son pouvoir en maintenant un difficile équilibre entre les trois *pachas*[3] ottomans dont relève son territoire : celui de Tripoli au nord, à l'est celui de Damas qui ne cesse de lui disputer la Beqa, au sud celui d'Acre, le terrible Ahmad Jazzar Pacha dont les ambitions se heurtent à celles de l'émir et qui attise contre lui l'hostilité de ses rivaux au sein même de la famille des Chehab et parmi les puissants féodaux jaloux de son pouvoir. Pour affirmer son autorité exclusive et ne plus donner prise aux manipulations ottomanes, Bachir II les vaincra un à un : les Abu Nakad, les Arslan, les Talhuq, les 'Imad et les 'Abd el Malik, tous druzes.

Reste le plus puissant d'entre eux, druze lui aussi, Bachir Joumblatt. C'est au XVIIe siècle seulement que la famille Joumblatt, d'origine kurde, s'est installée dans le Chouf, fuyant Alep. Placée sous la protection de Fakhr-Eddin II Ma'an, elle s'est peu à peu imposée dans la région et après l'extinction des Ma'anides, les Joumblatt ont été reconnus *cheikhs*[4] du Chouf au XVIIIe siècle. Bachir II s'est d'abord appuyé sur Bachir Joumblatt dans sa lutte contre les autres féodaux mais il ne tarde pas à s'inquiéter des ambitions du notable druze. L'accusant de complot contre le pouvoir émiral, il fait détruire le palais des Joumblatt à Moukhtara et confisquer leurs terres ; Bachir lui-même est étranglé dans sa prison d'Acre en 1825 sur les ordres de l'émir.

Sa mort revêt une portée considérable : elle marque l'affaiblissement durable des féodaux et décapite la communauté druze jusque-là politiquement dominante. Longtemps l'hégémonie sur la montagne s'était confondue avec le pouvoir de la féodalité druze. C'est contre les féodaux et non contre la communauté druze que Bachir II a mené la lutte pour affermir son autorité exclusive sur l'émirat. Mais la coïncidence entre les deux permettra le glissement ultérieur des troubles socio-politiques vers l'affrontement intercommunautaire. Vingt ans plus tard, entre 1840 et 1845, la mort de Bachir Joumblatt sera vengée sur le terrain confessionnel contre la communauté maronite en pleine ascension.

Bachir II dans sa lutte contre une aristocratie à dominante druze s'appuie en effet sur les maronites, bouleversant en cela les données politiques traditionnelles de l'émirat. La démographie l'y invite puisque sur les 200 000 habitants qu'aurait compté la montagne vers 1840, les deux tiers sont chrétiens, maronites pour l'essentiel, et le centre de gravité du peuplement chrétien ne cesse de glisser du nord vers le sud où les paysans maronites sont appelés par les féodaux druzes pour assurer la mise en valeur des terres. Les maronites entrent aussi de plus en plus nombreux dans l'administration de l'émir et, autour de Bachir, dans ce nouveau palais de Beit-Eddin dont il entreprend la construction en 1806, s'organise l'embryon d'une intelligentsia maronite qui sera à l'origine de ce courant majeur de l'historiographie libanaise qui voit dans l'émirat de la montagne le noyau et l'ébauche de l'Etat libanais moderne[5].

Mais tandis que la politique de l'émir s'appuie sur la subversion des rapports traditionnels de pouvoir et contribue à en précipiter le rythme, elle mise également sur l'alliance avec Mohamed Ali, l'ambitieux pacha d'Egypte. Mohamed Ali a su imposer une semi-autonomie de sa province à l'intérieur de l'empire ottoman et Bachir pense à son tour consolider l'autonomie de l'émirat en s'appuyant sur l'alliance égyptienne. Mohamed Ali quant à lui a, depuis quelque temps déjà, des visées sur la Syrie dont le Porte[6] lui a refusé le gouvernorat malgré son aide contre les insurgés grecs de Morée. Prenant prétexte d'une querelle avec 'Abdallah, le pacha d'Acre, il envoie son fils Ibrahim à la conquête de la Syrie en 1832.

D'Antioche où il a installé sa capitale, Ibrahim introduit une série de réformes destinées à renforcer le pouvoir central et à moderniser le pays. Mais si le nouveau régime améliore l'administration et la justice, lutte contre la corruption, égalise les prélèvements fiscaux, instaure dans les villes des conseils administratifs où sont représentés les notables locaux, il impose aussi, sur le modèle égyptien, le monopole de l'Etat sur le commerce de la soie, production essentielle des régions maronites du Liban ; il use et abuse de la corvée pour construire les routes nécessaires aux déplacements des armées ; il projette enfin le désarmement et la conscription des populations. Ces deux dernières menaces touchent d'abord chiites et druzes qui entrent en rébellion dès 1837. Pressé par Ibrahim, Bachir commet alors l'erreur d'envoyer contre eux 4 000 maronites, dressant ainsi pour la première fois les communautés les unes contre les autres.

Cette décision, sans doute malencontreuse, intervenait dans un contexte intercommunautaire déjà tendu car l'une des premières mesures prises par Ibrahim Pacha proclamait l'égalité entre chrétiens et musulmans.

Une polarisation s'était alors opérée entre les maronites qui appuyaient la politique égyptienne relayée par Bachir II et les druzes qui, par réaction, affichaient désormais leur soutien à la Porte ottomane. Pourtant, lorsqu'en 1840 la conscription menace de toucher aussi la population mixte de Deir al Qamar, maronites et druzes scellent un pacte contre Ibrahim et Bachir désormais irrémédiablement compromis dans une alliance dont il n'a pas mesuré les dangers.

Partie de Deir al Qamar et de Jezzine, la révolte gagne la population chrétienne du nord mais aussi, au-delà même des limites de la montagne, les chiites de la Beqa et les sunnites de Tripoli, tous soulevés contre la conscription, le désarmement, le travail forcé et l'augmentation des impôts. A cette révolte populaire se superpose une manière de réaction aristocratique des féodaux désireux de tirer vengeance de la répression bachirienne et de recouvrer leurs privilèges perdus. Dans les deux cas, la révolte de 1840 fait quelque peu figure de résistance de l'ordre ancien à l'intrusion d'une modernisation forcée et pour le moins ambivalente. Mais ce qui aurait pu rester une péripétie intérieure due aux soubresauts d'une société en proie à de profonds bouleversements souterrains, va prendre place, par le biais de l'Egypte, dans un nouvel épisode de la question d'Orient. La montagne libanaise se trouve ainsi précipitée dans le champ des rivalités européennes suscitant en retour l'intérêt nouveau de la Porte ottomane.

C'est depuis l'expédition de Bonaparte que l'Egypte est devenue l'enjeu privilégié d'une rivalité franco-britannique qui devait marquer l'histoire du Proche-Orient jusqu'aux lendemains du deuxième conflit mondial. Pour l'heure, à l'orée du XIXe siècle, rompant avec la traditionnelle alliance ottomane, la France soutient l'Egypte de Mohamed Ali engagée dans une difficile entreprise de modernisation par le haut, à un moment où l'empire ottoman s'affaiblit graduellement sous les coups de l'expansion russe. La Grande-Bretagne, avant tout soucieuse d'assurer la protection de la route des Indes, se fait la championne de l'intégrité ottomane, préférant voir les rivages de la mer Rouge tenus par un vieil empire affaibli plutôt que par un Etat fort, protégé par sa rivale française. La révolte libanaise lui fournit l'occasion de freiner les ambitions égyptiennes ; nul doute dans ces conditions que les agents britanniques n'aient cédé à la tentation d'attiser les troubles et d'armer les révoltés.

Premiers affrontements communautaires

Réunies à Londres en mai 1840, Grande-Bretagne, Autriche, Prusse et Russie lancent un ultimatum à Mohamed Ali lui enjoignant d'abandonner dans les dix jours la Syrie du Nord ; il conserverait en échange le *pachalik* d'Acre et l'émir du Liban serait remplacé. Devant le refus de l'Egypte qui s'engage dans la répression armée de la révolte libanaise, une flotte turco-anglo-autrichienne bombarde Beyrouth du 11 au 14 septembre et débarque à Jounieh un peu plus au nord avec 30 000 fusils destinés aux insurgés. Un mois plus tard, les Egyptiens vaincus dans le Metn abandonnent toute prétention sur la Syrie et Bachir II rejoint Saïda où un vaisseau anglais le conduit vers son exil maltais.

Sa chute précède de peu celle de l'émirat lui-même car l'occupation égyptienne a précipité les mutations internes et fournit un prétexte aux manipulations externes. Les notables druzes de retour d'exil s'emploient à retrouver leurs propriétés souvent passées aux mains de chrétiens enrichis ; ainsi à Moukhtara, Na'aman et Sa'id Joumblatt cherchent à venger leur père et à recouvrer la plénitude de leurs pouvoirs. Nombre de chrétiens refusent quant à eux le retour de l'autorité judiciaire des *cheikhs* druzes et tentent d'assurer leur force nouvelle face à l'ancienne aristocratie déclinante.

En 1841, la tension est à son comble et revêt une forme intercommunautaire que le nouvel émir Bachir III semble impuissant à juguler. Il y fallait une étincelle, c'est une banale affaire de braconnage par des maronites de Deir al Qamar sur une propriété druze à Ba'aqlin qui donnera le signal du premier véritable affrontement confessionnel dans l'histoire du Mont-Liban. Aux druzes du Chouf se joignent ceux du Wadi al Taym et du Hauran syrien tandis que les chrétiens du nord et ceux de Zahlé se portent au secours des maronites du Chouf. Pourtant c'est bien d'un affrontement druzo-maronite qu'il s'agit, enraciné dans les conditions spécifiques des districts centraux du Mont-Liban et non d'un affrontement islamo-chrétien. Du reste n'a-t-on pas vu au cours des combats les Harfouche, chiites de la Beqa, protéger les grecs-catholiques de Zahlé contre les druzes du Wadi al Taym ?

En novembre 1841, sous la pression des puissances, Istanbul intervient pour mettre fin aux affrontements. En janvier 1842, la Porte annonce la destitution des Chehab, la fin de l'émirat et la nomination d'un gouverneur d'origine croate, Umar Pacha. Ces mesures manifestent une volonté ottomane nouvelle de contrôler le Mont-Liban plus directement qu'Istanbul ne l'a jamais fait auparavant. C'est qu'au même moment s'ouvre dans l'empire l'ère des *tanzimats* qui cherche à donner au vieil empire précapitaliste multiethnique et multiconfessionnel des structures modernes dont la centralisation politique apparaît comme le préalable indispensable.

S'il est une constante de la politique ottomane au cours des vingt années qui vont de 1840 à 1860, c'est plus cette volonté de centralisation que le soutien apporté aux revendications druzes. Que les Ottomans se soient appuyés sur les druzes et les druzes sur les Ottomans n'est pas contestable mais il importe de préciser que c'est moins par une identification confessionnelle d'ailleurs problématique qu'en réaction à la politique européenne de soutien aux communautés chrétiennes, politique qui fut pour les puissances l'instrument privilégié de leurs interférences dans les affaires intérieures de l'empire.

La clientélisation des communautés

Au Liban, les maronites font figure de protégés "traditionnels" de la France. Mais les traditions sont parfois suspectes en histoire à moins d'élucider les conditions qui président à leur naissance. Or le mythe est solide d'une France protectrice de la chrétienté d'Orient depuis qu'Haroun al Rachid aurait remis à Charlemagne les clefs des Lieux Saints de Jérusalem. C'est plus tard, à la faveur des croisades, que se serait nouée l'alliance privilégiée entre les maronites et la France puisqu'une lettre de Saint-Louis remercie le Patriarche de l'aide apportée aux Francs par les montagnards chrétiens du Liban[7].

En réalité, la politique chrétienne de la France en Orient remonte au XVIe siècle et s'inscrit dans l'alliance ottomane qui ne se démentira plus guère avant l'expédition de Bonaparte en Egypte. A ce titre, la France bénéficie, sous le nom de Capitulations, de privilèges commerciaux accompagnés du droit de protéger les pèlerins français puis occidentaux en *Terre Sainte*. A aucun moment ces textes, maintes fois renouvelés, ne soufflent mot d'une quelconque protection française des chrétiens locaux, pas plus des maronites que des autres communautés. Pourtant, à partir du règne de Louis XIII, la protection française officielle sur les communautés *latines* d'Orient s'accompagne d'une protection officieuse des chrétiens d'Orient eux-mêmes. En 1649, un évêque maronite obtient même du roi qu'il prenne *« en sa protection le Patriarche des maronites (...) et tous les prélats, ecclésiastiques et séculiers chrétiens qui habitent particulièrement dans le Mont-Liban »*[8] et en 1655, c'est un maronite de la famille des Khazen qui est vice-consul de France à Beyrouth.

Le parrainage français sur les maronites du Liban au XIXe siècle est d'un autre ordre : il fait de la communauté la clientèle politique privilégiée de la France dans la région et le point d'appui de ses projets impériaux. A mesure que les intérêts économiques et politiques français, d'abord diffus dans l'empire ottoman, se concentrent sur la zone syrienne et spécialement dans le bastion libanais, ce qui n'était que la protection des chrétiens d'Orient devient la recherche d'un support aux ambitions politiques françaises. La Grande-Bretagne s'en inquiète qui tente à plusieurs reprises de détourner les maronites de la France puis de s'appuyer sur les protestants qui se révéleront encore trop peu nombreux et trop mal implantés. L'Angleterre se repliera finalement sur la communauté druze sans que jamais les druzes ne s'identifient culturellement à la Grande-Bretagne comme le font à la France nombre de maronites formés dans les écoles des missions. Pourtant le 24 septembre 1841, sur un bateau ancré au large de Saïda, les notables druzes scellent une alliance avec les Anglais. Quelques jours plus tard éclatent les premiers affrontements druzo-maronites dont l'issue fait peser une lourde hypothèque sur l'avenir de la montagne car ils internationalisent la question libanaise et imposent le modèle des protections consulaires sur les communautés.

Désormais, les puissances vont s'attacher, aux côtés de l'autorité ottomane, à définir un statut pour le Mont-Liban, leur unique point de convergence étant de rejeter tout contrôle direct de la Porte sur le pays. La France soutient les aspirations maronites à la restauration des Chehab ce dont la Grande-Bretagne ne veut à aucun prix et Istanbul ne saurait accepter le principe du retour à l'émirat. L'accord se fait finalement sur un compromis proposé par le chancelier autrichien Metternich. La région sera partagée en deux districts ou *caïmacamats*, l'un maronite au nord centré sur Bikfaya dans le Kesrouan, l'autre druze au sud centré sur Beit-Eddin dans le Chouf et Deir al Qamar relèvera directement d'Istanbul. Ce partage tend à institutionnaliser l'affrontement intercommunautaire et pose, sans la résoudre, la question des districts mixtes puisque les regroupements communautaires n'ont jamais dessiné au Liban de territoires confessionnels homogènes. Le problème est si épineux qu'Istanbul décide de prendre un moment le contrôle direct des minoritaires des deux districts avant d'autoriser les communautés à choisir deux agents, l'un maronite, l'autre druze, responsables devant le gouverneur de leur confession et chargés en son nom de collecter les taxes et d'assurer les pouvoirs de première juridiction auprès de leurs coreligionnaires. Deir al Qamar obtient deux agents pour elle seule et les indemnités à payer aux victimes chrétiennes des massacres de 1841 sont enfin fixées. Elles fourniront le prétexte à la reprise des troubles confessionnels lorsque les féodaux druzes refuseront de les payer s'ils ne retrouvent pas juridiction pleine et entière sur la paysannerie chrétienne. Le problème rebondit donc une nouvelle fois dans les districts mixtes du centre.

Mais les interventions des puissances se font de plus en plus intempestives et la Grande-Bretagne, en la personne du consul Rose, joue à fond la carte des druzes. La réaction ottomane se manifeste par l'envoi à Beyrouth du Ministre des Affaires Etrangères Chakib Efendi qui promulgue en octobre 1845 un Règlement auquel son nom devaït rester attaché. Le texte marque à bien des égards un tournant dans l'histoire politique et institutionnelle de la montagne : aux côtés du *caïmacam* siégera en effet un Conseil doté de pouvoirs fiscaux et judiciaires et composé de membres choisis par les chefs traditionnels des six grandes communautés du pays. Les pouvoirs judiciaires enlevés aux féodaux reviennent à des juges dont les attributions souveraines épousent très précisément les contours des communautés et pour la première fois une certaine « modernisation » politique va de pair avec un mouvement de « communautarisation ». Pour la première fois un texte officiel reconnaît l'existence institutionnelle de six communautés significatives par leur poids démographique ou leur rôle politique. Ces communautés confessionnelles ne sont pas pour autant monolithiques ni exemptes de tensions internes tour à tour manipulées par les puissances européennes et la Porte ottomane. La communauté maronite voit émerger en son sein de nouvelles forces sociales enracinées dans une paysannerie enrichie dont une frange croissante est engagée dans la production et la filature de la soie pour le marché lyonnais. Cette nouvelle paysannerie nourrit une volonté d'émancipation sociale à l'égard des féodaux et trouve dans le clergé d'origine populaire un porte-parole de ses revendications. Sous son impulsion, les aspirations sociales s'accompagnent d'un désir d'autonomie politique par rapport à la Porte surtout perceptible dans le nord de la montagne et volontiers encouragé par la France. L'élection au siège patriarcal, en 1854, d'un évêque d'origine populaire, Boulos Mas'ad témoigne de la promotion de ce nouveau clergé et manifeste la transformation de l'Eglise maronite en force politique, une force qui tend à devenir hégémonique et à prendre la direction de la communauté.

Istanbul est par ailleurs en butte à l'hostilité de l'aristocratie druze qui cherche à bloquer le fonctionnement du Règlement de 1845, met en échec les projets de recensement et de relevé cadastral et entre en rébellion ouverte en 1852 contre l'appel à la conscription générale de la communauté. Elle bénéficie toujours du soutien de la Grande-Bretagne qui appuie les ambitions de S. Joumblatt au poste de *caïmacam* et ne manque pas non plus d'apporter son aide aux féodaux maronites du nord contre la clientèle politique de la France.

Dérive confessionnelle

Si les troubles de 1841 étaient issus d'une offensive druze destinée à rétablir l'hégémonie menacée de l'aristocratie, la crise de 1858-1860 allait naître des ambitions maronites dont le dynanisme suscite en retour la réaction défensive des druzes. En vingt ans, les données de l'équation politique libanaise se sont donc inversées. Mais au cours de ces mêmes vingt années, l'empire ottoman lui-même est devenu plus vulnérable aux pressions des puissances qui lui font payer cher leur aide contre la Russie au cours de la guerre de Crimée. Au traité de Paris, signé en 1856 à l'issue de la guerre, est en effet joint un rescrit impérial qui annonce un ambitieux programme de réformes et proclame l'égalité civile de tous les sujets du Sultan. Ce texte alimente l'inquiétude des traditionnalistes, hostiles à la politique libérale des *tanzimats* et renforce la méfiance des musulmans à l'égard de ce qui est perçu comme l'insolence de minoritaires chrétiens relevant la tête grâce au soutien étranger.

Au Liban l'agitation sociale est endémique dans la paysannerie maronite depuis la fin des années quarante contre la lourdeur des impôts et les privilèges des féodaux. Au printemps de l'année 1858, certains villages du Kesrouan voient s'amplifier l'agitation paysanne contre l'oppression des grands propriétaires locaux, les Khazen qui, malgré certaines concessions fiscales, ne peuvent éviter la radicalisation du mouvement bientôt dirigé par un muletier semi-illettré Tanios Chahine. En 1859, les paysans chassent les Khazen qui trouvent refuge à Beyrouth et occupent leurs terres. Chahine installe à Bikfaya une éphémère « république populaire » égalitaire tandis que les troubles sociaux essaiment dans le Metn et que l'aristocratie druze craint la contagion au sein de sa propre paysannerie.

Mais dans le sud, le mouvement tourne à un affrontement communautaire dont la logique gagne bientôt l'ensemble de la montagne. Après l'incident qui met aux prises druzes et maronites à Beit-Méry dans le Metn le 15 août 1859, la mobilisation est partout confessionnelle, sunnites et chiites appuyant les druzes, melchites et grecs-catholiques se rangeant aux côtés des maronites. Dans les derniers jours de mai 1860, Ba'abda, Hadath et de nombreux villages du Metn et du Gharb sont mis à feu et à sang par les troupes druzes avec la complicité du gouverneur ottoman de Beyrouth Khurshid Pacha ; interpellé sur son comportement par les consuls européens, il dénoncera les ambitions chrétiennes attisées par les puissances. Au cours du mois de juin, les villes à majorité chrétienne, Jezzine, Zahlé, Deir al Qamar, qui symbolisaient la promotion de nouvelles couches moyennes maronites enrichies dans le commerce régional, seront investies une à une par les druzes, et leur population en partie massacrée. A Hasbayya, à Rachayya, les chrétiens réfugiés dans la forteresse sous protection ottomane aux côtés des émirs Chehab n'échapperont pas davantage au massacre. Lorsqu'à la fin du mois de juin 1860 Khurshid Pacha convoque à Beyrouth les chefs des deux camps, devançant ainsi les initiatives des consuls européens, de 10 à 12 000 chrétiens ont été tués, des milliers de personnes déplacées et des centaines de villages détruits. Mais les événements se précipitent à Damas où 5 500 chrétiens sont massacrés le 9 juillet par une foule musulmane inquiète de la nouvelle promotion des chrétiens dans la société ottomane.

Dès le 17 juillet 1860, alors que des navires français et britanniques croisent au large, Fouad Pacha, le Ministre ottoman des Affaires Etrangères, débarque à Beyrouth. Fouad Pacha est le prototype de ces hommes des *tanzimats* influencés par les expériences politiques européennes et partisans de réformes de structure qui se heurtent à la résistance des traditionnalistes et à l'inertie de toute une société. A Beyrouth autant qu'à Damas, le ministre ottoman multiplie les initiatives : il commence la distribution de secours aux chrétiens, fait exécuter 111 officiers et 56 fonctionnaires ottomans pour complicité ou négligence et arrête 14 chefs druzes parmi lesquels Sa'id Joumblatt qui devait mourir en prison moins d'un an plus tard. Mais au Liban le partage des responsabilités s'avère moins facile à établir qu'à Damas et sur les 5 000 noms de musulmans — druzes pour la plupart — reconnus coupables par une commission chrétienne, Fouad n'en fait arrêter que 1 200 dont la majorité seront relâchés.

Un mois après l'arrivée de Fouad Pacha, un corps expéditionnaire français de 8 000 hommes, commandé par le général de Beaufort d'Hautpoul débarque à Beyrouth. Une partie s'installe dans la forêt de pins aux portes sud de la ville tandis que les autres se partagent entre Deir al Qamar et Beit-Eddin pour rassurer les populations chrétiennes et distribuer des secours.

L'initiative venait de Napoléon III probablement soucieux de faire oublier sa politique italienne aux catholiques français en se portant au secours de leurs frères d'Orient menacés. Peut-être caressait-il aussi le dessein impérial d'un Royaume Arabe qui, faute de naître en Algérie, aurait pu voir le jour en Syrie sous la direction de ce même émir 'Abd al Qader al Jaza'iri (l'Algérien), exilé par la France à Damas et gratifié d'une pension royale, qui avait sauvé des milliers de chrétiens le 9 juillet 1860 grâce à une petite troupe d'émigrés algériens armés par le gouvernement français[9]. Quelles qu'aient pu être les intentions de Napoléon III, la France avait un peu forcé la main à la Grande-Bretagne toujours soucieuse de préserver l'intégrité ottomane et il avait fallu le « pogrom » de Damas plus que la guerre civile libanaise pour que Londres consente à l'intervention militaire française à condition qu'elle obtînt l'accord d'Istanbul et qu'elle fût limitée à six mois sans bénéfice territorial. L'expédition française créait un précédent grave qui devait se révéler lourd d'implications pour l'avenir politique du Liban en faisant désormais peser sur les maronites le soupçon de double allégeance, à leur pays et à la France.

A la différence de 1840, c'est une Commission Diplomatique où les cinq puissances européennes sont représentées aux côtés de l'empire ottoman qui va décider d'un nouveau statut pour le Liban. On ne laissera du reste à Istanbul que le loisir de sauver les apparences en promulgant le règlement par *firman*[10] impérial. Une fois encore, le représentant britannique qui souhaite une administration ottomane efficace pour la montagne se heurte au représentant français qui plaide pour un gouvernement maronite indigène. Mais tous s'accordent sur le maintien des frontières antérieures excluant les grandes villes côtières, le 'Akkar, la Beqa et le Jabal'Amel au sud.

Naissance d'une « démocratie confessionnelle »

Le Statut Organique du Mont-Liban signé à Istanbul le 9 juin 1861 est essentiel parce qu'il a durablement marqué les institutions et la culture politique libanaise[11]. La montagne obtient un statut spécifique dans l'empire. Il est précisé qu'elle *« sera administrée par un gouverneur chrétien nommé par la Sublime Porte et relevant d'elle directement »*. La première singularité tient à la confession chrétienne du gouverneur, concession évidente d'Istanbul aux pressions européennes. La Grande-Bretagne a obtenu qu'il ne soit pas libanais et donc pas maronite comme l'aurait souhaité la France. La deuxième singularité tient à la responsabilité directe du gouverneur devant l'autorité centrale et non pas devant les pachas ottomans dont relevait jusqu'alors le territoire. Loin d'instaurer un quelconque statut d'indépendance, cet article établit la domination directe de la Porte et l'évolution politique du gouvernorat tout au long du demi-siècle suivant manifestera la loyauté grandissante des gouverneurs au Sultan. Toutefois, le Conseil Administratif à voix consultative que le Règlement place aux côtés du gouverneur luttera pour le maintien ou l'extension des « privilèges » libanais le plus souvent avec l'appui français. Les privilèges fiscaux sont parmi les plus importants, le Mont-Liban bénéficiant d'une taxation moins lourde que celle des autres provinces de l'empire.

En 1876, la promulgation d'une constitution à Istanbul pose la question de la participation du Mont-Liban à la vie politique de l'empire : faut-il envoyer des députés au nouveau parlement d'Istanbul au même titre que les autres provinces comme le souhaite la Porte ou refuser de le faire en considérant le Statut Organique comme l'unique constitution du Mont-Liban ? C'est ce dernier point de vue qu'adopte finalement le Conseil. Le problème devait se poser à nouveau après la révolution jeune-turque de 1908 mais cette fois les libéraux, au-delà de leur appartenance communautaire, penchaient en faveur d'une participation à la nouvelle vie politique de l'empire. Le Conseil en rejettera pourtant le principe, d'accord en cela avec les positions françaises. Au cours de la décennie qui précède la Première Guerre mondiale, le Conseil Administratif multiplie les revendications réclamant notamment sa participation à la préparation du budget, le renforcement de la milice, la création d'un tribunal commercial pour le Mont-Liban et l'ouverture d'un port international. Certaines de ces demandes seront satisfaites par les révisions du Statut Organique en 1912.

Les puissances européennes contrôlent de très près l'application du Statut. Chaque renouvellement du gouverneur est soumis à leur veto et les tractations politiques qui le précèdent sont autant de prétextes à leur intervention directe dans les affaires du gouvernorat. Mais leur responsabilité essentielle réside dans le fait qu'elles ont instauré dans le Mont-Liban une véritable « démocratie » confessionnelle. Aux termes du Statut de 1861, le Conseil Administratif qui assiste le gouverneur est en effet composé de douze membres, à raison de deux représentants pour chacune des six grandes communautés du pays et la répartition communautaire des sièges est la règle à tous les niveaux de la hiérarchie administrative et judiciaire. Le principe en sera repris plus tard dans le Grand-Liban.

Dans les premières années qui suivent la promulgation du Statut, le gouverneur ottoman Daoud Pacha se heurte à des obstacles nombreux. A Deir al Qamar où il entre escorté de quelques cavaliers libanais, la population l'accueille en brandissant les ossements des victimes de 1860. Dans le centre et le sud, la paysannerie maronite maintient sa pression pour imposer la reconnaissance de la propriété de la terre à ceux qui la cultivent. En 1863, Daoud rachètera d'ailleurs les terres de certains druzes du Chouf réfugiés dans le Hauran pour les redistribuer aux paysans. Le nord tout entier refuse de se soumettre et se reconnaît dans la rébellion d'un petit noble d'Ehden, Youssef Karam, déçu de n'avoir pas obtenu le *caïmacamat* du Kesrouan. A deux reprises, en 1861 et 1866, il entre en dissidence et mène une série d'escarmouches contre les troupes du gouverneur avant d'être définitivement exilé en Europe en janvier 1867. Sa révolte cristallise les frustrations politiques d'une partie de la communauté maronite qui voit l'aristocratie, qu'elle soit druze ou maronite, se réintégrer dans l'administration du gouvernorat et monopoliser les postes dans les nouveaux conseils. Le mouvement exprime en même temps un certain irrédentisme maronite désireux d'étendre les frontières du Mont-Liban et d'assurer au pays une plus grande indépendance politique. Il a le soutien d'un clergé dont la puissance repose sur un important patrimoine foncier fondé sur les biens de main-morte et qui manifeste des ambitions politiques grandissantes. Youssef Karam bénéficie également de l'appui de certains cercles catholiques et légitimistes français.

Mais le gouvernement français, lui, soutient Daoud

Pacha et voudrait faire de l'expérience du Mont-Liban un modèle de solution aux tensions de l'empire dans lequel une certaine autonomie accordée à ses protégés chrétiens n'exclurait pas la loyauté à la Porte ottomane, ce que le consul Prosper Bourée appelait un *« inoffensif Monténégro libanais »*[12]. Dans cette perspective, la France fait obstacle à l'extrémisme communautaire du clergé mais appuie les revendications des maronites modérés qui réclament l'élargissement de leur représentation. La révision du Règlement en 1864 doublera le nombre des membres maronites du Conseil Administratif Central et stipulera qu'à la base, les *cheikhs* chargés d'élire les membres du Conseil seront choisis par village et non par communauté confessionnelle. La volonté est ici manifeste d'équilibrer représentation territoriale et représentation communautaire et le dosage de ces deux principes sera repris dans le système électoral imposé par le mandat français.

A compter des années 1870, le refus maronite initial du nouvel ordre politique évolue vers un soutien inconditionnel au Statut du Mont-Liban. Les maronites considèrent désormais le gouvernorat comme la garantie intangible de l'autonomie et des privilèges de la montagne mais aussi de la position dominante de leur propre communauté. Cette évolution vient confirmer trois points fondamentaux d'une très grande portée pour l'avenir du pays. L'intervention européenne a consacré l'évolution politique particulière de la montagne. Elle a donné aux communautés religieuses une traduction politique directe dans les institutions du gouvernorat ; c'est un précédent absolu dans l'histoire de la montagne. Elle a enfin assuré à sa clientèle maronite une position privilégiée.

Ouverture à l'Occident

C'est dans les dernières décennies du XIXe siècle que s'affirme au Liban la pénétration économique française. Les intérêts français jusque-là très dispersés dans l'empire tendent à se concentrer dans l'aire syro-libanaise à partir des années 1880-1890. C'est l'époque où les puissances, qui obtiennent d'alléchantes concessions dans le réseau ferré ottoman et dans les infrastructures portuaires et urbaines, dessinent déjà les frontières de leurs futures zones d'influence. La Grande-Bretagne a occupé l'Egypte en 1882 et se réserve les côtes du golfe arabo-persique. L'Allemagne, nouvelle venue de l'Europe, mise sur l'extension de son commerce en Anatolie et obtient en 1903 la concession de la Bagdad-Bahn, cette extraordinaire voie ferrée qui devait relier Berlin à Bagdad en passant par Vienne et Istanbul et qui jamais ne dépassa les contreforts du Taurus. La France enfin, dans les toutes dernières années du XIXe siècle, choisit d'équiper le port de Beyrouth et de construire le chemin de fer Beyrouth-Damas-Alep, alors que les soyeux lyonnais continuent de s'approvisionner dans le Mont-Liban maronite où production et filature dépendent de la technique et du capital français.

Dans le Liban comme dans l'ensemble de la zone syrienne, l'ouverture à l'Occident prend aussi le visage d'un élan missionnaire le plus souvent encouragé par les gouvernements et Beyrouth devient le phare d'un mouvement de renaissance culturelle qui s'enracine dans les milieux intellectuels chrétiens formés dans les écoles étrangères[13]. Dans la future capitale du Grand-Liban, la première imprimerie est américaine et remonte à 1841, la seconde sera française, à compter de 1847. En 1866 naît le Collège Protestant Syrien qui sera le noyau de l'actuelle Université Américaine et en 1875, l'ancien collège jésuite de Ghazir s'installe à Beyrouth sous le nom d'Université Saint-Joseph. En 1850, c'est aussi un jésuite qui fonde la Société Orientale vouée à l'étude de la langue, de la littérature et de l'histoire arabes. Quelques-uns des grands noms de la renaissance culturelle comme Nasif al Yaziji ou Butrus al Bustani enseignent dans les écoles des missions américaines où ils entrent en contact avec les premiers traducteurs de la Bible en arabe. De leur réflexion naît une identité fondée sur la langue et la culture qui unit les Arabes au-delà de leurs différentes appartenances religieuses. Comment imaginer meilleur moyen d'échapper au réductionnisme confessionnel à l'heure où les communautés chrétiennes se laissent graduellement enfermer dans le jeu dangereux des protections consulaires. C'est ce qu'ont compris certains bourgeois chrétiens de Beyrouth comme les Medawar qui financent le mouvement de renaissance culturelle.

Tandis que ce bouillonnement culturel ne déborde Beyrouth et les villes du littoral que pour se répandre en Egypte dans les années 1880, lorsque des émigrés syro-libanais fuyant l'autocratie du sultan Abdul-Hamid fondent la presse arabe moderne, le Mont-Liban, comme le reste de la Syrie, se couvre d'écoles religieuses européennes qui assurent la formation de nouvelles élites locales. La France y occupe cette place privilégiée qu'Ernest Lavisse justifiait en ces termes : *« En Orient, où l'autorité des hommes se mesure au nombre de leurs clients, le développement de notre clientèle catholique est un intérêt national pour nous »*[14]. En 1901, le gouvernement français subventionne dans les *vilayet* syriens de Damas, Alep et Beyrouth 473 écoles de congrégations comptant un peu plus de 40 000 élèves[15]. En 1906, celles de Beyrouth, de Tripoli et du

Mont-Liban scolarisent quant à elles 32 000 élèves dont 27 000 catholiques[16]. Le financement de ces écoles ne manque pas de susciter de violentes controverses entre cléricaux et anticléricaux à chaque vote du budget mais l'anticléricalisme est d'autant moins un *« article d'exportation »* que l'Italie après 1905 cherche à utiliser la rupture des relations diplomatiques entre Paris et le Vatican pour enlever à la France son rôle traditionnel de protectrice des catholiques d'Orient. Le développement des écoles de missions ne va pourtant pas sans conséquences politiques graves car il creuse un fossé grandissant entre chrétiens et musulmans et si l'arabisme culturel est né dans les milieux intellectuels chrétiens de Beyrouth, l'arabisme politique qui émerge timidement après 1909, bien qu'il reste confessionnellement mixte dans sa composition, sera de plus en plus massivement musulman.

Eveils nationalistes

Après l'enthousiasme suscité par la victoire de la révolution jeune-turque à Istanbul, la politique de « turquification » menée par le Comité Union et Progrès aliène en effet au gouvernement le soutien des libéraux arabes partisans des réformes au moment où sa politique de modernisation est vouée aux gémonies par les traditionnalistes musulmans qui dénoncent les usurpateurs impies. Dans les grandes villes arabes fleurissent des Sociétés de la Réforme. Un Parti Ottoman de la Décentralisation se constitue au Caire et partout les revendications sont les mêmes : reconnaissance de l'arabe comme langue officielle et mesures d'autonomie administrative dans un cadre ottoman préservé.

A Beyrouth, la Société de la Réforme regroupe 13 musulmans, 12 chrétiens et 1 juif et ses revendications reflètent parfaitement les intérêts commerciaux de la bourgeoisie marchande locale au-delà de toute appartenance communautaire. Pourtant le mouvement tend à se diviser entre les chrétiens qui regardent de plus en plus volontiers vers la France et les musulmans parmi lesquels d'aucuns se tournent vers la Grande-Bretagne. En mars 1913, les chrétiens du Comité beyrouthin de la Réforme adressent cette demande au gouvernement français : *« Les chrétiens de Syrie désirent de tout cœur l'occupation de la Syrie par la France »* et *« l'incorporation de la vilayet de Beyrouth dans le Liban qui doit être sous la suzeraineté effective de la France »*[17]. Au cours de ces années décisives qui précèdent le premier conflit mondial, la France a probablement surestimé son rôle en Syrie et l'attachement des populations à sa présence. Les sources britanniques soulignent en effet combien *« tous, sauf les maronites, sont anti-français »* en 1914.

La situation est bien différente dans le Mont-Liban. Ici, le gouvernorat fait figure de laboratoire politique où s'ébauche l'apprentissage de la démocratie dans un Conseil Administratif au sein duquel se côtoient les membres de la vieille aristocratie et ces nouveaux politiciens maronites dont le prototype pourrait être Daoud 'Ammoun, élu représentant de Deir al Qamar en 1913 et qui sera plus tard président de la Commission Administrative mise en place par la France[18].

Pourtant, dans le Mont-Liban comme dans le reste de la Syrie on sent monter la tension nationaliste à partir de 1909. Les Comités fleurissent qui appuient les revendications du Conseil Administratif et les poussent plus avant, exigeant le retour du Liban à ses frontières *« historiques »* ou *« naturelles »*, l'élection du Conseil au suffrage universel et la révision des parités confessionnelles en faveur des maronites, que ce soit le

Comité des Cèdres, le Comité des Réformes ou le Comité de la Renaissance libanaise. C'est toutefois dans l'émigration que naît l'idée libaniste. Un tiers de la population du Mont-Liban a quitté la montagne entre 1861 et 1914 sous l'effet de la pression démographique et du manque d'emplois, certains vers l'Egypte, d'autres vers la lointaine Amérique. Les émigrés libanais, presque tous maronites, gardent des liens étroits, économiques et affectifs, avec leur terre d'origine et commencent à s'organiser en groupes de pression politique ; ainsi en 1909, 'Antoun Gemayel fonde au Caire l'Alliance Libanaise et aux Etats-Unis verra notamment le jour une Lebanon League of Progress. Lorsque Poincaré, dans un discours célèbre prononcé au Sénat en 1912, avoue explicitement les ambitions françaises en Syrie, des voix s'élèvent tant parmi ces groupes qu'au sein du clergé maronite pour demander que le Liban soit éventuellement placé sous protection française. Pour les chrétiens du Mont-Liban, le nationalisme arabe naissant a le visage du panislamisme et les projets de restauration d'un califat arabe ne sont guère faits pour les rassurer. Dans ces conditions, l'appui français apparaît comme l'unique garantie d'une autonomie sinon d'une indépendance libanaise. Ces attitudes divergentes, tout juste ébauchées entre 1912 et 1914, un moment réconciliées par la répression ottomane durant la guerre vont se durcir au cours de ces années d'incertitude qui, de 1918 à 1920, façonnent le destin du Liban et du Proche-Orient arabe tout entier.

GENÈSE DU GRAND-LIBAN

Dès le mois d'octobre 1914, les Jeunes-Turcs du Comité Union et Progrès au pouvoir à Istanbul décident l'entrée en guerre de l'empire aux côtés de l'Allemagne, la seule puissance européenne à n'avoir pas manifesté d'appétits coloniaux directs en Orient. Djemal Pacha est nommé commandant de la quatrième armée stationnée à Damas et prépare une offensive sur le canal de Suez afin d'occuper l'Egypte alors aux mains des Britanniques. Il lui faut assurer ses arrières en Syrie. Dès le 22 novembre 1914, les troupes ottomanes pénètrent donc dans le Mont-Liban, en violation du statut de 1864. Malgré l'annonce du maintien des privilèges de la montagne, le Conseil Administratif élu est dissous en mars 1915 et la plupart de ses membres exilés en Anatolie.

C'est qu'entre-temps, l'offensive de Djemal Pacha sur le canal a échoué. Nous sommes au printemps de 1915, la pression russe se fait de plus en plus forte à l'est, les puissances de l'Entente cherchent à forcer le détroit des Dardanelles, une escadre française est basée dans l'île d'Arwad au large de Tripoli et les Ottomans craignent un débarquement franco-britannique en Syrie.

Les derniers soubresauts du vieil empire, menacé de toutes parts, se traduisent par une violente vague de répression contre les réformistes et les nationalistes arabes. Accusés d'intelligence avec les puissances après la prétendue découverte, aux consulats de France à Beyrouth et Damas, d'une correspondance suivie avec Paris, onze d'entre eux, dix musulmans et un chrétien, sont pendus à Beyrouth le 21 août 1915 après condamnation par la Cour Martiale siégeant à Aley. Le 6 mai 1916, ce sont 17 musulmans et 4 chrétiens qui seront exécutés tant à Beyrouth qu'à Damas tandis que trois cents familles syriennes et libanaises sont exilées en Anatolie. Trois maronites seront encore pendus à Beyrouth pour les mêmes raisons en 1916. Désormais, le nationalisme arabe a ses martyrs, ils sont syriens, libanais et palestiniens, chrétiens ou musulmans.

Mais à la répression ottomane probablement aggravée par les ambitions personnelles de Djemal Pacha en Syrie, vient s'ajouter le blocus du littoral syro-libanais par les flottes de l'Entente, les ravages de la corruption et de la spéculation sur les approvisionnements et l'invasion des criquets qui s'abat sur la région en 1915. Dans la montagne, c'est la famine qui pousse les Libanais par milliers vers les villes côtières ; elle emportera un tiers environ de la population. En ces toutes dernières années de guerre, alors que l'effondrement définitif de l'empire ottoman est proche, le traumatisme est profond dans le Mont-Liban et l'incertitude domine quant à l'avenir.

Il faut en effet se garder d'établir une continuité sans heurt entre le régime du gouvernorat et le Liban élargi de 1920, entre les liens traditionnels de la France avec les maronites et l'imposition du mandat français sur le

Grand-Liban. La question du Liban n'est pas séparable de la question du Proche-Orient arabe tout entier qui ne saurait elle-même se lire en dehors des rivalités franco-britanniques.

Le double jeu des puissances

Dès 1915 les puissances de l'Entente envisagent l'effondrement prochain de *« l'homme malade »* et la Grande-Bretagne, pour le précipiter, cherche à susciter une sécession arabe dans l'empire. C'est la Résidence Britannique au Caire qui impose finalement à Londres le choix de la dynastie hachémite du Hedjaz, de ces princes descendants du prophète *(sharif)* et gardiens des *Lieux Saints* de l'islam qui sont eux-mêmes en conflit larvé avec le Comité Union et Progrès depuis 1908 et qui rechignent à envoyer des volontaires à l'armée de Djemal Pacha. En avril 1915, peu avant le début de la répression ottomane, Abdallah, le fils du *sharif* Hussein a signé à Damas avec des sociétés secrètes de nationalistes arabes un Protocole prévoyant après la guerre la création d'un Etat arabe indépendant allié à la Grande-Bretagne dont Hussein serait le monarque. Curieuse alliance qui unit la vieille dynastie du Hedjaz en qui brûle la flamme du rêve califal à de jeunes officiers arabes radicalisés, par l'entremise de ces notables damascains dont les fils un à un se détachent du loyalisme à l'empire pour choisir l'arabisme[1]. Mouvement national hétéroclite et sans base populaire qui cherche à compenser ses faiblesses en s'assurant les bons offices britanniques.

Contre de vagues promesses d'appui à un Etat arabe indépendant, la Grande-Bretagne obtient en effet l'entrée des Arabes dans la guerre. Le 5 juin 1916 la révolte éclate au Hedjaz, en novembre la France et la Grande-Bretagne reconnaissent Hussein comme roi du Hedjaz. Les Anglais lui envoient une petite mission militaire dirigée par le colonel Lawrence qui mènera aux côtés des troupes bédouines de Fayçal, fils de Hussein, une guérilla intermittente marquée par la prise du port d'Aqaba en juillet 1917 et des attaques répétées contre le chemin de fer ottoman du Hedjaz. En 1918, les troupes arabes couvrent le flanc droit de l'armée d'Allenby au cours de l'offensive finale de Palestine et de Syrie. Elles entrent à Damas le 30 septembre 1918, quelques heures avant Allenby lui-même.

La teneur des promesses britanniques faites aux Arabes a suscité de vives controverses après la guerre[2]. Dans sa lettre à Hussein du 24 octobre 1915, en effet, le Haut-Commissaire anglais au Caire, Sir Henri Mac-Mahon excluait du futur Etat arabe *« les districts de Mersine et Alexandrette et les ports de la Syrie situés à l'ouest des districts de Damas, Hama, Homs et Alep »*, sous le prétexte qu'ils ne pouvaient *« être considérés comme purement arabes »*. Le découpage territorial était vague sans doute mais dessinait pourtant déjà un Liban potentiellement séparable de l'ensemble syrien, un Liban que la Grande-Bretagne reconnaissait implicitement à la France à l'heure où les puissances préparaient des accords secrets de partage de l'empire ottoman.

Les négociations avaient commencé dès 1915, parallèlement à l'offensive des Dardanelles, entre la France, la Grande-Bretagne, la Russie et l'Italie. L'accord franco-britannique qui en résulta, connu sous le nom d'accord Sykes-Picot, réservait explicitement à la France la zone libanaise et la Cilicie et à la Grande-Bretagne les régions de Bagdad et Basra en Irak ainsi que le port de Haïfa. Double point d'appui stratégique sur la Méditerranée et le Golfe. Dans l'entre-deux, l'intérieur syrien serait partagé en zones d'influence française et anglaise et la Palestine internationalisée. Cet accord contredisait largement les promesses d'indépendance faites aux Arabes qui s'estimeront trahis par le double jeu britannique lorsque la publication par les Bolcheviks des archives diplomatiques des tsars révélera la teneur des textes secrets.

Aux lendemains de l'armistice de Moudros qui met fin à la guerre avec les Ottomans, la Syrie tout entière se trouve placée sous l'autorité militaire du général Allenby qui la divise en trois secteurs : dans le sud, qui correspond à la Palestine, il reste le maître ; la zone ouest est confiée à un administrateur français et recoupe à peu près les limites de l'actuel Liban ; la zone est enfin est laissée à l'émir Fayçal, fils du *sharif* Hussein qui a installé à Damas depuis octobre 1918 un embryon de gouvernement. Cette situation sur le terrain manifeste la volonté britannique de sauvegarder les intérêts de ses alliés français dans la région tout en honorant les promesses faites aux Arabes, dans le but ultime d'asseoir ses propres positions au Moyen-Orient.

Nationalismes rivaux

La révolte de 1916 n'a eu en son temps qu'un très faible écho dans les masses arabes et la France a beau jeu en 1918 et 1919 encore, de considérer Fayçal et ceux qu'elle s'obstine à appeler ses « *bédouins* » comme de simples instruments de la politique britannique. Mais Paris se condamne ainsi à sous-estimer le mouvement nationaliste arabe qui au même moment se construit effectivement à Damas. C'est dans la lutte contre ce mouvement que s'imposera finalement un Grand-Liban sous mandat français appuyé sur les aspirations maronites.

Pour Fayçal, et dans une certaine mesure pour la Grande-Bretagne, le « nationalisme » maronite n'a aucune légitimité ; il n'est que l'instrument français d'un complot contre l'indépendance et l'unité arabe. Mais la Grande-Bretagne sacrifiera Fayçal choisissant d'appuyer en Palestine un autre nationalisme rival, très actif dans les couloirs du Foreign Office à la même époque, le sionisme, tandis que les pressions maronites infléchiront la politique française vers la constitution d'un Grand-Liban indépendant de la Syrie. Ces nationalismes de minoritaires qui l'emportaient ainsi avec la caution de l'Occident devaient très profondément marquer jusqu'à nos jours le destin du Proche-Orient.

Pourtant les jeux ne sont pas faits d'avance[3]. En France, au lendemain de la guerre, c'est la question de Syrie plus que la question libanaise qui agite les esprits, revêtant une charge émotionnelle que n'ont jamais eue les problèmes moyen-orientaux dans l'opinion britannique. Ce que le diplomate anglais Mark Sykes appelle le *« parti syrien »* organise en 1919 un Congrès français de la Syrie réunissant des représentants des divers intérêts français dans la région. Certains étaient regroupés depuis 1901 dans l'influent Comité de l'Asie française, d'autres avaient constitué en 1911 un Comité de Défense des Intérêts français en Orient, mais un clivage y opposait toujours les défenseurs de la présence économique française aux tenants d'une présence plus culturelle et religieuse. Les premiers, parmi lesquels figurent les membres des Chambres de Commerce de Lyon et Marseille, voient dans la Syrie une nouvelle

Algérie, surestimant à la fois ses richesses agricoles et les capacités de son marché intérieur. Les seconds, regroupés autour de quelques congrégations chassées d'Orient par les Ottomans au moment de la guerre, Jésuites, Lazaristes et Franciscains, se font les avocats d'une présence française plus exclusivement centrée sur le Liban maronite.

En Syrie, les aspirations restent divergentes. D'aucuns appuient la tendance française à créer une fédération syrienne sous mandat, garantissant en son sein un Liban autonome. Ils sont minoritaires et suspects d'être de simples jouets du Quai d'Orsay dans la mesure où ils sont organisés à Paris et financés par la France ; ainsi ce Comité Central Syrien né en 1917. Les nationalistes arabes se battent quant à eux pour une Syrie indépendante et unifiée qui pourrait accorder au Liban une autonomie interne. Si la majorité d'entre eux sont musulmans, on y rencontre des chrétiens non-catholiques et même certains maronites comme Iskandar 'Ammoun, le frère du pro-français Daoud 'Ammoun.

Restent les libanistes, partisans d'un Liban séparé et indépendant reconnu dans ses frontières prétendument *« historiques »* ou *« naturelles »*. Ils sont presque toujours maronites ou grecs-catholiques. Ceux de l'émigration, qu'ils soient regroupés dans l'Alliance Libanaise d'Egypte ou dans le Comité Libanais de Paris, sont les plus intransigeants et refusent toute idée de mandat. Ceux du Mont-Liban, dont le rôle fut décisif en 1919 et 1920, voient au contraire dans un mandat de la France l'unique garantie de l'indépendance libanaise à l'égard de la Syrie. Ceux-là s'appuient à la fois sur le Conseil Administratif du Mont-Liban, restauré par la France, et sur l'Eglise maronite, devenue un acteur politique à part entière. Du côté libanais comme du côté français, les positions vont se cristalliser par rapport à Fayçal et un nationalisme libanais d'origine maronite s'affirmer en se posant contre le nationalisme arabe naissant.

Lorsque Fayçal s'embarque à Jounieh en novembre 1918 pour se rendre à la Conférence de la Paix à Paris à la tête de la délégation arabe, le Conseil Administratif libanais décide, avec l'accord de Picot, premier Haut-Commissaire de la France au Levant, de faire lui aussi entendre sa voix à la Conférence. Aux sept membres du Conseil qui composent la délégation, on demande toutefois de ne pas entrer directement en contact avec le quai d'Orsay mais seulement avec le Comité Central Syrien. Car l'enjeu principal oppose alors la France à la Grande-Bretagne et à son allié arabe et Paris estime devoir assurer d'abord son influence en Syrie avant de pouvoir répondre aux aspirations spécifiques des chrétiens libanais. Pourtant la délégation libanaise est reçue par Poincaré et Clemenceau et sa présence à Paris suscite une campagne de presse qui popularise l'aspiration à un Liban séparé aux frontières élargies.

L'année 1919 reste toutefois marquée par les tentatives françaises de compromis avec Fayçal. Pour la France, le prince hachémite est le seul capable de pousser les musulmans syriens à accepter le mandat et au demeurant miner son autorité à Damas ferait courir le risque de s'aliéner la Grande-Bretagne. Fayçal pour sa part est convaincu que seule la France est susceptible de faire admettre aux maronites le principe d'un pouvoir hachémite en Syrie. Un premier accord sera donc conclu qui prévoit une fédération syrienne indépendante sous mandat français incluant un Liban autonome.

Mais ce compromis déclenche de violentes réactions de part et d'autre. Côté maronite, l'inquiétude est vive et l'Eglise prend le relais du Conseil Administratif en orchestrant une campagne de protestation qui culmine dans l'envoi à Paris le 16 juin d'une délégation exclusivement cléricale présidée par le Patriarche Hawayik. Elle ne sera reçue qu'en octobre par Clemenceau dont elle obtiendra pourtant le 10 novembre 1919 le premier engagement écrit en faveur d'un Liban séparé de la Syrie.

A Damas dans le même temps les nationalistes se radicalisent et le Congrès Général Syrien élu en juin 1919 refuse l'accord conclu par Fayçal avec la France. Les élections au Congrès ont donné l'occasion au gouvernement de Damas de réaffirmer sa volonté de souveraineté sur les régions côtières et malgré l'interdiction française, Beyrouth a envoyé 9 députés sunnites et 2 maronites. La commission internationale d'enquête King-Crane, envoyée en mission en Syrie à l'initiative des Etats-Unis au cours de l'été 1919, vient à son tour conforter les positions des nationalistes et favoriser à l'inverse un rapprochement maronito-français. Elle permet en effet de dégager une très forte majorité en faveur de l'indépendance et de l'unité syriennes. Seuls les maronites et les grecs-catholiques souhaitent dans leur ensemble l'indépendance séparée d'un Grand-Liban sous mandat français.

La polarisation est nette lorsqu'à la fin de 1919 survient l'événement décisif qui va faire basculer la situation : l'armée britannique se retire de la zone ouest, abandonnant le Liban aux ambitions françaises. C'est qu'entre-temps, Paris a accepté le mandat anglais sur la Palestine et reconnu à Londres la domination sur la région de Mossoul qui vient de se révéler fort riche en pétrole. Dès lors, le face à face est direct entre les troupes françaises du général Gouraud, connu pour ses sympathies maronites, et les nationalistes de Damas abandonnés par la Grande-Bretagne.

La tension ne cesse de monter au cours des premiers mois de 1920. Les troupes de Damas harcèlent l'armée française dans la Beqa. Au sud, l'initiative de la violence est venue des druzes ultérieurement ralliés à la France puis des chiites qui s'attaquent aux positions françaises mais aussi aux villages maronites ou grecs-catholiques comme Ain Ebel où une cinquantaine de chrétiens seront tués en mai 1920. Gouraud bombarde des villages chiites et arme les chrétiens, alimentant le cycle de la violence et de la répression.

Dans le même temps, un nouveau Congrès Syrien a proclamé l'indépendance du pays le 8 mars 1920 et reconnu Fayçal comme roi. En réaction, la France encourage le Conseil Administratif du Mont-Liban et quelques représentants des villes côtières à proclamer l'indépendance du Liban le 22 mars. Pourtant il faudra attendre la Conférence de San Remo et l'octroi définitif à la France du mandat sur la Syrie pour que Gouraud ait les mains libres. Dès lors il ne lui manque qu'un prétexte pour passer à l'offensive militaire. Ce sera la démarche tardive de 7 membres du Conseil Administratif décidant de se rendre à Damas pour proposer à Fayçal l'abandon du mandat français sur le Liban en échange de la reconnaissance de l'indépendance libanaise. Après leur déportation pour haute trahison, Gouraud envoie à Fayçal un ultimatum exigeant la démobilisation de l'armée syrienne et la reconnaissance du mandat. Devant le refus du Congrès, l'armée française marche sur Damas et écrase les nationalistes à Maysaloun le 24 juillet 1920, imposant par la force le mandat français sur la Syrie.

Une question reste à résoudre : le tracé des frontières libanaises. Dès le mois de février 1920, une deuxième délégation présidée par le Patriarche maronite est venue plaider à Paris la cause du retour aux frontières *« historiques »*. Mais du côté français des divergences subsistent entre le Haut-Commissaire Gouraud et son Secrétaire Général Robert de Caix qui propose de ne pas annexer au Liban la ville de Tripoli à forte majorité sunnite, de faire de Beyrouth et Saïda des municipalités autonomes voire d'implanter au sud un petit Etat chiite autonome.

Ce sont pourtant les positions de Gouraud qui l'emportent avec le soutien du premier ministre Millerand et le 1er septembre 1920, sur le perron de la Résidence des Pins à Beyrouth, le Haut-Commissaire français proclame la naissance de l'Etat du Grand-Liban, encadré par le Patriarche maronite et le *Mufti*[4] sunnite. Au Mont-Liban de 1860 on a ajouté les régions côtières, du nord de Tripoli jusqu'au sud de Tyr, le 'Akkar au nord, la plaine de Beqa à l'est et le Jabal 'Amel au sud. Le Grand-Liban venait de naître sous la pression des chrétiens maronites comme un défi aux nationalistes arabes de Damas avec le soutien français. Il faudra se rappeler les conditions de cette naissance pour mieux comprendre les termes du débat idéologique libanais tel qu'il se poursuit jusque dans les affrontements contemporains.

Les communautés et le mandat

Le principe d'un Etat séparé et le choix de ses frontières sont loin de faire l'unanimité au Liban. Le rôle des maronites a été décisif on l'a vu pour en imposer l'idée et pousser la France à en garantir la réalisation. Certains veulent y voir le couronnement d'une longue autonomie des chrétiens catholiques dans l'empire ottoman et en faire, avec l'appui de la puissance mandataire, une manière de foyer national pour les chrétiens du Levant.

Or les structures démographiques ont été bouleversées par l'extension des frontières. Les chrétiens, qui représentaient près de 80 % de la population du Mont-Liban ne sont plus que 55 % dans le Grand-Liban de 1921 ; ils seront 50,7 % seulement au recensement de 1932, encore y faudra-t-il l'appoint des quelque 30 000 réfugiés arméniens et celui des Libanais de l'émigration. Dans les nouvelles régions détachées de la Syrie, les chrétiens ne sont que 35 % en 1921 et le dynamisme démographique supérieur des musulmans ne cessera de creuser l'écart.

Le Liban central maronito-druze a connu depuis 1860 une évolution singulière : la petite propriété paysanne maronite s'y est développée plus tôt qu'ailleurs sur les ruines de la féodalité. En s'implantant dans la production de la soie quelques décennies auparavant, le capital français a contribué à modifier les rapports sociaux traditionnels de la montagne en intégrant la région dans l'orbite économique de l'Europe. Les écoles des congrégations religieuses y ont amorcé l'alphabétisation tandis que le régime du gouvernorat y créait l'embryon d'un système représentatif. A ce Liban central s'oppose désormais un Liban périphérique extrêmement contrasté. Les villes côtières sont socialement composites et confessionnellement hétérogènes. Beyrouth a connu dans les dernières décennies du XIXe siècle un développement économique spectaculaire qui a drainé une partie du trop-plein démographique de la montagne. Elle devenait au même moment le phare de la renaissance linguistique et culturelle arabe et le pôle privilégié des échanges commerciaux et culturels avec l'Occident. Quant aux autres régions, le 'Akkar, la Beqa, le Jabal 'Amel, elles sont à majorité rurale et dominées par la grande propriété terrienne qui a contribué à y maintenir les réseaux traditionnels de la dépendance économique personnelle. Le niveau de vie y est plus bas et l'analphabétisme écrasant[5].

Des liens séculaires, économiques et politiques

rattachent Tripoli, le 'Akkar et la Beqa à Damas tandis que le Jabal 'Amel, historiquement très particularisé, regarde autant vers la Palestine que vers le Liban à l'heure où Français et Britanniques s'évertuent à fixer une frontière qui restera très discutée. La majorité des populations du Liban périphérique, ou au moins des notabilités qui les représentent, refusent toute légitimité au Grand-Liban et beaucoup s'installent dans un refus total du nouvel Etat.

Comment comprendre, dans ces conditions, l'attachement inconditionnel des maronites mais aussi de nombreux catholiques à l'élargissement territorial du pays ? Quel aveuglement apparent devant les contradictions inhérentes à l'idée d'un foyer chrétien où les chrétiens ne seraient qu'à peine majoritaires ! Quelle insistance mise à ne pas voir dans ce projet ce que le journaliste syrien Georges Samné appelait en 1921 *« la quadrature du cercle »*, à ne pas comprendre combien l'expérience politique confessionnelle du gouvernorat est difficilement transposable dans le Grand-Liban. G. Samné écrivait notamment dans cet article : *« Ou le Liban doit être indépendant, neutre et irresponsable et il faut rétrécir son territoire. Ou le Liban sera un Grand Etat ; et il doit dans ce cas participer à la vie commune de la Syrie et renoncer à remplir le rôle d'un foyer fermé »*[6].

Sans doute les nécessités économiques peuvent-elles expliquer la difficulté qu'il y a à renoncer à la façade maritime garante de l'ouverture commerciale du pays ainsi qu'à la plaine de la Beqa, véritable grenier à blé de la montagne. Le souvenir traumatisant de la famine de 1915-1916 rejoint ici les pressions exercées par les milieux économiques. Sans doute les maronites sont-ils persuadés aussi que leur supériorité culturelle présumée, fruit d'un contact prolongé avec l'Occident, leur assurera la domination politique sur le Grand-Liban en dépit de la faible majorité démographique chrétienne et du refus des communautés musulmanes de s'intégrer au nouvel Etat. Sans doute faut-il faire la part de la mystique nationaliste maronite alimentée par la volonté de prendre une revanche historique sur ce qui fut ressenti en 1861 comme une amputation territoriale injustifiée du Liban. Le mémorandum de la délégation libanaise à la Conférence de la Paix le 25 octobre 1919 parlait de *« restauration territoriale »*[7].

Quoi qu'il en soit, la voix minimaliste de Emile Eddé, futur Président maronite de la République, qui propose une réduction territoriale destinée à favoriser une plus grande homogénéité confessionnelle demeurera isolée. Dans un mémorandum adressé au Sous-Secrétaire d'Etat au Quai d'Orsay en 1932 il déclare encore : *« A l'heure actuelle, le Liban compte 405 000 mahométans (sunnites, chiites et druzes) contre 425 000 chrétiens seulement. Cette majorité chrétienne est beaucoup trop faible pour défendre le Liban contre l'attraction exercée sur lui par la Syrie en vue de son unification avec elle. Et si l'on n'y prend pas garde, il ne se passera pas longtemps encore avant que le Liban ne réclame lui-même sa fusion avec sa voisine »*[8]. En réalité la conscience politique maronite reste marquée par cette hésitation constante entre le repli communautaire et géographique et la volonté de dominer un Grand-Liban toujours pensé comme la patrie des maronites. Rien n'en témoigne mieux que les oscillations de la politique phalangiste au cours de la récente guerre libanaise. Nous y reviendrons.

Face au triomphalisme maronite, la communauté sunnite dans sa majorité proclame son refus du nouveau Liban[9]. Mais c'est d'un double refus qu'il s'agit, celui d'un Liban chrétien et celui d'un Liban sous tutelle française. Or toute prise de position anti-mandataire des sunnites tend à être considérée par les maronites comme anti-chrétienne et toute manifestation en faveur d'une union avec la Syrie est ressentie par la France comme une déclaration de guerre. A la référence française brandie par les maronites, les sunnites opposent leur allégeance à un nationalisme arabe dont l'éphémère royaume de Fayçal est devenu le symbole et que les exilés syriens continuent à représenter au Caire ou à Genève où siège un Comité Exécutif syro-palestinien.

Le négativisme sunnite à l'égard du Liban n'est pas sans justification historique. Jusqu'à la chute de l'empire ottoman, les sunnites étaient majoritaires et s'identifiaient pleinement au pouvoir du Sultan-Calife. La législation qui régissait le fonctionnement de l'Etat et de la société était issue du Coran ; à ce titre, c'était une loi communautaire et non territoriale qui garantissait sous le nom de *millet* l'organisation autonome des confessions non-musulmanes sur le plan religieux mais aussi juridique, social et culturel. L'intégration des sunnites dans le Grand-Liban les ravale sans transition au rang de minoritaires ne disposant pas d'une organisation communautaire comparable à celle des autres groupes et leur histoire sous le mandat français sera celle d'une progressive « communautarisation » juridique et idéologique sous l'impulsion évidente des autorités mandataires.

Le *Mufti* sunnite devient progressivement le porte-parole de sa communauté comme le Patriarche était celui des maronites, à ceci près que chez les sunnites, cette évolution demeure incomplète et ne correspond à aucune dynamique historique propre. Car les notables musulmans traditionnels, qu'ils soient grands propriétaires terriens ou patrons[10] urbains d'une clientèle politique ne se confondent en rien avec les autorités spirituelles de la communauté. Le mandataire français, et à sa suite le législateur libanais, étendent en fait aux musulmans un modèle maronite issu de la tradition du *millet* ottoman et renforcé par une évolution qui a donné à l'Eglise après 1850 la direction politique de la communauté : le *millet* est devenu nation et l'autorité spirituelle s'est muée en autorité politique cléricale. Rien de tel dans la communauté sunnite où les chefs religieux, qui n'ont rien d'un véritable clergé, ne seront jamais les garants exclusifs de l'existence du groupe ni son porte-parole privilégié.

Ces nouveaux minoritaires sunnites refusent leur allégeance à un Etat qui se définit comme chrétien et auquel ils estiment avoir été annexés sans consultation. Ajoutons que pour la bourgeoisie sunnite des villes côtières, la rupture des liens avec l'arrière-pays syrien représente une menace réelle pour ses intérêts économiques.

Ses positions ne sont pourtant ni monolithiques ni figées puisqu'une fraction de l'élite sunnite participe de façon croissante aux institutions du mandat, par ambition personnelle sans doute mais aussi pour asseoir les intérêts de la communauté face à la domination maronite. Dans les années trente, de nouvelles évolutions se dessinent. Ainsi, les sunnites de Beyrouth se montrent moins virulents dans la revendication unitaire syrienne que leurs coreligionnaires tripolitains dans la mesure où les intérêts économiques attachent chaque jour davantage la bourgeoisie musulmane de la capitale à l'Etat libanais. Tripoli au contraire, port « naturel » de la Syrie, coupé de son arrière-pays par les frontières de 1920, subit de plein fouet la concurrence de Beyrouth et la virulence de son irrédentisme pro-syrien est peut-être aussi à la mesure de la stagnation relative de son économie. Mais partout s'estompent graduellement les dernières nostalgies de l'empire et le Liban tend à devenir un fait accompli.

En Syrie, les membres du Bloc National négligent les

revendications des musulmans libanais pour privilégier le combat antimandataire et préparer la prise du pouvoir à Damas d'autant que l'obstination syrienne à vouloir récupérer les régions perdues en 1920 ne peut qu'alimenter le complexe maronite de la forteresse assiégée et rejeter les chrétiens libanais dans les bras de la France. Dès lors, au slogan de l'unité syrienne viendra progressivement s'ajouter celui d'une représentation plus équitable des communautés musulmanes dans les institutions du pays, revendication qui restera un leitmotiv de la vie politique dans le Liban indépendant après la Deuxième Guerre mondiale. Le Liban de 1920 se construit donc comme un face à face maronito-sunnite qui ne prendra réellement fin qu'avec l'explosion de 1975 mais que viennent compliquer dans l'immédiat les positions des autres acteurs communautaires et le jeu de la politique mandataire.

Tandis que la majorité des grecs-catholiques se rangent aux côtés des maronites dans les débats politiques qui agitent la période, les grecs-orthodoxes sont divisés et volontiers déchirés entre leur appartenance chrétienne et leur sentiment profond de l'arabité. A la différence des maronites, ils ont en Syrie des coreligionnaires nombreux et leur Patriarche s'est rallié au roi Fayçal en 1920. Privés depuis 1917 de la protection traditionnelle des Russes, nombre d'entre eux estiment inévitable un accord avec les musulmans. Si les communautés urbaines de la côte sont parfois assez proches du nationalisme arabe, les ruraux du Koura, dans l'arrière-pays de Tripoli, sont plus favorables à une certaine libanité.

Les druzes quant à eux ont encore perdu de leur poids démographique relatif après avoir vu irrémédiablement décliner leur rôle politique et la communauté se divise selon les clivages de son leadership traditionnel : une faction, menée par les Joumblatt, reconnaît le

Grand-Liban sous mandat français, une autre, à la suite des Arslan, choisit le nationalisme arabe protestataire, faisant assassiner en 1921 le *caïmacam* Fouad Joumblatt pour collaboration avec la France.

Les chiites sont initialement très hostiles au mandat et là, comme chez les druzes, la grande propriété foncière reste le fondement quasi-exclusif de la notabilité socio-politique. Lorsqu'au Jabal 'Amel Kamel al Asa'ad conduit une révolte en 1921, lorsqu'en 1925-1926 les Haïdar de Ba'albeck et les Hamadé du Hermel étendent au Liban l'insurrection anti-française partie du Jabal druze syrien, c'est toute la communauté qui se soulève. Mais à l'inverse, lorsque le même Kamel al Asa'ad reçoit la Légion d'Honneur quelques années plus tard, c'est une bonne partie du Liban-sud chiite qui se rallie au mandat. Dès le milieu des années vingt, les chiites du sud joueront la carte de l'intégration au Liban en réclamant des facilités de développement pour une région qui demeure aujourd'hui encore l'une des plus déshéritées du pays. Le ralliement des chiites de la Beqa et de Hermel restera plus aléatoire et permet peut-être de comprendre qu'ils soient toujours restés plus réceptifs à l'influence syrienne.

Le soutien massif des chiites est pourtant acquis à la France lorsqu'à partir de janvier 1926 le gouverneur Léon Cayla sur instruction du Haut-Commissaire Henri de Jouvenel, leur *« reconnaît le droit d'être jugés en matière de statut personnel selon les prescriptions du rite (jaafarite) »*. La « communautarisation » juridique des musulmans libanais était achevée et la loi entérinait en 1936 l'organisation de l'ensemble des communautés dites *« de statut personnel »*. Le Liban indépendant poursuivra le processus avec le décret de 1955 qui confie la direction de la communauté sunnite à un *Mufti* de la République assisté d'un Conseil Législatif Supérieur et d'une Direction Générale des Biens de

Mainmorte. En 1967 enfin la communauté chiite sera à son tour dotée d'une autorité collégiale appelée le Conseil Supérieur Chiite.

Quelles que soient les raisons qui l'expliquent, un mouvement de « communautarisation » se dessine sous le mandat dans le sens où les communautés confessionnelles émergent comme des entités juridiques institutionnelles et politiques à part entière. Ce mouvement ne peut se réduire à une simple transposition de l'évolution socio-politique des maronites ou des druzes du Liban central après 1840 puisqu'il affecte cette fois des groupes sans tradition ni projet de minoritaires. On ne saurait y voir non plus la seule volonté machiavélique du mandataire même si la politique française n'est pas sans responsabilité à cet égard mais plutôt le produit du découpage brutal en Etats-nations modernes d'une société qui fonctionna jusqu'en 1918 sur le modèle de l'Europe médiévale tant dans sa conception de la loi que dans ses regroupements communautaires ou dans les modalités de la représentation politique. La « communautarisation » intervenue sous le mandat signifiait à la fois la consécration juridique d'entités socio-historiques confessionnelles et leur reconnaissance comme acteurs politiques. Or la traduction politique des regroupements communautaires n'est autre que le confessionnalisme et à cet égard au Liban depuis la période mandataire c'est autant l'Etat qui fonde les communautés que les communautés qui fondent l'Etat.

Pour les autorités françaises dont la politique libanaise n'est à aucun moment dissociable de la politique syrienne, l'ennemi principal est le nationalisme arabe, volontiers identifié à l'islam sunnite et dont la dynamique unitaire menace le morcellement régional imposé par les puissances. Une telle analyse conduit le mandataire à faire le jeu des particularismes, seuls susceptibles de mettre en échec le projet unitaire. C'est l'argument avancé par R. de Caix en 1921 dans le rapport qu'il envoie à Aristide Briand : « *Les groupes minoritaires sont un peu pour nous en Syrie ce qu'est en Afrique la masse de plus d'un million d'Européens qui nous donnent un appui et une raison d'être durables. Ils ont l'avantage de se prêter à l'application du Mandat en même temps qu'à la constitution de Gouvernements dociles à notre direction, tandis que le gouvernement d'une Syrie unitaire, constituée au profit des nationalistes, nous mettrait en présence du pouvoir indigène le moins maniable auquel nous pourrions avoir affaire* »[11]. La comparaison éclaire sans doute mieux certains aspects récents de la révolte des musulmans contre le « pouvoir maronite » accusé de collusion avec l'Occident. A côté du Grand-Liban, le Haut-Commissaire français crée en 1920 un Territoire des 'Alaouites qui deviendra un Etat en 1922 et la même année un Jabal druze autonome sous la direction d'un gouverneur local. Les Etats de Damas et d'Alep quant à eux ne constitueront pas un unique Etat syrien avant le mois de janvier 1925.

Au Liban, la France continue de s'appuyer sur une clientèle politique maronite qui n'est pas sans inquiétude quant aux intentions véritables de Paris. Entre 1921 et 1923 à plusieurs reprises des rumeurs circulent qui font état d'un possible retrait français de Syrie : la France n'a-t-elle pas abandonné la Cilicie ? A Paris, les milieux parlementaires et la presse ne dénoncent-ils pas périodiquement le poids financier excessif que représente la Syrie et le désenchantement économique qu'elle suscite ? Le spectaculaire redressement du grand voisin turc n'est pas fait non plus pour rassurer un certain nombre de chrétiens libanais qui craignent d'être livrés à Mustapha Kemal. Sans toujours aller aussi loin dans le syndrome du minoritaire, les maronites s'inquiètent de la volonté française de ne pas totalement s'aliéner les musulmans syriens ou libanais. Car si la France craint les masses sunnites potentiellement nationalistes arabes, elle a pleine conscience de ne pouvoir tout à fait imposer contre elles sa tutelle à Damas ni construire un Liban viable sans y associer d'une manière ou d'une autre la communauté sunnite, composante essentielle de la population. Or la moindre ouverture en ce sens déclenche les foudres des maronites.

Les premières années du mandat restent dominées par la question de la séparation du Liban et de ses liens avec les Etats syriens au moment où la France tente d'organiser une fédération syrienne dans laquelle le Liban pourrait être englobé. La majorité des chrétiens fait campagne contre cette intégration et le Conseil Administratif rejette en janvier 1921 un projet de budget commun syro-libanais. Les sunnites à cette occasion renouvellent leur protestation contre l'annexion des régions considérées comme syriennes et refusent le principe d'un recensement, susceptible d'entériner l'existence du pays. L'agitation atteint une telle virulence à Tripoli en 1923 que l'on voit réapparaître des plans de réduction territoriale élaborés par R. de Caix qui feraient de Tripoli une municipalité autonome et permettraient une division de la Beqa selon les lignes de partage entre propriétés chrétiennes et musulmanes. Mais les pressions maronites empêcheront ces plans d'aboutir et le Liban, maintenu dans ses frontières de 1920, n'entrera dans aucune fédération syrienne.

La politique française ne cessera d'osciller au gré des changements de cabinets à Paris entre le repli sur la clientèle maronite et la recherche d'un compromis avec les sunnites lors des épisodes plus libéraux qui accompagnent l'arrivée au pouvoir du Cartel des Gauches en

1924 et surtout du Front Populaire en 1936. Mais elle aura finalement consacré l'existence d'un Liban séparé de la Syrie et qui le restera à l'heure de l'indépendance. Elle aura façonné un réseau institutionnel durable et entériné un mode de représentation politique où le confessionnalisme vient renforcer les féodalités politiques traditionnelles. Elle aura ainsi suscité quelques-uns des débats majeurs qui continuent d'agiter le Liban contemporain.

La mise en place des institutions

A compter de 1922 c'est le débat institutionnel qui vient cristalliser les oppositions[12]. En contradiction flagrante avec l'esprit des mandats de la Société des Nations, la France exerce une véritable tutelle coloniale au Liban comme en Syrie. Le Haut-Commissaire, responsable devant son seul gouvernement, bénéficie d'attributions politiques très larges et administre directement les *« Intérêts Communs »*, douanes, postes, Régie des Tabacs ou sociétés concessionnaires de chemins de fer. Lorsqu'il s'agit d'un militaire, il assure de surcroît le commandement des troupes coloniales et des Troupes Spéciales du Levant, recrutées localement dans les communautés minoritaires. Auprès de chacun des *« Gouvernements indigènes »*, il nomme une délégation française dont les nombreux fonctionnaires encadrent à tous les niveaux les responsables locaux eux-mêmes soumis à un gouverneur autochtone. Sur ce dernier point le Liban fait exception puisque le gouverneur y fut toujours français malgré les pressions de l'Eglise maronite en faveur d'un gouverneur local.

Après avoir mis en place un éphémère Conseil

Administratif nommé, le Haut-Commissaire décide en 1922 l'élection d'un Conseil Représentatif de 30 membres. La loi électorale promulguée à cette occasion a très directement inspiré le système qui prévaudra dans le Liban indépendant. Elle se fonde sur le suffrage universel à deux degrés combinant représentation communautaire et représentation territoriale puisque chaque élu doit obtenir les suffrages de l'ensemble de l'électorat local et pas seulement ceux de sa propre communauté. L'une des conséquences à la fois les plus stabilisatrices et les plus pernicieuses de ce principe sera d'exclure du Conseil, et plus tard de la Chambre des Députés, tous les extrémismes, condamnés à éclater en dehors des institutions légales. Longtemps dans le Liban indépendant le fonctionnement sans heurt des instances représentatives contribuera à occulter les tensions explosives de la société. Les premières élections au Conseil Représentatif, organisées en mai 1922, présentent déjà l'ensemble des caractères qui marqueront toutes les autres consultations de la période mandataire, des pressions de la France ou de l'Eglise maronite à l'abstention d'une partie de l'électorat sunnite en passant par la fraude, l'absence de véritable parti politique et l'omniprésence des intérêts familiaux, régionaux ou confessionnels.

Mais l'élection d'un Conseil purement consultatif, sans véritable initiative législative, suscite dans diverses communautés les premières oppositions au pouvoir exorbitant du mandataire. Or aux termes des stipulations du mandat, la France est tenue d'élaborer dans les trois ans une Loi Organique des territoires sous tutelle, destinée à les conduire graduellement vers l'indépendance. Elle doit pour cela respecter *« les vœux des populations »* en consultant *« les autorités locales »* mais là où le Haut-Commissariat comprend : consultation individuelle des notables traditionnels, les Libanais, chrétiens autant que musulmans, entendent : instances représentatives élues. Or il existe un Conseil Représentatif élu qui exige d'être associé aux travaux de la Commission Boncour chargée de préparer le texte constitutionnel. L'arrivée du libéral Henri de Jouvenel permet d'accéder à cette revendication et un Comité préparatoire issu du Conseil se met au travail en s'appuyant toutefois sur les vœux des notables consultés par questionnaire.

La constitution finalement promulguée le 23 mai 1926 a été quelque peu abusivement définie par le général Weygand comme *« la constitution de 1875 fleurie de bougainvillées et coiffée d'un keffieh »*. Si elle s'inspire en effet de la constitution française de la IIIe république, les articles traitant des problèmes communautaires portent la marque d'une plume libanaise, très probablement celle du banquier grec-catholique Michel Chiha. Elle instaure une république parlementaire dont la tendance présidentialiste sera accentuée par les modifications constitutionnelles de 1927 et 1929. Le Président, élu pour trois ans puis pour six ans par les Chambres dispose de l'exécutif et du droit de légiférer par décret en cas de nécessité. Même si la responsabilité ministérielle collective est établie en 1927, la version de 1929 permet au Président de dissoudre la Chambre et de choisir ses ministres en dehors du Parlement.

Les articles 9 et 10 assurent que la constitution respectera *« le statut personnel et les intérêts religieux de toutes les communautés »* ainsi que leurs écoles et l'article 95, toujours en vigueur, affirme : *« A titre transitoire et dans une intention de justice et de concorde, les communautés seront équitablement représentées dans les emplois publics et dans la composition du ministère, sans que cela puisse nuire au bien de l'Etat. »* Cet article prudent n'en institutionnalise pas moins, et pour longtemps, le confessionnalisme politique au Liban.

Les prérogatives du mandataire enfin restent considérables : le Haut-Commissaire est responsable de la Défense, de la Sûreté Générale et de la représentation extérieure du pays et peut annuler toute législation jugée contraire à la lettre ou à l'esprit du mandat, disposition qu'il ne se privera pas d'utiliser. La constitution n'en donne pas moins à l'Etat libanais un fondement légal qui ne manque pas de relancer l'agitation des sunnites, ceci d'autant plus que la préparation du texte coïncide avec l'éclatement en Syrie au cours de l'été 1925 d'une insurrection anti-française qui touche rapidement certaines régions du Liban.

La révolte druze

La révolte éclate au Jabal druze lorsque le général Sarrail, Haut-Commissaire français anticlérical et franc-maçon, nomme un gouverneur français, le capitaine Carbillet, en violation du statut d'autonomie reconnu à la région en 1921 qui prévoyait un gouverneur local. Sa politique de modernisation intempestive ne tarde pas à heurter les structures sociales traditionnelles des populations druzes. Sarrail, négligeant d'en informer Briand, prend l'initiative de faire arrêter à Damas les principaux notables druzes et durcit la répression lorsque les nationalistes syriens se joignent aux troupes druzes de Sultan al Atrash.

La révolte syrienne, incontestablement nationale, ne reste pas sans écho au Liban où elle réveille les anciennes tensions confessionnelles, relance le débat sur les liens avec la Syrie et précipite finalement la promulgation de la constitution par les autorités françaises soucieuses de faire un geste d'apaisement. Dans le contexte communautaire libanais, l'insurrection syrienne risquait d'avoir des conséquences explosives.

Dès septembre-octobre 1925, des chrétiens de la Beqa et du Wadi al Taym, voyant fuir des coreligionnaires syriens, craignent un soulèvement des druzes libanais. Sultan al Atrash affirme pour sa part que ces derniers l'auraient appelé au secours dès le mois de novembre parce que la France armait contre eux les chrétiens. Une colonne druze commandée par Zaid al Atrash pénètre dans le sud de la Beqa installant des *« Comités nationaux »* dans toutes les villes investies et un gouvernement provisoire à Hasbayya. Partout les insurgés se montrent soucieux d'affirmer le caractère national de leur soulèvement et d'éviter tout dérapage confessionnel. C'est ainsi qu'ils ne pénétreront pas dans les zones mixtes restées très sensibles du Chouf et du Metn.

La révolte suscite au Liban des réactions divergentes. Les druzes, très directement concernés par le mouvement, sont partagés selon le clivage traditionnel entre les Joumblatt qui conservent leur loyauté à l'égard du mandat et les Arslan qui, dans leur majorité au moins, soutiennent les insurgés. Tandis que les chiites du sud restent calmes, ceux de la Beqa et du Hermel entretiendront des troubles anti-français jusque dans l'été de 1926. Les sunnites de la côte multiplient grèves, manifestations et pétitions exigeant *« la réparation d'une erreur commise »* et le *« rétablissement de l'unité syrienne »* mais leur campagne auprès des autorités françaises cherche aussi à presser la Syrie de ne pas abandonner ses revendications sur les *« régions annexées »*. Car si la France a accusé les nationalistes syriens de vouloir porter la révolte au Liban dans le seul but de reprendre ces régions, il semble bien que les Syriens souhaitaient tout autant pousser les chrétiens libanais à abandonner la protection française en leur prouvant qu'elle n'offrait pour eux aucune garantie.

La presse chrétienne se déchaîne pourtant contre *« l'agression extérieure »* et le Conseil Représentatif vote le 30 novembre 1925 une résolution remerciant *« la Noble Puissance Mandataire des sacrifices humains et matériels qu'elle a jusqu'ici consentis pour la défense du territoire libanais, la protection de ses habitants et la sauvegarde de son indépendance ».* Lorsqu'en 1926, au cours de ses négociations avec les nationalistes syriens Henri de Jouvenel évoque une nouvelle fois la possibilité d'une réduction territoriale, Mgr Hawayik, le Patriarche maronite, s'écrie dans une déclaration publique : *« D'où vient ce tumulte que l'on répand aujourd'hui autour du démembrement du Grand-Liban par la cession de telle ville, Tripoli par exemple, à l'unité syrienne ? (...) La France, nous le savons, ne peut manquer à sa parole. Elle nous a fait une promesse, elle doit la tenir. Ce n'est pas un privilège que nous demandons mais justice et égalité pour le maintien du Liban dans ses frontières actuelles »*[13].

Malgré le calme retrouvé, la France ne prend pas le risque d'organiser des élections législatives en 1926 : la première Chambre des Députés ne sera que l'ancien Conseil Représentatif et le premier Président de la République sera de fait nommé par le mandataire. Le choix du grec-orthodoxe, francophile et francophone, Charles Debbas, manifestait la volonté française de tenir la balance égale entre les deux pôles maronite et sunnite tout en essayant de détacher la communauté orthodoxe des charmes de l'arabisme.

Quand les années trente s'ouvrent sur fond de crise économique, les premiers signes apparaissent d'une nouvelle donne politique à Beyrouth. En janvier 1931 se tient un Congrès général musulman qui revendique pour les communautés islamiques la présidence de la république et la moitié des emplois administratifs du pays au nom de leur supériorité numérique et de la plus grande charge fiscale dont elles supportent le poids. Or les élections présidentielles sont prévues pour 1932. Côté maronite, deux candidats s'affrontent : Emile Eddé et Bechara al Khoury, ce dernier plus ouvert à une véritable cœxistence politique maronito-sunnite. Les musulmans proposent Mohamed al Jisr, un sunnite tripolitain modéré acquis dès 1920 à une collaboration avec le mandat. Son élection apparaît bientôt tellement assurée grâce à l'appoint de quelques soutiens chrétiens, que le Haut-Commissaire Henri Ponsot suspend la constitution le 9 mai 1932 et nomme Charles Debbas chef du gouvernement. Avant qu'elle ne soit rétablie en 1937 un précédent institutionnel durable se sera imposé sous l'égide des autorités mandataires : le partage des deux plus hautes charges de l'Etat entre maronites et sunnites. Le nouveau Président de la République nommé par la France, Habib Pacha al Sa'd est en effet maronite et choisit comme Premier Ministre un musulman sunnite : Abdallah Beyhum.

Face au coup de force institutionnel français de 1932, la protestation nationale anti-mandataire gagne tous les milieux. L'Eglise maronite elle-même trouve là une chance d'apparaître comme une opposante résolue au pouvoir français. En 1935, le renouvellement de la concession à une société française de la Régie des Tabacs suscite une protestation générale qui exprime une nouvelle unanimité libanaise contre les autorités mandataires. La montée d'une mobilisation nationale contre le mandat conduit à l'émergence de nouveaux groupements politiques qui, pour n'être pas de véritables partis dotés d'une idéologie et d'un programme sont un peu plus que des alliances électorales de circonstance. Autour de Bechara al Khoury s'organise en 1934 le Bloc Constitutionnel et autour d'Emile Eddé : le Bloc National. Le Parti Populaire Syrien d'Antoun Sa'adé, créé en 1932, est quant à lui un véritable parti politique, inspiré du modèle d'organisation fasciste. Entre le nationalisme arabe et le libanisme particulariste, il opte pour un nationalisme syrien appuyé sur une entité façonnée par la géographie, l'histoire et la culture : la Grande-Syrie ou le Croissant Fertile[14].

En 1936, tandis que le Liban retrouve la liberté d'élire son Président de la République et choisit Emile Eddé, le débat politique se cristallise autour de la question d'un traité franco-libanais qui assurerait la souveraineté du pays tout en préservant les intérêts fondamentaux de la puissance mandataire. Ce sont les nationalistes syriens qui les premiers ont ouvert la voie à cette revendication en s'appuyant sur l'exemple de l'accord déjà conclu entre la Grande-Bretagne et l'Irak. Le traité franco-libanais sera finalement signé le 13 novembre 1936, deux mois après le traité franco-syrien, grâce à l'arrivée au pouvoir du Front Populaire mais aucun d'eux ne sera jamais ratifié par le Parlement français.

Le débat sur les traités marque un tournant de la vie politique libanaise sous le mandat. De nouveau, libanistes et arabistes se font face et réaffirment leurs intransigeances. Une fois encore, la radicalisation politique renforce les leaderships communautaires. Ainsi le 6 février 1936, le nouveau Patriarche, Mgr

'Arida, réunit à Bkerké un Congrès de prélats maronites qui réclame *« l'indépendance effective du Liban et la reconnaissance de sa souveraineté nationale »* ainsi que *« la conclusion d'un traité avec la France et l'entrée du Liban dans la S.D.N. »*. Mais il fait précéder ces revendications d'un article exigeant *« le maintien de l'entité libanaise dans ses frontières actuelles, sans modification d'aucune sorte »*. Les sunnites s'empressent de réaffirmer les positions politiques de l'islam libanais au cours d'un « Congrès de la côte » réuni en octobre 1936, qui renouvelle l'exigence de *« la souveraineté nationale dans le cadre de l'unité syrienne, étape préliminaire à l'unité arabe »*. En novembre 1936, à l'occasion de la signature du traité, des troubles confessionnels éclatent à Beyrouth au cours desquels les musulmans du quartier populaire de Basta s'en prennent aux chrétiens. La naissance, à quelques mois d'intervalles, de deux mouvements de jeunesse confessionnellement homogènes, les Phalanges libanaises, principalement maronites de Pierre Gemayel et les Najjadé, scouts musulmans sunnites, vient consacrer cette polarisation politique.

Pourtant des deux côtés des signes apparaissent qui laissent prévoir une évolution. Le nouveau Patriarche multiplie les contacts avec les nationalistes syriens et affirme la nécessité de consolider les liens économiques et sociaux avec *« la Syrie sœur »*. Le « Congrès de la côte » décide pour sa part *« d'adhérer au principe des négociations avec la France en vue d'un traité franco-libanais »* et demande que *« le traité envisagé contienne des dispositions spéciales susceptibles d'assurer une répartition équitable des emplois publics entre les différentes communautés »*. C'est là jouer très clairement le jeu du Grand-Liban. Abd al Hamid Karamé et les sunnites tripolitains ne s'y trompent pas puisqu'ils désavouent les résolutions du Congrès. Mais à compter de 1936-37 le Liban tend à devenir un fait accompli sous la poussée conjointe des deux fractions, chrétienne et sunnite, de la bourgeoisie marchande beyrouthine. Au cours des années suivantes, l'un des leaders arabistes les plus radicaux et les plus populaires Riad al Solh se rallie progressivement à l'idée libanaise, consacrant ainsi l'intégration réelle des sunnites dans le Liban.

Le pacte national

Tout comme la Première Guerre mondiale a provoqué le partage territorial du Proche-Orient entre la France et la Grande-Bretagne et créé des Etats sous mandat, la Deuxième Guerre mondiale va précipiter l'indépendance de ces Etats entre 1941, date à laquelle l'armée britannique et les Forces Françaises Libres entrent au Liban contrôlé par le gouvernement de Vichy et décembre 1946, lorsque les derniers soldats français quittent Beyrouth.

Dans l'intervalle, les pressions britanniques seront décisives pour imposer à la France réticente l'indépendance du Liban et de la Syrie. Comme en 1918, la Grande-Bretagne soutient l'idée nationale arabe sous la forme cette fois d'une fédération de la Syrie, du Liban, de la Palestine, de la Transjordanie et de l'Irak sous la couronne des Hachémites. La naissance de la Ligue des Etats Arabes à Alexandrie en octobre 1944 en sera la version à la fois élargie et quelque peu abâtardie.

Au Liban, le combat national pour l'indépendance fait franchir un pas décisif à la coopération politique de l'ensemble des communautés du pays. Dès septembre 1939, la situation de guerre vient justifier une nouvelle suspension de la constitution et la dissolution de la

Chambre. A partir de 1940, c'est le général Dentz, représentant le régime de Vichy, qui remplace Gaston Puaux et favorise les infiltrations germano-italiennes à l'heure où à Bagdad Rachid 'Ali Ghaylani organise un coup d'Etat pro-allemand dirigé contre le pouvoir néo-colonial britannique. Dès lors la Grande-Bretagne décide d'agir, appuyée par les F.F.L. Le 8 juin 1941, les avions alliés larguent dans le ciel libanais une proclamation signée du général Catroux, Délégué général de la France Libre, qui reconnaît l'indépendance formelle du Liban et de la Syrie, tout en laissant les deux pays libres de déterminer les formes de leur éventuelle union. Peu après, le 25 juillet 1941, le général De Gaulle signe avec Olivier Littleton, délégué britannique en Egypte, un accord aux termes duquel l'Angleterre reconnaît *« les intérêts historiques de la France au Levant »* mais subordonne explicitement la position privilégiée du gouvernement français dans la région à la reconnaissance effective des indépendances syrienne et libanaise. La France quant à elle interprète le texte quelque peu différemment et Catroux met en place à Beyrouth un gouvernement nommé, dirigé par Alfred Naccache, tout en précisant que les Alliés assumeront pendant toute la durée de la guerre la défense du pays.

Au Liban les voix se multiplient qui réclament une indépendance effective mais ce sont les pressions britanniques qui une nouvelle fois se révéleront décisives. En 1942, alors que la guerre change de cours et que les Alliés reprennent peu à peu l'offensive, la France accepte de mettre en place un gouvernement provisoire chargé de préparer les élections. Il sera successivement présidé par le protestant Ayoub Tabet et le grec-orthodoxe Petro Trad et se heurtera à de multiples questions politico-institutionnelles. Ainsi le problème du partage confessionnel des sièges dans le futur Parlement se résoudra finalement sur la base d'un compromis suggéré par les Britanniques et toujours en vigueur : six députés chrétiens pour cinq musulmans. Le 21 septembre 1943, la nouvelle Chambre des Députés élit Bechara al Khoury à la Présidence de la République et Riad al Solh, définitivement rallié à l'idée libanaise, devient Premier Ministre.

Le gouvernement libanais est immédiatement confronté à la nécessité de modifier la constitution pour annuler les pouvoirs de l'ancien mandataire et permettre à l'Etat de récupérer le service des *« Intérêts Communs »*. A Alger, le Comité de la France Libre refuse toute modification constitutionnelle tant qu'un traité ne sera pas intervenu entre les deux pays pour fixer les modalités de transfert de pouvoir et assurer les intérêts français au Levant. C'est alors que la Chambre, réunie les 8 et 9 novembre 1943, adopte à l'unanimité cinq modifications constitutionnelles unilatérales qui vont provoquer un dernier coup de force français : dans la nuit du 11, le Président de la République libanaise et la plupart de ses ministres sont arrêtés et emprisonnés à la forteresse de Rachayya tandis que la Chambre est dissoute et un nouveau Chef d'Etat nommé en la personne de Emile Eddé.

Ce geste scelle l'unanimité libanaise contre la France. Un gouvernement provisoire s'installe près de Souq al Gharb, au sud-est de Beyrouth ; il est immédiatement reconnu par la Grande-Bretagne et les Etats-Unis. De nouvelles pressions britanniques obligent bientôt la France à libérer les membres du gouvernement et à rétablir la constitution. Reste à régler la question des *« Intérêts Communs »* et de l'évacuation des troupes d'occupation. En décembre 1943, aux termes d'un protocole signé à Damas, la France cède les anciens droits du Haut-Commissaire à un Conseil Supérieur des Intérêts Communs et le 7 juillet 1944, les services de la Sûreté Générale sont à leur tour transférés au gouvernement libanais. La question militaire se révélera plus délicate car la France continue à lier l'évacuation du pays à la signature d'un traité qui permettrait le maintien de bases militaires et offrirait des garanties quant à la *« position culturelle privilégiée de la France au Liban »*.

Face aux prétentions de Paris, le Président Bechara al Khoury se contente de réaffirmer que le Liban ne désire conclure de traité avec aucun Etat avant la fin de la guerre et la réunion de la Conférence de la Paix. Un accord sera finalement conclu en juillet 1945 qui prévoit *« de transférer aux gouvernements syriens et libanais les unités militaires de recrutement local »*. Quant aux troupes proprement françaises, leur évacuation sera réglée au titre du retrait des troupes de guerre par les accords franco-britanniques du 13 décembre 1945. Pourtant il faudra une plainte libanaise à l'O.N.U. et de nouveaux accords bilatéraux pour que les derniers officiers français quittent Beyrouth le 31 décembre 1946. Entre-temps le Liban a reçu l'investiture arabe par son entrée dans la Ligue des Etats Arabes en 1944 et l'investiture internationale par son adhésion à la Charte des Nations Unies en juin 1945.

Le Liban nouveau était né dans la commotion de 1943 qui avait catalysé une conscience nationale libanaise en « libanisant » les musulmans et en « arabisant » les chrétiens. On se plaît généralement à considérer que son acte de naissance est le pacte intercommunautaire, informel et oral, issu des conversations tenues à Aley en 1943 entre Bechara al Khoury et Riad al Solh. Les chrétiens renoncent à l'idée d'un Liban coupé de son environnement arabe et placé sous une quelconque protection occidentale. Les musulmans en retour abandonnent le projet d'un démembrement du Liban en faveur de la Syrie ou d'une dissolution de l'entité libanaise dans une patrie arabe unifiée. A l'intérieur, le Pacte national de 1943 « sanctifie » le système confessionnel et consacre le partage du pouvoir entre les deux communautés dominantes maronite et sunnite. Considéré dans ses implications régionales, il traduit l'équilibre précaire entre un libanisme appuyé sur l'Occident et un nationalisme arabe qui se radicalisera bientôt sous la poussée de nouvelles forces sociales.

Compromis médiocre et fragile à la fois, le Pacte national sera célébré durant des décennies comme le plus éclatant symbole et le fondement le mieux assuré de la démocratie à la libanaise. Au cours des quinze dernières années encore, dès que s'apaisait le bruit de la canonnade, il se trouvait toujours quelque éminent représentant de la classe politique traditionnelle pour en appeler à sa *« restauration »* immédiate, condition exclusive de la *« réconciliation nationale »*. Le Liban tout entier est dans ce paradoxe, le Liban qui danse sur un volcan, celui qui pense pouvoir faire de ses pires faiblesses sa plus grande force, celui qui s'obstine à confondre fragmentation et pluralisme. De la vulnérabilité d'une société clanique et communautaire, idéologues et hommes politiques ont voulu faire le modèle d'une « mosaïque de minorités associées »[15]. Telle est la représentation idéologique qui sous-tend le Pacte national. Elle constituera longtemps la base du discours officiel libanais qui conçoit l'Etat tantôt comme un simple reflet de forces en présence tantôt comme l'arbitre incertain des tensions mais qui toujours le soumet aux déchirements de la société.

Le Pacte national en réalité défigure la société libanaise en la caricaturant et contribue à figer les rapports de force dominants dont le jeu paraissait plus ouvert sous le mandat. Il n'en confirme pas moins le choix du Grand-Liban dont il consacre l'existence. Il vient couronner la politique communautaire des autorités françaises en se plaçant dans la perspective du partage confessionnel des fonctions prévu par l'article 95 de la constitution. Mais il soumet le pays au dialogue restrictif entre notabilités sunnites et bourgeoisie maronite. Le combat pour l'indépendance a contribué à les rapprocher comme si la lutte commune avait enfin solidement amarré la montagne à la ville, à moins qu'elle n'ait plus simplement fait prendre conscience à deux fractions rivales de l'élite de leurs intérêts communs dans la gestion du pays.

Compromis réducteur à plus d'un titre, le Pacte national assurera l'équilibre du Liban aussi longtemps que le permettra le maintien de la stabilité régionale. Jusqu'en 1952 au moins, l'influence de la vieille Europe reste prédominante en Méditerranée orientale, épargnant à la région des tensions internationales majeures. Les Etats arabes qui viennent d'accéder à l'indépendance sont quant à eux unanimes dans le rejet d'Israël ressenti comme une intolérable atteinte à l'intégrité territoriale de la Nation arabe et cette commune hostilité apparaît comme un gage minimal d'union. Mais la défaite de Palestine a remis en cause la légitimité des pouvoirs en place et aggravé une instabilité politique qui devient chronique dans les années cinquante comme en témoigne l'exemple de la Syrie où la prise du pouvoir d'Husni Za'im en 1949 ouvre le cycle des coups d'Etat. L'affaiblissement intérieur des régimes arabes leur interdit toute ambition extérieure. Le Liban quant à lui, moins directement touché par la défaite de 1948, trouve tout naturellement son équilibre en s'appuyant sur une influence occidentale sans partage en l'absence de tensions régionales graves. Il lui sera plus difficile de résister aux tourmentes prochaines de la guerre froide et aux contagions périodiques des dissensions interarabes.

LES ANNÉES D'EUPHORIE

« *Patrie ou échelle de commerce ?* »

Au lendemain de l'indépendance, la prospérité économique libanaise apporte une caution supplémentaire à l'équilibre politique. C'est alors que Beyrouth devient le principal entrepôt commercial et la première place financière du Proche-Orient arabe. La situation géographique du pays, sa tradition de relais entre l'Occident et l'arrière-pays syrien y développent les bases d'une économie de services qui se nourrit du flux croissant des échanges internationaux. Ces quelque deux cents kilomètres de littoral méditerranéen ont représenté depuis le XIXᵉ siècle l'une des voies privilégiées de la pénétration économique occidentale vers l'*hinterland* arabe. Mais le phénomène ne prend toute son ampleur que dans les années cinquante et soixante avec le développement d'une économie pétrolière arabe dont les transferts financiers massifs s'opèrent par l'intermédiaire des banques de Beyrouth.

Ce mouvement coïncide avec le repli sur le Liban de capitaux arabes soucieux d'échapper aux soubresauts politiques régionaux. La bourgeoisie palestinienne y aurait ainsi transféré 60 millions de livres libanaises dans les années cinquante et le meilleur exemple de la réussite palestienne au Liban est sans doute Youssef Beidas, le fondateur de la banque Intra parvenue à s'introduire dans quelques grosses sociétés jusque-là restées aux mains du capital français comme la Compagnie du Port de Beyrouth ou la Compagnie aérienne des Middle East Airlines. Les capitaux égyptiens fuyant les nationalisations nassériennes auraient représenté quelque 100 millions de livres libanaises et ceux d'Irak 150. De Syrie, ce sont 500 millions qui seraient partis vers le Liban à la recherche de placements sûrs[1]. L'exode des capitaux s'accompagne de l'exode d'une bourgeoisie arabe dont les savoir-faire profitent très directement à l'économie libanaise. Les perspectives de croissance rapide et de profits faciles attirent à leur tour les capitaux libanais accumulés dans l'émigration en Afrique de l'Ouest ou en Amérique du Sud ; ils viennent s'investir dans le commerce, l'immobilier ou le tourisme.

A l'heure où nombre de ses voisins font le choix du dirigisme économique et freinent leur intégration dans le marché mondial, le Liban mise au contraire sur un ultra-libéralisme ouvert sur les économies dominantes. La rupture de l'union douanière avec la Syrie en 1950, la législation sur le secret bancaire, la garantie d'une totale liberté des changes sont autant de jalons qui marquent le triomphe des libéraux sur les dirigistes dans le débat qui les oppose au tournant des années cinquante. Nul doute que la coïncidence entre la prospérité pétrolière du Golfe et le repli socialisant des économies égyptienne, syrienne ou irakienne n'ait pesé sur le débat en offrant au Liban la chance de devenir le relais quasi exclusif entre l'Occident et la péninsule arabe.

Economie singulière où 70 % du produit intérieur brut est fourni en 1970 par le secteur tertiaire. C'est l'un des taux les plus élevés du monde et le signe le plus évident d'un déséquilibre et d'une fragilité liés à la faiblesse des secteurs productifs, agricole ou industriel. Le rôle hégémonique du secteur bancaire est bien connu mais son expansion fulgurante a quelque chose d'unique. Le montant des dépôts bancaires est passé de 215 millions de livres libanaises en 1950 à 8220 millions en 1974. Cette croissance s'est accompagnée du contrôle grandissant du capital financier occidental sur les banques installées au Liban : dans 57 % d'entre elles les capitaux étrangers sont majoritaires en 1972. Les chiffres soulignent encore la forte dépendance commerciale du pays à l'égard des économies avancées et confirment sa fonction de relais régional dans la division internationale du travail. En 1973, les importations représentent à elles seules plus de la moitié du PIB et proviennent à 70 % des pays occidentaux sous la forme de biens d'équipement et de produits manufacturés tandis que le Liban écoule près de 60 % de ses exportations dans les pays arabes du Proche-Orient et spécialement dans le Golfe. Les exportations industrielles y ont une place grandissante mais elles se limitent à une production traditionnelle légère — le textile, l'alimentaire ou les matériaux de construction — quand il ne s'agit pas d'une simple réexportation de produits occidentaux[2].

L'hégémonie du commerce, de la banque et des services sur l'économie libanaise a concentré dans la capitale l'essentiel des activités du pays, faisant de Beyrouth une manière de république des affaires sur laquelle règne un riche patriciat urbain, sunnite, grec-orthodoxe, grec-catholique ou maronite. Le Liban ne serait-il donc qu'une « échelle de commerce », un comptoir oublieux de son arrière-pays, le Singapour ou le Hong-Kong du Proche-Orient à jamais incapable de devenir une patrie comme s'en inquiète Kamal Joumblatt, le chef de la gauche libanaise ? L'image est un peu facile et ne saurait faire oublier que richesse et pouvoir ne sont pas l'apanage de la bourgeoisie beyrouthine et que les « féodaux » terriens du sud ou de la Beqa figurent aux côtés de l'oligarchie commerciale et financière dans le « club » très fermé de l'élite libanaise.

Le règne du clientélisme

L'oligarchie au pouvoir, qu'elle soit urbaine ou rurale, moderne ou traditionnelle, enserre la société tout entière dans un réseau pyramidal de dépendances en cascade où les patrons — on aurait envie de dire les parrains — s'assurent de la fidélité politique de leurs clients en distribuant emplois, services et faveurs diverses. Le clientélisme apparaît à la fois comme un système d'organisation sociale et comme un mode de fonctionnement politique exprimant la segmentarité horizontale de la société libanaise autant que sa très forte hiérarchisation verticale. Chacun des groupes primaires qui continuent de structurer la vie matérielle et symbolique des populations, que ce soit la famille élargie, le clan tribal, la région ou la communauté religieuse, produit ses chefs qui s'intègrent dans le réseau social comme autant de médiateurs entre le groupe de base et la société ou entre le groupe de base et l'Etat. Qu'un village réclame une adduction d'eau ou le raccordement au réseau routier, qu'un individu veuille accéder à un service public ou au marché de l'emploi, la revendication sera médiatisée par un patron.

Ce dernier doit nécessairement disposer de ressources suffisantes pour répondre aux besoins de sa clientèle mais aussi pour en assurer le contrôle. Ainsi pour les notables sunnites de Beyrouth, la société charitable des *Maqased* qui depuis 1878 patronne écoles, orphelinats et hôpitaux joue très exactement ce rôle et contribue à renforcer leur domination politique sur les couches moyennes et pauvres de la communauté qui bénéficient des services de l'institution. Il en va différemment dans les régions rurales plus périphériques où le clientélisme s'appuie sur le pouvoir traditionnel des grands propriétaires terriens comme les Asa'ad au sud ou les Joumblatt dans le Chouf. Dans le nord du Mont-Liban, il manifeste dans les structures politiques la persistance d'un quasi-tribalisme qui attache la population à de véritables chefs de clans comme les Frangieh, les Duwaihi ou les Karam.

Les positions au gouvernement et les sièges de députés restent pour un patron le plus sûr moyen de garantir à sa clientèle l'accès le plus large à la redistribution des ressources. La loi électorale est sans doute le meilleur instrument de sauvegarde du clientélisme politique. Rappelons que les électeurs de chaque circonscription forment un collège unique quelles que soient leurs appartenances confessionnelles mais qu'ils sont appelés à voter pour des listes pluricommunautaires. On respecte ainsi dans les régions mixtes la représentation proportionnelle de chaque communauté tout en évitant que les candidats soient exclusivement les élus de leur propre groupe confessionnel. Les listes ainsi constituées ne recouvrent rien d'autre que des clientèles aux contours parfois fluctuants à l'approche des échéances électorales et les blocs parlementaires qui se partagent la Chambre des Députés permettent de prévoir à l'avance l'issue d'un vote ou d'un débat. Le système est d'autant plus figé que chacun est tenu de revenir voter dans son village natal, le plus souvent aux frais du candidat, ce qui contribue à perpétuer les réseaux de clientèle les plus traditionnels et à limiter les effets des brassages urbains.

Ce qui est vrai des députés l'est plus encore des ministres et la formation d'un gouvernement est toujours le fruit d'un dosage savant des intérêts de groupe au point que l'Etat peut à bon droit apparaître comme une pure coalition de clientèles. Si les appartenances communautaires n'y sont pas sans importance, les conflits de pouvoir au sein de l'élite dirigeante sont rarement interconfessionnels de par le principe même d'un partage codifié des hautes fonctions de l'Etat entre les principales communautés. Les notables maronites entrent en compétition interne pour la Présidence de la République, les sunnites pour la fonction de Premier Ministre, les chiites pour la Présidence de la Chambre des Députés et il n'en va pas autrement pour la magistrature et la haute fonction publique. En réalité le système politique libanais est dominé par l'alliance de fractions distinctes de l'oligarchie pour qui les intérêts économiques communs prévalent le plus souvent sur les clivages confessionnels.

Le clientélisme continue pourtant d'opérer à l'intérieur du cadre communautaire et si un notable de niveau « national » peut avoir une dimension extra-communautaire, un réseau local de clientèle est toujours contenu dans les limites d'un groupe confessionnel. Ainsi en milieu urbain, le pouvoir des patrons s'appuie sur des hommes de main chefs de quartiers, moitié truands notoires moitié bandits d'honneur, que l'on connaît au Liban sous le nom de *qabaday*. Ils assurent le fonctionnement de la machine électorale du patron et lui permettent de « tenir la rue » en période de troubles. Ibrahim Qoleilat, leader nassérien d'une milice de Beyrouth-Ouest durant la guerre civile de 1975-1976 fut l'un des *qabaday* de Saëb Salam dans le quartier sunnite de Moussaitbé lors de la crise de 1958 ; à ce titre il restera perçu comme un chef sunnite, car le pouvoir très local d'un *qabaday* s'appuie directement sur les niveaux les plus profonds de l'identité[3].

Le premier choc qui ébranle le système politique libanais en septembre 1952 est le type même de la crise interne au fonctionnement clientéliste de l'Etat. Limitée au cercle de l'élite dirigeante, c'est une manière de « révolution de palais » contre le clan des Khoury accusé de gouverner le pays dans l'intérêt exclusif de sa clientèle personnelle. Le Président Bechara al Khoury, auréolé par les combats de l'indépendance et l'élaboration du Pacte national jouissait à l'origine d'une popularité certaine que la corruption du régime et les manipulations électorales ont peu à peu érodée. Il a ainsi perdu le soutien de C. Chamoun. L'interdiction des formations para-militaires après le coup d'Etat manqué du Parti Populaire Syrien en 1949 lui a aliéné les Kataëb (ou Phalanges) et les Najjadé. Quant à Kamal Joumblatt, l'héritier des féodaux druzes du Chouf , il démissionne du gouvernement pour protester contre la non-intervention du Liban dans la guerre de Palestine. Sous le mandat, les Joumblatt étaient favorables à la France et liés au Bloc National d'Emile Eddé mais au lendemain de l'indépendance, K. Joumblatt va progressivement s'identifier à l'arabisme.

C'est après l'assassinat en juillet 1951 du Premier Ministre Riad al Solh, dont la popularité continuait de légitimer le régime, que la crise éclate. Le 16 septembre, l'opposition regroupée dans un Front National d'une extrême hétérogénéité lance un mot d'ordre de grève générale pour exiger la démission du

Président de la République qui avait déjà obtenu d'une Chambre complaisante élue en 1947 le renouvellement exceptionnel de son mandat que n'autorisaient pas les dispositions de la constitution de 1926. Bechara al Khoury fait appel à l'armée commandée par le général Fouad Chehab qui refuse d'intervenir en faveur du régime. Le 18 septembre, la démission du Président permet de dénouer la crise.

Sous la présidence de C. Chamoun, son successeur, ni le système économique ni les structures politiques de base ne sont fondamentalement altérés. Pourtant le nouveau Président tente d'affaiblir ses rivaux en redécoupant les circonscriptions électorales de manière à faire éclater les fiefs traditionnels des grands patrons. Il cherche ainsi à affermir son pouvoir personnel en s'appuyant sur de nouveaux venus issus des classes moyennes urbaines mais n'en conserve pas moins d'indispensables alliances avec de vieux notables bien implantés dans les régions périphériques comme les Khalil chiites de Tyr. Lui-même issu d'une famille maronite moyenne de Deir al Qamar et membre éminent de la bourgeoisie d'affaires de Beyrouth, il voue une haine farouche à son rival du Chouf, K. Joumblatt, qui est un peu son contraire parfait. Kamal est un « féodal » fin de race, cultivé et tourmenté, partisan d'un socialisme humaniste et féru de mystique hindouiste. Les deux hommes n'ont qu'un point commun : leur ambition politique dévorante !

La commotion de 1958

Lorsque Camille Chamoun arrive au pouvoir à l'automne de 1952[4], le coup d'Etat des Officiers libres d'Egypte a eu lieu deux mois seulement auparavant préfigurant la rupture prochaine du *statu quo* régional. Le traité anglo-égyptien de 1954, qui prévoit l'évacuation des bases militaires britanniques de la zone du canal de Suez, marque un recul décisif du colonialisme occidental dans la région et la Grande-Bretagne cherche à s'adapter à cette nouvelle situation en établissant une alliance militaire défensive avec les Etats du Moyen-Orient. Ce sera le Pacte de Bagdad, signé le 24 février 1955 entre la Turquie et l'Irak hachémite auxquels se joignent bientôt la Grande-Bretagne, l'Iran et le Pakistan. Il vient compléter le dispositif occidental de défense anti-soviétique en comblant le « vide » entre l'Europe protégée par l'OTAN et l'Asie du sud-est placée sous le parapluie de l'OTASE. Nombre d'Etats arabes pourtant refusent d'y adhérer : l'Egypte, la Syrie, la Jordanie et le Liban, divisé sur la question. Au cours de la même année 1955, l'Egypte confrontée au refus occidental de lui vendre des armes sans conditions politiques accepte une livraison d'armes prétendument tchèques dont personne n'ignore la provenance réelle. Nasser désormais professe la théorie du neutralisme positif entre l'Est et l'Ouest, acceptant l'aide du camp socialiste sans jamais s'aligner sur ses positions idéologiques. L'URSS vient ainsi d'entreprendre une percée diplomatique durable au Proche-Orient en pleine guerre froide.

Les tensions s'exacerbent en 1956 lorsque la méfiance de l'Occident devant le régime nassérien conduit la Grande-Bretagne, les Etats-Unis et la Banque Mondiale à refuser à l'Egypte le financement promis pour la mise en chantier du barrage d'Assouan, le grand œuvre du régime. La réplique égyptienne ébranle les chancelleries occidentales : le 26 juillet 1956, dans un discours-fleuve prononcé à Alexandrie, Nasser annonce la nationalisation du canal de Suez dans un éclat de rire qui soulève l'enthousiasme de la foule. Le leader égyptien est désormais promu au rang de chef incontesté du nationalisme panarabe et le tiermondisme a trouvé l'un de ses mythes fondateurs. Le 24 octobre, la Grande-Bretagne, la France et Israël lancent contre Suez une véritable expédition punitive arrêtée par l'action conjointe d'un ultimatum soviétique et d'une médiation américaine. Piètre scénario en vérité pour le dernier sursaut du colonialisme occidental en Méditerranée orientale ! Le nouvel Etat d'Israël quant à lui, victime des raids palestiniens venus de la bande de Gaza alors sous contrôle égyptien, cherche à briser *« l'encerclement »* arabe ; la campagne de Suez lui en fournira l'occasion. Aux termes des accords secrets franco-israéliens signés à Sèvres, l'armée israélienne attaquera dans le Sinaï provoquant la réplique égyptienne ; Français et Britanniques proposeront alors leur médiation et devant le refus escompté de l'Egypte, débarqueront à Port Saïd ! Le scénario fonctionnera à peu près comme prévu mais l'expédition de 1956 sonne le glas de l'influence occidentale à l'est de Suez et le Moyen-Orient arabe devient le champ clos de la nouvelle rivalité américano-soviétique.

Les polarisations de la guerre froide lancent un insurmontable défi à l'équilibre libanais. En opposant les partisans de l'Occident aux pro-arabes appuyés sur l'Egypte nassérienne et le camp socialiste, elles brisent le consensus national en matière de politique extérieure menaçant ainsi l'un des fondements du Pacte national. A l'issue de la Conférence des chefs d'Etat arabes, tenue à Beyrouth les 13 et 14 novembre 1956 pour adopter une position commune face à l'expédition de Suez, le gouvernement libanais refuse de rappeler ses ambassadeurs à Londres et à Paris provoquant la démission des ministres sunnites : Abdallah Yafi, le Président du Conseil et Saëb Salam, le titulaire des

Affaires Etrangères. Camille Chamoun choisit pour les remplacer un sunnite modéré Sami al Solh et un pro-américain inconditionnel Charles Malik dont la nomination suscite la réprobation des arabistes.

La tension est à son comble lorsque le Liban accepte ce qu'il est convenu d'appeler la « doctrine Eisenhower » aux termes d'un communiqué commun américano-libanais publié à l'issue de la visite à Beyrouth d'un envoyé du gouvernement américain, M. Richards, le 16 mars 1957. Il s'agit d'une proposition d'aide économique et militaire américaine aux pays prétendument menacés par l'expansion du communisme. Pour Eisenhower et Foster Dulles en effet, le recul de l'Occident au Moyen-Orient crée un « vide politique » susceptible d'être comblé par l'URSS si les Etats-Unis ne se montrent pas vigilants. La déclaration américaine suscite de violentes protestations des Etats arabes pour qui la principale menace, en cette fin des années cinquante, vient plus de l'impérialisme occidental que de l'URSS alliée de l'Egypte. Que l'on songe à Suez, à la guerre d'Algérie qui s'aggrave ou à la puissance grandissante de l'Etat d'Israël, allié inconditionnel des Américains ! Le Liban est le seul Etat de la région qui souscrit à la « doctrine ». La Jordanie hachémite elle-même n'y adhère pas, probablement à cause des pressions égyptiennes.

Au Liban, le gouvernement et la classe politique se divisent sur la question et en avril 1957, six députés démissionnent de la Chambre en signe de protestation. Ils accusent le gouvernement d'avoir violé la solidarité arabe, introduit la guerre froide dans le pays et rompu le Pacte national. Parmi eux figurent Abdallah Yafi et Rachid Karamé, le leader sunnite de Tripoli, Hamid Frangieh, maronite de Zghorta et des notables chiites du sud ou de la Beqa : Ahmad et Kamel al Asa'ad ainsi que Sabri Hamadé. Des élections sont prévues pour juin 1957 et le débat intérieur porte sur l'élargissement de la Chambre des Députés ainsi que sur l'abrogation des lois d'exception restées en vigueur depuis la campagne de Suez.

Lorsque les députés démissionnent de la Chambre, le débat de politique étrangère vient appuyer les revendications intérieures et la protestation sort du cercle restreint de la classe politique. Un Front d'Union nationale s'organise qui réclame la constitution d'un gouvernement neutre pour présider aux élections ainsi que le retour au Pacte national, à la coopération interarabe et à la neutralité entre les deux blocs. Mais la victoire des candidats gouvernementaux est écrasante : à Beyrouth, Abdallah Yafi et Saëb Salam sont battus, tout comme Ahmad al Asa'ad dans le sud et Kamal Joumblatt dans le Chouf, perturbant quelque peu les équilibres traditionnels de la classe politique. Le débat idéologique a-t-il influencé les votants ? Ici ou là, on ne s'est pas privé de dénoncer le parti de l'étranger en dénigrant les *« candidats de Nasser »* mais les découpages électoraux, l'intervention directe des Forces de Sécurité Intérieure, parfois aussi de militants armés des Kataëb ou du PPS en faveur des candidats du pouvoir et plus encore l'argent de la CIA ont été autrement plus déterminants. Chamoun est accusé d'avoir fait élire un Parlement docile susceptible de voter l'amendement constitutionnel qui rendrait possible un deuxième mandat présidentiel.

Des rumeurs insistantes circulent en effet quant à la volonté du Président de reconduire son mandat comme l'a fait Bechara al Khoury avant lui, ce qui déclenche les foudres de l'opposition. La tension est si forte au printemps de 1958 qu'une « troisième force » constituée de personnalités chrétiennes modérées se propose de désamorcer la crise en poussant Chamoun à renoncer à son projet et à nuancer son alignement inconditionnel sur l'Occident : on y trouve H. Pharaon, l'éditorialiste G. Naccache mais aussi l'ancien Président de la République Bechara al Khoury et même le Patriarche maronite, Mgr Méouchy. Le compromis interne sur la question de la Présidence aurait sans doute été possible si la situation régionale s'était stabilisée.

Mais le 1er février 1958, l'Egypte et la Syrie annoncent la fusion de leurs deux Etats dans une République Arabe Unie, première étape vers l'unification de la Nation arabe tout entière. La vague panarabiste est à son comble. Au Liban l'enthousiasme bruyant des arabistes suscite chez de nombreux chrétiens la peur d'être noyés dans une masse musulmane prétendument hostile. Des deux côtés la classe politique fait monter les enchères et joue avec le feu. Des « unionistes » rentrent de Damas où ils ont témoigné leur reconnaissance à Nasser et demandé l'incorporation du Liban dans la RAU. Un journaliste maronite, arabiste modéré, multiplie les mises en garde dans les premiers jours de mai 1958, conseillant aux *« unionistes »* de réaffirmer leur attachement au Liban afin de rassurer leurs concitoyens chrétiens. Il s'appelle Nassib al Matni ; son assassinat le 7 mai mettra le feu aux poudres ; ce n'est qu'un prétexte mais il prend valeur de symbole.

Des émeutes éclatent à Tripoli où l'on reparle ouvertement d'union avec la Syrie. A Beyrouth, l'opposition proclame une grève générale exigeant que Chamoun renonce à un deuxième mandat. Le 13, le quartier populaire musulman de Basta, haut-lieu traditionnel de l'agitation nationaliste, se couvre de barricades.

Pour C. Chamoun, les causes de l'insurrection sont extérieures. C'est au Caire qu'il faut les chercher, au Caire où la radio nassérienne, la Voix des Arabes, déverse quotidiennement sa propagande unioniste. Il accuse également la RAU d'approvisionner les *« insurgés »* en hommes et en matériel à travers la frontière syrienne et dans la logique de cette interprétation des faits, il dépose une plainte contre la RAU devant la Ligue Arabe le 21 mai et une autre devant le Conseil de Sécurité de l'ONU le 27 mai. Il choisit ainsi d'internationaliser la crise. La Ligue Arabe ne se prononcera pas clairement et les Nations-Unies décideront l'envoi au Liban d'observateurs neutres chargés de surveiller les frontières pour éviter toute infiltration suspecte. Les rapports des observateurs ne mettront jamais en cause la RAU, il est vrai qu'ils arriveront bien tard et n'auront accès, dans un premier temps au moins, qu'à quelques dizaines de kilomètres de frontières. Dès le 27 mai, Sami al Solh annonce que le gouvernement ne proposera pas d'amendement constitutionnel pour la réélection du Président mais l'opposition est déterminée à aller plus loin : elle exige sa démission immédiate.

En ce début d'été 1958, alors que *« l'insurrection »* tient l'essentiel du pays, un observateur de la situation sur le terrain pourrait voir la guerre comme une simple lutte pour le pouvoir de factions politiques rivales : à Tripoli, c'est Rachid Karamé qui dirige le mouvement. A Zghorta, Hamid Frangieh ; dans le Hermel, Sabri Hamadé ; à Rachayya, dans le sud de la Beqa, le druze Chebli al 'Aryan ; à Saïda, Ma 'arouf Sa 'ad, tandis que dans le Chouf, Kamal Joumblatt lance un assaut sur Beit-Eddin, la résidence d'été des Présidents de la République. A Beyrouth enfin, dans les quartiers à majorité sunnite, à Basta, à Moussaitbé où il réside, Saëb Salam coordonne les activités militaires. Tout se passe comme si *« l'insurrection »* n'était qu'une revanche des patrons affaiblis par Chamoun ce que d'aucuns ont appelé une *« révolte des Pachas »*.

L'explication semble toutefois un peu courte car la présence des notables traditionnels sur le devant de la scène ne saurait faire oublier que les partis politiques sont eux aussi engagés dans le combat. Le Ba'ath et le parti communiste sont aux côtés des *« insurgés »* tandis que les *« loyalistes »* bénéficient du soutien des Phalanges et de celui du PPS, formation violemment anti-nassérienne qui milite pour une union du *Croissant Fertile* où l'Egypte n'aurait pas sa place. Au-delà de la lutte des factions rivales de l'élite dirigeante, les troubles de 1958 marquent une rupture idéologique profonde dans le pays et Saëb Salam, l'éminent porte-parole des intérêts de la bourgeoisie sunnite beyrouthine, est contraint de se radicaliser sous la poussée de la « rue musulmane ».

Le nassérisme panarabe, anti-impérialiste et socialisant sera en effet le catalyseur et l'étendard des revendications musulmanes au Liban. Pour le sous-prolétariat sunnite de Basta ou de Tariq al Jdidé et pour les masses déshéritées des régions périphériques, Nasser est le champion des pauvres contre les possédants, abusivement assimilés aux seuls maronites. Il est la dignité des humbles contre l'arrogance des puissants. La petite bourgeoisie sunnite utilise la pression nassériste pour obtenir une redistribution en sa faveur des ressources économiques et politiques. La grande bourgeoisie quant à elle y voit le moyen d'imposer sa participation plus large au pouvoir. Depuis sa rencontre avec Nasser en janvier 1955, S. Salam a fait du nassérisme l'instrument de son ascension politique au Liban mais il n'ignore pas qu'il lui faut maîtriser toute poussée idéologique incontrôlée susceptible de faire éclater le système clientéliste. Il veut remettre en cause le régime sans doute mais nullement l'Etat à un moment où la classe politique sunnite choisit définitivement le Liban contre toutes les tentations unionistes.

Comme si le nassérisme, loin de représenter le pire des dangers pour l'indépendance libanaise avait contribué à consolider la participation sunnite au système politique tout en désamorçant les aspirations révolutionnaires de la rue !

Malgré la violence de la commotion, ni l'Etat ni le pays n'ont éclaté. L'armée a échappé aux remises en cause et aux contaminations idéologiques car Fouad Chehab a pris soin de ne pas la compromettre dans la répression de l'insurrection, se contentant de lui faire jouer les arbitres.

Mais l'internationalisation de la crise est allée fort loin puisqu'un contingent américain a débarqué à Beyrouth le 15 juillet, à l'appel du Président Chamoun lui-même. Non que la situation intérieure se soit brusquement dégradée, mais à Bagdad le 14 juillet, le colonel Qasem a renversé la dynastie hachémite, massacré le roi et son Premier Ministre Nuri Sa'id et pris le pouvoir au sein d'un Conseil de la Révolution. Au même moment, des parachutistes britanniques se portent au secours du roi Hussein de Jordanie menacé par un coup d'Etat ba'athiste. La RAU n'existe que depuis quelques mois et plus encore qu'en juillet 1956, le Proche-Orient tout entier semble devoir basculer dans l'arabisme radical. C'est au moins ainsi que les Etats-Unis analysent la situation quand ils lancent l'opération *« Sérénade à l'aube »*.

La présence militaire américaine au Liban reste pourtant discrète car elle s'attache à ménager les susceptibilités d'une armée dont le Commandant en Chef est à même d'assurer la relève politique après la démission de C. Chamoun. Dès le 31 juillet en effet, le général Fouad Chehab est élu Président de la République avec la bénédiction américaine et le consensus se réalise sans peine autour de lui.

En revanche, le choix de Rachid Karamé comme

Premier Ministre ne fait pas l'unanimité et déclenche les foudres des Phalangistes qui refusent un homme politique trop marqué par sa participation à *« l'insurrection nassérienne »* et exigent plus de garanties d'une véritable indépendance libanaise. Prenant prétexte de l'enlèvement d'un de leurs journalistes, Fouad Haddad, ils lancent une grève générale menaçant d'un retour à la guerre civile. Pourtant, dès le 14 octobre 1958, un Cabinet d'Union Nationale est constitué où la présence de Pierre Gemayel, le leader des Kataëb équilibre celle de Rachid Karamé. Image parfaite du compromis dans la perspective d'un Pacte national réaffirmé, il adopte le slogan célèbre : *« ni vainqueur ni vaincu »*.

Un membre des Phalanges entre ainsi pour la première fois dans une coalition gouvernementale : c'est un tournant dans l'évolution interne du mouvement autant que dans la vie politique du pays. A leur création en 1936, les Phalanges libanaises ne sont qu'un mouvement de jeunesse très militarisé qui cherche à susciter une large mobilisation contre le pouvoir colonial français. C'est « l'époque des chemises »[5], brunes, noires ou vertes, dans le monde arabe tout entier. Mais l'admiration de Pierre Gemayel pour les partis fascistes italien et allemand ne suffit pas à en faire un émule à part entière des fascismes européens. Deux choses frappent le jeune leader phalangiste lorsqu'il assiste aux Jeux Olympiques de Berlin en 1936 : l'efficacité organisationnelle des nazis et l'élan national qui paraît la sous-tendre, un élan plus moral que politique, fondé sur la discipline, la responsabilité civile et le sens de l'honneur, autant de vertus qui semblent faire cruellement défaut à la société libanaise, asservie et passive. Ce dont Pierre Gemayel est avant tout soucieux, c'est de dignité nationale, cette dignité que les Allemands, écrasés en 1918, ont su reconquérir. L'Allemagne et l'Italie ne sont-elles pas de surcroît les alliées « objectives » des peuples du Proche-Orient en lutte pour leur indépendance, puisqu'elles sont en Europe les ennemis des Anglo-Français ?

Mais on chercherait en vain dans le mouvement phalangiste d'avant-guerre une quelconque analyse de la société, non plus qu'un projet politique digne de ce nom, hormis la volonté de canaliser l'énergie de la jeunesse dans une entreprise de redressement national. A ce titre, le mouvement Kataëb se présente comme une réponse idéologique aux nationalismes panarabe et pansyrien, auxquels il oppose toute la fermeté de ses convictions libanistes. Par-delà les fluctuations du débat politique et l'évolution du mouvement lui-même, le libanisme restera la pierre d'angle de sa réflexion et de son action. Conviction qu'il existe un peuple libanais distinct des peuples arabes, une entité libanaise au visage historique singulier. Vision d'un Liban détenteur d'une « mission civilisatrice » au Proche-Orient de par son ouverture traditionnelle à l'Occident et porteur d'une vocation spécifique d'asile des minorités.

L'indépendance une fois conquise, le mouvement traverse une grave crise d'identité dont il émerge au début des années cinquante en affirmant sa volonté nouvelle d'entrer dans le jeu politique libanais : le mouvement devient alors parti sans pour autant négliger son organisation milicienne. C'est sa participation à ce que l'on appelle parfois la « contre-révolution » de 1958 qui contribue à le propulser sur le devant de la scène. Au cours de ces journées d'octobre 1958, le parti a fait la preuve de sa capacité à mobiliser une large fraction de la communauté chrétienne maronite. Son intégration à la vie civile et sa participation au jeu parlementaire le conduisent à des prises de position en faveur de la multiconfessionnalité de la société et du système politique libanais. Mais en dépit de sa volonté affichée d'ouverture en direction des communautés non-chrétiennes au cours des années soixante, le parti reste composé d'environ 90 % de chrétiens dont 80 % de maronites. Son libanisme pointilleux et ses luttes acharnées en faveur de l'indépendance du Liban cachent du reste assez mal sa volonté de garantir dans le pays la prépondérance chrétienne maronite quitte à cultiver dans cette vieille communauté montagnarde en train d'investir les banlieues de la capitale, le syndrome du minoritaire. Le parti phalangiste n'en est pas moins dans les années soixante l'un des piliers essentiels de la coalition qui soutient le président Chehab jusque dans sa volonté de rééquilibrage politique et confessionnel du pays.

Le chéhabisme ou la chance manquée du Liban ?

Le général Fouad Chehab qui succède à C. Chamoun en septembre 1958 est Commandant en Chef de l'armée libanaise depuis 1946 et descend de la vieille famille des émirs de la montagne. Sa neutralité relative dans les troubles de 1958 lui vaut la loyauté des deux camps et une incontestable popularité qui lui permettra de jouer les arbitres et les réunificateurs d'une nation profondément divisée après la cassure de la guerre civile. Il est du reste significatif que le mot chéhabisme en soit venu à désigner l'allégeance non pas à un homme mais à un système ou au moins à un ensemble de principes qui survivront à la présidence de Chehab (1958-1964) pour qualifier encore partiellement celle de son successeur Charles Helou (1964-1970), un ancien phalangiste reconverti dans le chéhabisme. Le fait est d'autant plus étonnant qu'au Liban, on le sait, les allégeances politiques restent généralement très personnalisées.

Le régime chéhabiste privilégie d'emblée deux domaines d'intervention : il met en œuvre une politique de développement socio-économique de l'ensemble du pays et s'attache à construire un pouvoir central fort jouissant d'une réelle autonomie tant à l'égard de l'oligarchie des affaires que des patrons traditionnels, de tous ceux qu'en un mot le nouveau Président appelle les « fromagistes ».

La reconstruction et la relance apparaissent comme des priorités économiques après les troubles de 1958. Le Liban bénéficie pour les mener à bien d'une aide américaine substantielle que le gouvernement équilibre en s'appuyant largement sur la coopération de la France gaulliste. Pour le chef de l'Etat français, le Liban constitue un pion essentiel de sa stratégie méditerranéenne, dans la meilleure tradition de la période mandataire. Mais la politique gaulliste au Liban c'est un peu la fin d'un monde. Sous la présidence de G. Pompidou et plus encore de Valéry Giscard d'Estaing, le Liban sera intégré dans une politique arabe globale qui ne tardera pas à entrer dans l'orbite américaine[6]. Pour l'heure, la reconstruction est planifiée par les experts français de l'IRFED. L'architecte Ecochard est chargé de préparer un plan d'urbanisme susceptible de canaliser la croissance anarchique de Beyrouth. C'est la société française EDF qui construira le barrage sur le Litani et l'usine hydroélectrique de Karaoun et Air France détient 30 % du capital de la nouvelle compagnie aérienne, la Middle East Airlines. On pourrait à loisir multiplier les exemples d'une coopération franco-libanaise qui ne fut jamais plus active qu'en ce début des années soixante.

Pour Chehab et son équipe, la modernisation socio-économique du pays ne saurait se confondre avec quelques réalisations de prestige ni se limiter à

Beyrouth et aux régions littorales. Ils ont compris que Beyrouth n'était ni Singapour ni Hong-Kong et que l'on ne pourrait négliger plus longtemps le Liban périphérique sans s'exposer à de graves troubles sociaux. Ils mènent donc une politique d'intégration tant régionale que sociale car si la périphérie est d'abord géographique, au 'Akkar, dans la Beqa, au Jabal'Amel, elle n'en est pas moins constituée de tous les oubliés de la croissance et très souvent au Liban les deux aspects coïncident. Cette politique d'intégration s'appuie sur les principes d'une justice redistributive qui ne remet nullement en question le système capitaliste libanais. Face au libéralisme sauvage qui règne en maître, l'Etat se propose seulement de planifier et de prendre en charge moins l'économie elle-même que les infrastructures et les services de base dans le pays tout entier. On voit ainsi se multiplier aux côtés d'un Office de la Planification des agences para-étatiques spécialisées : Office de Développement social, Comité Exécutif des Grands Travaux, Agence de Reconstruction nationale ou Autorité du Litani, sans oublier la création d'une Banque Centrale d'émission après l'expiration de la concession reconnue à l'ancienne Banque de Syrie et du Liban. Les infrastructures de transport, le système scolaire ou la Sécurité Sociale reçoivent une attention particulière de la part du régime. Dans les deux premiers domaines, les réalisations sont spectaculaires dans les régions à prédominance chiite traditionnellement oubliées de l'Etat. En 1960, sur près de 450 villages chiites, 300 n'étaient pas reliés au réseau routier national et près de 350 n'avaient pas accès au réseau électrique. Vers 1970, la route de l'électricité les a tous atteints. En 1943, le taux d'analphabétisme des régions chiites s'élevait à 68,9 % contre 31,5 % dans les communautés chrétiennes catholiques or le nombre d'élèves scolarisés passe de 62 000 en 1959 à plus de

225 000 en 1973 et pour la première fois des chiites d'origine rurale peuvent accéder à la nouvelle Université Libanaise[7].

Sur le plan politique, le régime s'attache à réorganiser l'appareil d'Etat, l'armée et l'administration. Dès 1959, il proclame son souci fondamental d'un équilibre scrupuleux entre chrétiens et musulmans, ce qui le conduit à recruter des fonctionnaires, des militaires ou des gendarmes toujours plus nombreux dans les différentes communautés musulmanes mais principalement dans la communauté chiite jusqu'alors sous-représentée. Dans les régions rurales, la multiplication des effectifs de l'administration et des forces du maintien de l'ordre fait apparaître de nouveaux notables locaux qui défient le pouvoir traditionnel des patrons en s'appuyant sur leur rôle dans l'appareil d'Etat. Chehab engage le combat contre le règne du clientélisme au plus haut niveau du système politique. Pour constituer un embryon de bureaucratie loyale à l'Etat, il décide que les fonctionnaires ne seront plus recrutés par les ministres mais par un nouveau Conseil du Service Public et sur la base de leur compétence. Cette volonté d'autonomisation de l'appareil d'Etat par rapport aux élites sociales rencontre la faveur d'un groupe d'intellectuels qu'on appellera les *« technocrates »* et qui seront un peu pour l'Etat chéhabiste les gardiens de la République de Platon. Parmi eux figurent deux futurs Présidents de la République : Charles Helou et Elias Sarkis mais aussi Fouad Boutros, un grec-orthodoxe qui sera Ministre des Affaires Etrangères aux jours incertains de 1980 et 1981 et les musulmans Basem al Jisr et Soleiman al Zayn. Ils fonderont en 1965 une association baptisée Club du 22 novembre qui essaiera vainement en 1969 de se transformer en un Parti démocratique. Son échec souligne l'impuissance du régime chéhabiste à construire une base politique qui lui soit propre. Cette impuissance lui sera fatale.

Mais au début des années soixante, le régime tire sa force de la puissance de l'armée et singulièrement de son redoutable Service de Renseignements connu sous le nom de Deuxième Bureau dont l'action domine la vie politique du pays. En 1961, il fait échouer un nouveau coup d'Etat organisé par le PPS. Lors des élections de 1964, il fera perdre son siège à C. Chamoun. A Beyrouth, il mène la lutte contre S. Salam en appuyant ses rivaux comme Uthman al Dana ; il utilise même son ancien *qabaday* Ibrahim Qoleilat pour tenter de détrôner l'indétrônable Salam de la présidence des *Maqased* en 1970 ! Dans les quartiers populaires des villes, il s'assure des réseaux sûrs d'information et de contrôle quitte à fermer les yeux sur les trafics en tous genres. Les agents du Deuxième Bureau sont un peu les nouveaux *qabaday* des années soixante ! Contre les leaders chiites traditionnels, l'appareil militaire chéhabiste appuiera le nouveau rôle politique de certains *imam* tels Musa Sadr, le futur fondateur de la milice Amal sans que l'on puisse toutefois imputer aux seules manipulations du régime le glissement de pouvoir intervenu au profit des chefs religieux de la communauté. C'est encore le Deuxième Bureau de l'armée qui encourage l'entraînement des premiers commandos palestiniens au temps où Ahmed Shuqairy, le premier Président de la très nassérienne OLP de 1964, réside à Kayfun, sur les hauteurs de Beyrouth. Plus tard, après 1967, il instaurera un contrôle sévère sur les camps de réfugiés et les activités militaires d'une résistance devenue trop active. Contrôle de l'opposition, manipulations électorales, quadrillage de la population, autant de raisons pour lesquelles l'Etat chéhabiste sera parfois confondu avec le « règne » du Deuxième Bureau qui devient l'obsession de la vieille classe politique dont les bases électorales sont progressivement sapées par le régime. Elle aura finalement raison du système mais il y faudra de nouvelles mutations régionales susceptibles d'ébranler la stabilité du pays.

Car l'expérience chéhabiste a coïncidé avec un retour au *statu-quo* régional qui constitue probablement une fois encore le meilleur garant de l'équilibre politique intérieur. Après les bouleversements des années 1956 à 1958, le Liban bénéfice du *modus vivendi* qui s'est établi entre l'Egypte nassérienne championne du non-alignement et les Etats-Unis leaders désormais incontestés de l'Occident. A Beyrouth on chuchote qu'Abd al Hamid Ghaleb, l'ambassadeur du Caire, est un peu l'éminence grise du régime mais comment nier que le puissant voisin égyptien soit devenu le meilleur garant de la souveraineté libanaise ? Quant aux Etats-Unis, ils ont mesuré les limites de la contagion « révolutionnaire » régionale. En 1961, la sécession syrienne a disloqué la RAU ; la Jordanie et l'Arabie Saoudite restent des points forts de l'influence occidentale et la guerre froide fait rage entre régimes *« progressistes »* et *« conservateurs »* mais plus encore entre régimes *« progressistes »* eux-mêmes qui se disputent l'hégémonie régionale. Le ton monte entre Nasser et Qassem accusé de communisme par le leader égyptien tandis que Damas et Le Caire se rendent mutuellement responsables de la rupture de 1961. En 1963, le parti Ba'ath arrive au pouvoir à Damas et Bagdad à un mois d'intervalle et tente de parvenir à une union tripartite égypto-syro-irakienne mais les négociations échoueront très rapidement.

Les tensions régionales épargnent pourtant le Liban qui fait plus que jamais figure de havre de paix dans un environnement troublé. L'impression prévaut que le monde arabe tout entier a besoin du Liban pour y placer ses capitaux, y vider ses querelles politiques, y respirer aussi le parfum d'un Occident frelaté. Les bourgeoisies arabes et les émirs du Golfe investissent l'été les *« centres d'estivage »* de la montagne et les cabarets de Ras Beyrouth. Le restaurant Fayçal face à l'Université Américaine est devenu le rendez-vous de la gauche libanaise et arabe, on y refait le monde à deux pas du quartier de Hamra, paradis du commerce de luxe et de la spéculation immobilière. Le mètre carré de terrain s'y négociait en 1972 à 15 000 livres libanaises soit 25 000 francs[8]. A Beyrouth se publie tout ce que nulle part ailleurs dans le monde arabe on ne peut dire ; pas un journal qui ne défende une idéologie, un parti ou un régime. Les maisons d'édition se comptent par dizaines attirant artistes, poètes et écrivains. Les images se bousculent, les métaphores fleurissent qui font du Liban *« la Suisse du Moyen-Orient »* et de Beyrouth le *« Paris de l'Orient »* arabe, univers de la rencontre entre deux mondes et du mélange entre deux cultures. Liban société ouverte, Liban société à risques. Le ballon d'oxygène du monde arabe n'allait pas tarder à devenir l'abcès de fixation des conflits régionaux.

Comment ne pas comprendre dans ces conditions que renaissent aujourd'hui de vieilles nostalgies de l'ère chéhabiste dans une intelligentsia libanaise le plus souvent condamnée à l'exil par la barbarie régnante ? Car le chéhabisme représente un peu la chance manquée d'une véritable intégration nationale autour d'un pouvoir fort qui ne soit ni l'instrument de l'oligarchie dominante ni un simple *« syndicat d'intérêts intercommunautaires »*. Pourtant, il serait trop facile d'opposer terme à terme le régime chéhabiste à ceux qui l'ont précédé.

Conscient de sa faiblesse aux lendemains des troubles civils de 1958, il ne peut remettre en cause le confessionnalisme ni neutraliser le clientélisme de la classe politique traditionnelle. Son souci d'égalité scrupuleuse entre les confessions contribue même à pousser le partage communautaire des charges jusqu'à ses plus extrêmes limites. Ce sont des communautés plus que des individus qui bénéficient de la redistribution des fonctions, au-delà du cercle restreint des technocrates qui dominent l'appareil d'Etat. Loin d'extirper le clientélisme, Chehab doit bien souvent se contenter de le manipuler à son profit en jouant les notables les uns contre les autres. Car l'absence de base politique propre au régime oblige le gouvernement à s'appuyer sur des forces organisées susceptibles d'assurer des liens de l'Etat avec la société. Le chéhabisme repose bien sur une nouvelle configuration politique mais elle est formée de courants déjà anciens dans le Liban des années soixante.

Côté chrétien, Chehab se démarque d'emblée de ceux qui apparaissent comme les représentants les mieux implantés sinon les plus authentiques de la communauté maronite : C. Chamoun d'abord, contre qui le Président a été élu en 1958 et qui en viendra à incarner, à côté de l'affairisme beyrouthin, une certaine *« âme »* de la montagne. Contre les Eddé ensuite, représentants types de la grande bourgeoisie libérale maronite. Emile Eddé était mort en 1949 après avoir dominé la scène politique libanaise sous le mandat et s'être compromis avec la France. Son fils aîné Pierre est banquier. Plusieurs fois ministre dans les gouvernements de C. Chamoun, il pratique une politique économique ultra-libérale. Mais il refusera de cautionner les dérives occidentalistes de la politique étrangère du Président et rompra avec lui en 1957. Chehab l'intègre dans le Cabinet de Salut National d'octobre 1958 mais il démissionne un an plus tard : la puissance du Deuxième Bureau lui paraît constituer une menace pour le régime politique libéral. P. Eddé était traditionnellement l'élu d'Achrafieh, allié à la puissante famille des Sursock, riches commerçants grecs-orthodoxes témoins de l'ancienne implantation urbaine de cette communauté sur la colline résidentielle qui surplombe à l'est le vieux centre-ville de Beyrouth.

Aux élections de 1960, le régime met tout le poids du Deuxième Bureau derrière Pierre Gemayel, le chef des Kataëb qui est élu au grand dam de la bourgeoisie locale pour qui le pharmacien de Gemmayzé n'est qu'un parvenu ! Pour les Phalanges, cette élection est décisive : jusque-là mieux implantées dans le Metn ou les nouvelles banlieues chrétiennes de la ville comme Aïn al Remmaneh, elles investissent le cœur du Beyrouth résidentiel. Les événements de 1958 leur ont donné une indéniable représentativité communautaire, l'élection d'Achrafieh leur assure prestige et respectabilité. Contre Chamoun et Eddé, Chehab s'appuie désormais sur le « sang neuf » des Kataëb dont le libanisme intransigeant s'accommode pour l'heure du soutien de l'Egypte nassérienne au pouvoir libanais et dont le programme de modernisation politique va dans le sens de la volonté chéhabiste de réformes.

Côté musulman, Chehab prend ses distances avec la grande bourgeoisie sunnite de Beyrouth dont l'influence fut jusqu'alors prépondérante. La « retraite » politique de S. Salam entre 1961, date à laquelle il démissionne de son poste de Premier Ministre face aux accusations de corruption lancées par K. Joumblatt et 1970 où il reviendra sur le devant de la scène, en est le meilleur symbole. Sa rupture avec le chéhabisme fera évoluer le leader beyrouthin vers des positions conservatrices pro-saoudiennes tout comme son opposition à Chamoun en 1958 lui avait inspiré un radicalisme pro-nassérien ! Contre le poids économique et politique écrasant de Beyrouth, Chehab s'assure la loyauté de Tripoli la dissidente en s'appuyant sur le notable traditionnel qu'est Rachid Karamé devenu le Premier

Ministre attitré du général. Dans le nord, il tente d'affaiblir Soleiman Frangié en soutenant René Mo'awad. Dans le sud il combat Kamel al Asa'ad en jouant contre lui l'*imam* Musa Sadr.

Mais le pilier du régime reste le Parti Socialiste Progressiste de K. Joumblatt dont la radicalisation va croissant à la faveur des évolutions régionales. Dès 1962, le député du Chouf se heurte très violemment à P. Gemayel au sein du cabinet sur la question des nationalisations auxquelles Joumblatt se déclare favorable. La rupture entre les deux soutiens privilégiés du régime ne sera irrémédiable qu'à la fin des années soixante et se fera une nouvelle fois autour d'une question « extérieure » : la présence palestinienne armée au Liban.

Pourtant le chéhabisme est mort sous les coups conjugués d'une coalition hétérogène de courants traditionnels et de forces nouvelles. Une opposition ne se démentit guère au cours de la période, celle des milieux d'affaires que l'afflux des pétrodollars et la perspective de profits faciles dissuadent plus que jamais de tout investissement dans les secteurs productifs. Si quelques mesures en faveur de l'industrie ont été prises sous la présidence de Charles Hélou pour subventionner les exportations, établir un système de licences et de quotas d'importation ou consentir aux industriels des dégrèvements fiscaux, elles sont restées limitées. L'Association des Industriels libanais ne faisait guère le poids face à la puissante Chambre de Commerce de Beyrouth. En 1965, la Régie des Tabacs, sous la pression des importateurs de cigarettes étrangères, refuse ainsi d'accorder de nouvelles licences de plantation. Les importateurs de sucre quant à eux réussissent à empêcher l'implantation d'une deuxième raffinerie au Liban. Un peu plus tard, sous la présidence de Frangié, le premier cabinet de « technocrates » mis en place par

S. Salam de retour aux affaires ne parvient pas à imposer l'augmentation des droits de douane sur les produits de luxe. Le Dr Emile Bitar, Ministre de la Santé, se heurte au lobby des pharmaciens et doit abandonner son projet de baisse du prix des médicaments. La réforme fiscale du Ministre de l'Economie E. Saba ne réussit pas davantage à imposer la taxation des capitaux immobiliers et l'on pourrait multiplier les exemples.

Pour la vieille classe politique combattue par le Deuxième Bureau, l'heure de la revanche va sonner lorsqu'après la guerre de juin 1967, les Phalanges et le PSP, divisés sur la question palestinienne, abandonnent tous deux le régime. Aux élections de 1968, les partis « chrétiens » constituent une alliance tripartite, le *hilf* qui regroupe le Parti National Libéral de C. Chamoun, créé peu après 1958, le Bloc National de Raymond Eddé, désormais adversaire irréductible de tout gouvernement militaire et le parti Kataëb qui assumera bientôt le monopole d'un libanisme qu'il estime à nouveau menacé. Signe des temps : le *hilf* reçoit le soutien du Patriarche maronite, Mgr Méouchy, pourtant peu suspect d'extrémisme, il l'avait prouvé en 1958. Cette alliance électorale soutient en 1970 l'élection à la Présidence de la République de Soleiman Frangié contre le candidat chéhabiste : Elias Sarkis. Mais les notables musulmans ne sont pas en reste qui tous, de Salam à Asa'ad, appuient le leader de Zghorta. Il lui faudra pourtant l'appoint de quatre voix joumblattistes pour remporter les élections. Avec la présidence de S. Frangié, le « féodal » du nord imprégné des mœurs « tribales » de la montagne, la vieille classe politique libanaise retrouve les délices du clientélisme le plus effréné avec son cortège de corruption et de népotisme. Mais au-delà des marchandages de la classe politique, de nouvelles forces sont à l'œuvre dans la société. Les bouleversements économiques ont fait naître une petite bourgeoisie que la crise des années soixante-dix bloque dans son ascension sociale ; appuyée sur les forces populaires rejetées à la périphérie du système économique libanais, elle se révélera très perméable aux polarisations idéologiques et l'on sera dans les années soixante-dix pro-palestinien ou libaniste comme on était en 1958 nassérien ou loyaliste.

II

Les guerres libanaises

LA MONTÉE DES PÉRILS

Le Liban à l'épreuve du conflit israélo-arabe

La confrontation israélo-arabe de juin 1967 marque une profonde rupture dans l'histoire du Proche-Orient depuis 1945. Le statu-quo est définitivement bouleversé par l'émergence de la puissance militaire et politique d'Israël. La défaite des Etats arabes est écrasante ; il leur faudra des années pour reconstituer un potentiel militaire, plus longtemps encore pour retrouver une légitimité politique[1]. Durant la guerre, le président Charles Helou est resté sourd aux appels de Rachid Karamé qui poussait à l'intervention de l'armée libanaise aux côtés de la Syrie ; il a même refusé toute utilisation du territoire libanais par les armées des Etats voisins, tout en réaffirmant une solidarité arabe de principe.

Au terme de la guerre, la défaite arabe crée un vide politique réel face à l'ennemi israélien. Seule la nouvelle guérilla palestinienne née dans les camps de réfugiés des périphéries urbaines en Jordanie et au Liban peut relever le défi. Lorsqu'en 1968 le roi Hussein proclame *"Nous sommes tous des fedayin"* il exprime ce que partout, du Caire à Beyrouth, l'on ressent confusément : la résistance palestinienne est désormais porteuse de la dignité des Arabes. Elle est à l'avant-garde du combat de libération de la Nation arabe tout entière contre l'Etat d'Israël. Les bases de commandos essaiment alors au creux de la vallée du Jourdain et dans les collines pelées du sud-Liban. Les frontières de l'Etat ennemi y sont à portée de tir et les bases offrent d'excellentes positions de repli aux commandos infiltrés en Israël. Elles s'appuient sur la population nombreuse des camps de réfugiés qui sont autant de foyers de la mobilisation politique et militaire. Au Liban en 1975, on estimait la population palestinienne à quelque 450 000 personnes[2] dont 40 % environ résidaient dans les quinze camps disséminés sur l'ensemble du territoire. Mais l'activisme de la résistance palestinienne à partir des territoires arabes frontaliers ne tarde pas à se heurter au souci de souveraineté nationale et d'ordre public des Etats concernés.

Le premier incident survenu au Liban remonte au 6 mai 1967, un mois presque jour pour jour avant l'offensive israélienne de juin ; ce jour-là, un commando palestinien de retour d'Israël est arrêté sur le territoire libanais. L'événement aurait pu passer inaperçu mais il revêt *a posteriori* un relief d'autant plus grand qu'une semaine plus tard un combattant palestinien tombe sous les balles de l'armée libanaise. La résistance lui fait des funérailles grandioses au camp d'Aïn al Heloué proche de Saïda. En tête du cortège marche Kamal Joumblatt, le chef du PSP, venu affirmer la solidarité politique de la gauche libanaise avec la résistance palestinienne.

Le 28 décembre 1968, un raid de l'aviation israélienne détruit au sol en toute impunité la quasi-totalité de la flotte aérienne civile libanaise, suscitant de violentes réactions contre l'impuissance de l'armée et provoquant une grave crise politique interne. La question de l'armée cristallise désormais la protestation de la gauche. Le 7 janvier 1969, une grève éclate à Saïda et Tyr pour réclamer l'abolition de l'armée de métier et l'ouverture de la conscription. Le 8, Abdallah Yafi est contraint à la démission mais les pressions du Mouvement national[3] en faveur de la conscription et de l'augmentation du budget de la Défense empêchent Rachid Karamé de constituer un nouveau cabinet.

La gauche récuse le principe même d'une armée de métier qui ne saurait de par son recrutement et la faiblesse de ses effectifs — 15 000 hommes environ — jouer le rôle d'une véritable armée nationale. Elle reproche au pouvoir d'utiliser plus volontiers la troupe dans la répression des mouvements sociaux[4] que dans la défense du territoire contre les attaques israéliennes. L'armée libanaise est en effet la seule de la région à n'avoir jamais participé à la lutte contre l'Etat hébreu ; elle souffre ainsi d'un manque essentiel de légitimité dans un monde arabe qui n'a cessé de se définir par référence au défi israélien. Ajoutons que l'institution militaire n'échappe pas au partage confessionnel des fonctions : le Commandant en Chef est traditionnellement maronite et le Chef d'État-Major toujours druze mais la majorité des officiers sont chrétiens. Dès son arrivée au pouvoir en 1970, le Président Soleiman Frangié a pris soin de purger la troupe des derniers éléments chéhabistes et de nommer l'un de ses proches, le général Iskandar Ghanem, au poste de Commandant en Chef ce qui a contribué à aggraver la méfiance de la gauche à l'égard de l'armée.

Le premier affrontement grave qui l'oppose à la

résistance palestinienne commence à Saïda en avril 1969 et gagne l'ensemble du pays au cours des mois suivants. En octobre, l'armée tente de couper la « piste Arafat » qui permet de relier la Syrie à cette zone du Arqoub, au sud-est du pays, que l'on appelle déjà le *Fatahland* parce qu'elle abrite la majorité des bases palestiniennes. Il y va du rétablissement de la souveraineté libanaise sur l'ensemble du territoire. Mais le général Boustani est contraint de reculer le 18 octobre 1969 devant la concentration de troupes syriennes aux frontières. Depuis quelque temps déjà, le Premier Ministre Rachid Karamé suggérait une coordination militaire entre l'armée et l'OLP. Elle fut effective à compter du 3 novembre avec la signature au Caire, sous l'égide de Nasser, des accords aux termes desquels l'OLP obtenait le contrôle quasi-exclusif des camps, libérés de l'emprise du Deuxième Bureau et la liberté de passage vers le Arqoub. Elle s'engageait en échange à respecter la souveraineté libanaise et à coordonner ses activités avec l'État-Major. Les accords du Caire légalisaient la présence palestinienne au Liban, une manière de Pacte national entre Libanais et Palestiniens ! Un compromis de plus sur le sol libanais mais cette fois avec un mouvement armé pris dans une logique de guerilla pour la libération nationale. Une seule voix se fera entendre pour en dénoncer la gravité, celle de Raymond Eddé qui s'est acquis depuis lors une solide réputation de Cassandre et de pourfendeur de toutes les interventions étrangères au Liban.

La crise est provisoirement résolue, permettant la formation d'un gouvernement d'union nationale dans lequel figurent ceux qui vont devenir les frères ennemis de la vie politique libanaise : Pierre Gemayel et Kamal Joumblatt. Mais la dégradation des relations palestino-libanaises devient irrémédiable au début des années soixante-dix après le repli massif des commandos palestiniens au Liban à la suite des massacres de septembre 1970 en Jordanie. Pour la résistance, le sud-Liban devient le nouveau sanctuaire des commandos, le dernier possible aux frontières d'Israël après la perte des bases jordaniennes. La multiplication des raids palestiniens y déclenche bientôt l'escalade des représailles israéliennes et la détérioration rapide de la situation confirme l'impuissance de l'armée qui conduira les nouvelles milices des « partis chrétiens » à prendre le relais d'un Etat défaillant qu'ils n'ont rien fait pour sauver. La spirale de la violence est désormais en place.

Un signe avant-coureur s'est produit le 23 mars 1970, avant même les massacres de *« septembre noir »*. A Kahalé, sur la route de Damas, la milice phalangiste dirigée par Bachir Gemayel, fils cadet du fondateur des Kataëb, a lancé une attaque contre un convoi funèbre palestinien faisant dix morts. Mais l'année 1972 aggrave singulièrement les tensions. C'est l'année du terrorisme internationl pour l'organisation palestinienne après les revers subis en Jordanie. Pour ne pas se laisser oublier, pour compenser l'affaiblissement politique, pour libérer les frustrations des militants et exorciser le désespoir d'un peuple, certaines organisations armées portent la lutte terroriste sur la scène mondiale. L'attentat de l'aéroport de Lod, le massacre des athlètes israéliens aux Jeux Olympiques de Munich provoquent de violentes représailles israéliennes et le 16 septembre 1972, Tsahal[5] pénètre au Liban où l'état d'urgence est proclamé sur l'ensemble du territoire. C'est un précédent grave qui inaugure une « stratégie interventionniste » d'Israël au Liban sur laquelle nous serons amenés à revenir longuement[6].

La tension monte à nouveau d'un cran l'année suivante lorsqu'un commando israélien assassine en plein cœur de Beyrouth trois responsables palestiniens et réussit à se réembarquer sans être sérieusement inquiété. 250 000 personnes assistent aux funérailles. Saëb Salam exige la démission du Commandant en Chef de l'armée et devant le refus du Président de la République, se retire lui-même du gouvernement. L'incident n'apparaît pas *a posteriori* comme une démission ministérielle de plus dans un pays fertile en crises politiques. La rupture entre Saëb Salam et Soleiman Frangié est plus grave, elle présage en réalité la cassure de la vieille classe politique maronito-sunnite au pouvoir depuis l'indépendance. Désormais, les Premiers Ministres qui se succèdent jusqu'à 1975, du jeune émule de Rachid Karamé, Amin al Hafez à Rachid al Solh, en passant par le vieux Taquieddine al Solh, ne sont que des figures de second plan qui témoignent de la paralysie croissante des leaders sunnites dans l'escalade des événements qui conduira à l'explosion de 1975.

De nouveaux combats entre l'armée et la résistance éclatent en mai 1973 et cette fois ce n'est plus le chéhabiste Charles Helou mais l'homme fort des maronites, Soleiman Frangié, qui est au pouvoir et prend l'initiative de faire bombarder les camps de réfugiés. Il se voit pourtant contraint de signer le 17 mai les accords de Melkart, confirmation de ceux du Caire. Car l'homme fort des maronites est aussi l'homme de la Syrie et les pressions de Damas en faveur de la résistance se sont une fois de plus avérées décisives dans l'issue des affrontements. Avec une résistance palestinienne solidement implantée sur le sol libanais dans un face-à-face incertain avec un Etat fragilisé, le nouveau Président syrien Hafez al Asad dispose dorénavant d'un prétexte commode et d'un instrument direct pour intervenir dans la vie politique libanaise.

Les relations officielles entre le gouvernement de Beyrouth et la résistance s'améliorent pourtant en

1974 : on verra même Soleiman Frangié défendre à la tribune de l'ONU le dossier palestinien. L'OLP vient d'être reconnue par le sommet arabe de Rabat comme *« l'unique représentant légitime du peuple palestinien »* et le monde entier a vu Yasser Arafat le supplier *« de ne pas laisser tomber de* (sa) *main le rameau l'olivier »*. Mais au Liban les milices intensifient leur entraînement militaire et Kamal Joumblatt dénonce la passivité du gouvernement face à l'armement de la droite chrétienne favorisé par certaines complicités dans l'armée.

Les positions de la résistance palestinienne sont plus ambiguës. Soucieuse de ne pas renouveler ses erreurs de Jordanie où elle a pu mesurer en 1970 la profondeur de son isolement, elle consolide son alliance avec le Mouvement national libanais dont elle entraîne les milices : celle des nassériens d'Ibrahim Qoleilat, celle du PC, de l'OACL[7], bientôt Amal en 1975. Mais les responsables palestiniens n'en mesurent pas moins la représentativité réelle acquise par le parti des Phalanges au sein de la communauté maronite. Ils savent qu'il serait dangereux de céder à la tentation du jeu confessionnel et de se couper de la communauté dominante du pays. Dès 1973, ils ont entrepris avec le parti kataëb des pourparlers qui buttent rapidement sur la question du gel des activités militaires palestiniennes au sud-Liban. Dans la logique de sa lutte anti-israélienne, la résistance ne pouvait guère accéder à une telle exigence que les Phalanges érigent en préalable absolu de tout accord[8]. Pierre Gemayel multiplie alors les mises en garde contre le danger de voir le Liban devenir une *« seconde Palestine »*.

Israël de son côté exploite la situation en accentuant les pressions frontalières. L'attaque contre le village de Kfar Chouba en janvier 1975 pousse une nouvelle fois la gauche à descendre dans la rue et l'avertissement de Shimon Pérès résonne *a posteriori* comme un glas pour le Liban : *« Nous ferons en sorte que toute vie civile cesse au Liban si ce pays persiste à pratiquer sa politique de soutien aux organisations palestiniennes »*[9]. Le 24 janvier, Pierre Gemayel remet un mémorandum au Président Frangié lui enjoignant de mettre un terme à l'anarchie créée par les fauteurs de troubles de la résistance palestinienne. Désormais les leaders de la droite chrétienne sont déterminés à préserver *leur* Liban.

En se battant au nom de la défense de la souveraineté libanaise ils cherchent en réalité à protéger leur position dans le pays. Le libanisme irrédentiste qu'ils ne cessent d'afficher s'appuie sur la volonté farouche de garantir la domination chrétienne au Liban, à un moment où ils l'estiment menacée par la poussée conjointe de la gauche et de la résistance palestinienne. Chez nombre de maronites, l'allégeance aux « partis chrétiens » se substitue lentement à la loyauté envers l'Etat. Soulignons pourtant que jamais cette position n'a concerné l'ensemble des maronites mais qu'à l'inverse, elle a souvent débordé les limites de la communauté.

Face à ce libanisme de repli, Joumblatt et la coalition des partis de gauche regroupés depuis 1969 dans le Mouvement national font quant à eux du soutien à la résistance palestinienne la pierre d'angle et l'instrument privilégié de leur volonté de réforme du système politique. Cette imbrication de la lutte palestinienne et du combat politique interne de la gauche libanaise dépasse les simples limites d'une alliance tactique entre des intérêts convergents. La gauche se bat pour un Liban indissociablement révolutionnaire et arabe comme si la référence arabiste garantissait l'authenticité de l'aspiration révolutionnaire. Or la résistance palestinienne est devenue le symbole de la révolution arabe en marche. La jeunesse libanaise focalise d'autant plus facilement sur elle ses aspirations au changement qu'elle se heurte aux blocages clientélistes et confessionnels du système politique traditionnel. C'est à travers les succès et les rêves du combat palestinien qu'elle vit en décalage l'impossible révolution libanaise. En 1958 déjà l'opposition s'était appuyée sur un arabisme nassériste pour contrer l'alignement sur l'Occident du régime chamouniste et assurer une représentation politique plus large aux communautés musulmanes. Dans les années soixante-dix, le soutien à la cause palestinienne a pris la relève du nassérisme dans la hiérarchie des valeurs arabistes, et la gauche entraîne dans son sillage la vieille classe politique sunnite parfois réticente mais avant tout soucieuse de ne pas se laisser déborder par le nouveau radicalisme de la rue. L'enjeu idéologique autour duquel vont peu à peu se situer les acteurs du drame libanais qui menace met une nouvelle fois aux prises arabistes et libanistes car la question de l'arabisme reste au cœur de l'introuvable consensus libanais.

Sur le terrain en ce début d'année 1975 les incidents se multiplient entre les milices chrétiennes et les organisations palestiniennes regroupées dans le Front du Refus. Créé au lendemain de la guerre d'octobre, ce Front entend protester contre les perspectives de règlement négocié du conflit israélo-arabe sous l'égide des Etats-Unis. Alors que la majorité de l'OLP, conduite par Fatah, se dit prête à participer à une conférence internationale et adopte en 1974 un programme de pouvoir national *« sur toute partie de territoire libéré »* en Cisjordanie et à Gaza, le FPLP, le FLA[10] et quelques autres groupes refusent une politique jugée *« capitulationniste »* et se proposent de poursuivre la lutte armée pour la libération de l'ensemble du territoire palestinien.

Les divisions n'affectent pas seulement l'OLP car la

guerre d'octobre est venue bouleverser toutes les données de la situation régionale et les troubles qui éclatent au Liban moins de deux ans plus tard ne sauraient en être dissociés. Les Etats arabes ont assigné à la guerre des objectifs limités : il s'agit de sortir de l'impasse et de précipiter le processus de négociation afin de régler un conflit interminable qui pèse d'un poids excessif sur les économies nationales. Plus que la revanche de juin 1967, la guerre d'octobre est le dernier des grands conflits israélo-arabes. Le rapide échec de la conférence internationale qui devait s'ouvrir à Genève sous les auspices américano-soviétiques laisse le champ libre à la politique américaine dite des *« petits pas »*, mise en œuvre par le Secrétaire d'Etat Henri Kissinger, soucieux de régler le conflit *« à chaud »* par des négociations bilatérales. Pour les mener à bien il faut neutraliser l'encombrant facteur palestinien. Le terrain libanais semble propice. La droite chrétienne ne rêve-t-elle pas d'en découdre avec la résistance tout en fulminant contre un monde arabe qui se serait déchargé sur le Liban de la question palestinienne ? Dès lors un consensus arabe implicite s'est instauré qui va faire du Liban l'abcès de fixation du conflit israélo-palestinien. La guerre libanaise s'inscrit ainsi dans la volonté arabe de réduire le mouvement armé palestinien.

Cette nouvelle politique américaine de paix s'accompagne du recul de l'influence soviétique dans une région où ses intérêts géostratégiques paraissent pourtant essentiels : le Moyen-Orient n'est-il pas une manière d'Amérique Centrale des Soviétiques ? La percée diplomatique de l'URSS dans la région, en Egypte d'abord, plus tard en Syrie puis en Irak remonte aux année 1955-1956. Son implantation s'est renforcée après 1967 avec le réarmement des pays du *« champ de bataille »* et la signature de traités de coopération avec l'Egypte en 1971 et l'Irak en 1972. Mais le reflux a commencé dès juillet 1972, lorsque le Président Sadate a expulsé les conseillers soviétiques pour s'aligner sur le camp occidental.

Après 1973, les perspectives de la « paix américaine », divisent l'Egypte et la Syrie. Tandis que le Caire se retire de la confrontation et signe avec Israël le 1er septembre 1975 un accord de désengagement dans le Sinaï, Damas organise le camp des adversaires de la solution américaine, englobant dans sa stratégie le Liban et la résistance palestinienne tout à la fois fer de lance et monnaie d'échange du Front arabe de la Fermeté. Le Président Asad a toujours expliqué l'éclatement des troubles au Liban par un véritable *« complot »* égypto-américain destiné à détourner l'attention du monde arabe pour lui faire *« oublier »* l'accord du Sinaï. Mais on peut retourner l'explication et considérer que les affrontements au Liban répondent à la volonté syrienne de construire un *« front oriental »* inexpugnable entièrement placé sous son contrôle au moment où l'Egypte signe son premier compromis avec Israël et menace de déserter le champ de bataille. Dans les deux cas le Liban reste le champ clos de la rivalité syro-égyptienne autour du conflit israélo-arabe. Entre ces deux pôles s'exercent les médiations compliquées de l'Arabie Saoudite, maître d'œuvre discret de la politique régionale et des guerres libanaises. Etrange pays, traditionnaliste et moderne, aussi résolument pro-occidental que farouchement anti-israélien qui soutiendra toujours au Liban les modérés des deux camps.

Les divisions arabes face à la « paix américaine » ont peut-être signé l'arrêt de mort du Liban mais la déstabilisation interne y a été pour le moins facilitée par l'accumulation des tensions que la prospérité économique masque de plus en plus mal à l'orée des années soixante-dix. Le développement rapide de l'économie de services a provoqué de profonds déséquilibres sociaux tout particulièrement liés à la destructuration du monde rural. La part de la production agricole dans le PIB est passée de 20 % en 1948 à 8 % seulement en 1975[11]. L'expansion du capitalisme agraire conduit la paysannerie à se spécialiser dans les cultures d'exportation comme les agrumes. La pénétration des réseaux commerciaux et bancaires dans les campagnes aggrave l'endettement paysan et les mutations du monde rural condamnent graduellement la population à l'exode. En 1975, 70 % des Libanais sont des urbains et Beyrouth, forte de ses 1 million 200 000 habitants regroupe à elle seule la moitié environ des résidents du pays[12]. Comment parvenir à imaginer l'ampleur des déséquilibres sociaux dans un pays où la moitié de la population se concentre dans la seule capitale ?

Une véritable « ceinture de la misère » enserre Beyrouth, de Naba'a à Ghobeiré en passant par Tall al Za'atar et Bourj al Barajneh, au voisinage des camps palestiniens[13]. Les nouveaux arrivants sont en majorité chiites et entrent parfois en conflit avec les populations maronites plus anciennement implantées dans les faubourgs de la capitale. Ils viennent grossir les rangs d'un semi-prolétariat de services et d'un sous-prolétariat flottant digne des agglomérations tentaculaires de la périphérie du monde. Un nouveau prolétariat industriel se constitue également dans les années qui précèdent le conflit. En 1975, le secteur industriel représente 20 % du PNB et emploie un quart de la population active soit près de 150 000 personnes, parmi lesquelles, soulignons-le, de nombreux maronites.

C'est dans l'industrie qu'éclatent les premières grèves en novembre 1972, prélude à une agitation sociale endémique jusqu'à l'éclatement de la guerre civile. Les ouvriers des confiseries Ghandour de Tayyouné puis de Choueifat réclament la revalorisation de leurs salaires et l'inscription de tous à la Sécurité Sociale. Le 11, des affrontements avec l'armée font deux morts suscitant de violentes manifestations de protestation. En décembre, c'est au tour des planteurs de tabac du sud de réclamer l'achat par la Régie de la totalité de la récolte, l'augmentation des prix et la réduction des importations de tabac étranger. Le 22 janvier 1973, ils sont de 80 à 100 000 dans les rues de Nabatiyeh, soutenus par une grève des commerçants de la ville. Au même moment, les instituteurs réclament le droit de grève ainsi que des augmentations de salaire : plus de deux cents d'entre eux seront licenciés. Ce n'était pas les premiers mouvements sociaux au Liban mais le fait nouveau résidait dans leur convergence sur fond de chômage, d'inflation et de contestation étudiante dans les universités. La crise frappe les masses déshéritées des régions rurales de la périphérie et plus encore les nouveaux migrants des faubourgs de la capitale mais elle frappe aussi les classes moyennes en plein essor depuis les années cinquante. C'est dans leurs rangs que se recruteront bientôt les miliciens de tous bords.

Crise sociale, crise politique, crise idéologique, les tensions qui agitent le Liban peuvent se lire à plusieurs niveaux et dépassent bien souvent les frontières du pays. Elles se nourrissent de la défaite arabe de 1967 et de l'échec économique des régimes en place, qu'ils soient capitalistes ou socialistes. Le débat qui s'ouvre au sein d'une intelligentsia radicalisée à dominante chrétienne porte en lui le désarroi de toute une génération devant la faillite militaire, politique et sociale du nationalisme arabe et la crise de légitimité des pouvoirs qui s'en réclament. Mais la réflexion dépasse l'ordre de la protestation politique pour atteindre la remise en cause des valeurs culturelles et morales des sociétés arabes. C'est à Beyrouth que ce désarroi profond s'exprime et se publie dans les milieux d'intellectuels marxistes ou nationalistes tandis qu'une frange de la jeunesse se radicalise et rejoint les rangs des organisations palestiniennes extrémistes ou des partis de gauche libanais : le Ba'ath, le PC et l'OACL notamment. La mobilisation s'opère autour de trois pôles : soutien inconditionnel à la résistance palestinienne, revendications de justice sociale, exigence de démocratisation et de déconfessionnalisation du système politique.

La radicalisation d'une minorité ne saurait toutefois masquer le phénomène marquant des années soixante-dix : la montée des classes moyennes dans une société en crise qui rend de plus en plus difficile leur intégration économique et dans un système politique où le jeu du clientélisme et les règles confessionnelles bloquent toute possibilité d'évolution. C'est dans ce décalage croissant entre l'état de la formation sociale libanaise et la persistance des structures traditionnelles de l'autorité qu'il faut aussi chercher les raisons de l'explosion de 1975. La communauté maronite est la première touchée par ces mutations sociologiques en raison de son avance sociale et culturelle sur les autres groupes. Lorsqu'une évolution parallèle s'amorce dans les communautés musulmanes à la fin des années soixante elle aggrave la compétition sociale et crée de nouvelles tensions qui se libéreront en termes confessionnels. La petite bourgeoisie maronite produira ce discours de repli communautaire et de crispation sur les privilèges acquis qui caractérise le phénomène phalangiste. Dans l'autre camp, les classes moyennes chiites appuyées sur des couches populaires radicalisées alimenteront la protestation socio-politique en termes confessionnels.

C'est au cours des années soixante que la communauté chiite a graduellement pris conscience de son exclusion, une prise de conscience qui touche d'abord une petite bourgeoisie d'employés et de professeurs subissant très directement les frustrations engendrées par la sous-représentation des chiites dans le système libanais. Dans le même temps, la grande bourgeoisie enrichie dans l'émigration en Afrique ou en Amérique latine est à la recherche d'un rôle à jouer dans le pays. Mais rien n'indique encore que les inquiétudes des uns et les aspirations des autres doivent nécessairement se rejoindre dans une formulation communautaire. C'est le drame du sud, ruiné par la crise agricole et les bombardements israéliens qui exacerbe les tensions et radicalise les positions à l'orée des années soixante-dix. Bientôt la tragédie du sud-Liban deviendra la tragédie des chiites.

Au cœur de cette mutation se tient la figure d'un homme qui prendra les dimensions d'un mythe : l'*imam* Moussa Sadr[14]. D'origine libanaise, il est venu d'Iran au début des années soixante cristallisant dans le sud puis dans le pays tout entier un véritable réveil chiite symbolisé par la création en 1969 d'un Conseil Supérieur de la communauté qui se dotait ainsi pour la première fois d'un instrument représentatif. Désormais les chiites ont leur porte-parole au même titre que les autres groupes confessionnels libanais et ceci en dépit des réticences ouvertes de la majorité du « clergé » soucieux de ne pas se départir d'une tradition de quiétisme politique entretenue par la hiérarchie religieuse. Moussa Sadr rompt brutalement avec cette tradition et prend la tête d'une véritable croisade populiste sur le thème islamique des « déshérités », volontiers assimilés aux chiites.

A Baalbeck en 1974, devant 80 à 100 000 personnes rassemblées, l'*imam* réclame « égalité et justice, pour lesquelles la communauté est prête à faire la révolution » et en appelle à l'armement de tous les « déshérités ». Les revendications ne diffèrent pas de celles de la gauche : égalité sociale, lutte contre le confessionnalisme politique, soutien à la résistance palestinienne, mais la légitimation religieuse et communautaire de l'action politique facilite la mobilisation du plus grand nombre, tout particulièrement en période de crise.

La montée d'une conscience communautaire chiite se dessinait du reste dans le renouveau de la fête de la *'Achoura*, venue d'Iran au siècle dernier. Sa recrudescence dans les villages du sud depuis le milieu des années soixante avait suscité l'intérêt passionné des sociologues. La célébration retrace la bataille de Kerbela en 681 au cours de laquelle Hussein, fils de 'Ali, le fondateur de la communauté, fut tué par le Calife omeyyade Yazid. Le « martyre » de Hussein, figure de la défaite et de la souffrance chiites, donne lieu à une représentation théâtrale accompagnée de processions de flagellants. Contrôlé par les familles notables jusqu'au début des années soixante-dix, le rite revêtait l'aspect d'un exorcisme collectif au cours duquel toute une communauté retournait contre elle-même son agressivité et ses frustrations, en totale contradiction avec une longue tradition de contestation des pouvoirs établis[15]. La gauche essaiera en vain de combattre la *'Achoura* que Moussa Sadr saura quant à lui retourner contre le pouvoir. A Baalbeck en 1974, c'est au cours d'une célébration de la *'Achoura* que le discours de l'*imam* propulse brutalement sur le devant de la scène le Mouvement des Déshérités, ouvrant aussi la voie à une confessionnalisation grandissante des revendications chiites.

Si les glissements confessionnels intervenus au cours de la guerre n'avaient rien d'inéluctable, les mécanismes qui les ont provoqués sont aisément démontables et méritent que l'on s'y arrête un instant avant d'aborder le récit des affrontements. La confessionnalisation du conflit libanais n'est pas dissociable de la place cruciale que tient le phénomène communautaire dans l'organisation sociale. Avant d'être le point de ralliement idéologique qu'elle deviendra dans la guerre, la communauté est un fait juridique. Parce qu'il n'existe aucune législation civile de statut personnel, on naît, on se marie, on hérite et on meurt dans le cadre de sa communauté, indépendamment de toute conviction individuelle religieuse ou athée. Plus déterminant encore : la communauté est une réalité culturelle. L'enseignement privé confessionnel scolarise la majorité des enfants tandis que l'enseignement public, marginal et déconsidéré, accueille les plus défavorisés, musulmans pour la plupart. Cette dichotomie recèle sans doute la raison première de l'absence de consensus sur le passé comme sur l'avenir du pays.

Les dérives confessionnelles découlent aussi d'une évolution récente que tous les sociologues libanais ont constatée dans les groupes urbains de la deuxième ou troisième génération : le recul des structures familiales d'organisation et de contrôle et le renforcement parallèle des structures communautaires comme si les défis conjugués de la ville et de la modernité bousculaient la hiérarchie traditionnelle des niveaux d'allégeance qui attachent l'individu à une famille, à un village, à une région, à une communauté[16].

Cette lente recomposition des dimensions multiples de l'identité ne suffirait pas davantage à comprendre la confessionnalisation des affrontements libanais si l'on négligeait les effets pervers de l'institutionnalisation politique du fait communautaire. Ainsi la dénonciation des tares héréditaires de la classe politique dévie très aisément vers la remise en cause du *« pouvoir maronite »* qui suscite elle-même un réflexe de défense de la communauté tout entière. A l'inverse, les exigences légitimes de démocratisation et d'ouverture sont facilement perçues comme une menace de l'islam sur la chrétienté par une classe politique pratiquant l'amalgame et la manipulation idéologique pour se maintenir au pouvoir. Lorsque la droite chrétienne refuse la suppression du confessionnalisme politique exigée par la gauche, elle se justifie en brandissant l'épouvantail d'une extension de la loi islamique à l'ensemble de la société, réduisant délibérément l'islam à une conception impériale sinon « totalitaire » de la religion que les tendances fondamentalistes récentes sont hélas venues confirmer. L'establishment chrétien voit en réalité dans la suppression du confessionnalisme politique un défi lancé à sa propre domination ; elle y répond en dénonçant les positions timorées de la gauche en matière de sécularisation de la société l'accusant, non sans raison, de vouloir ménager une clientèle politique musulmane pour qui la laïcisation du statut personnel reste impensable. On conçoit mieux ainsi à quel point le débat sur la laïcité est le type même du débat piégé dans le contexte confessionnel des affrontements de ces dernières années au Liban.

LA GUERRE CIVILE (1975-1976)

Ce n'est pas un pays pacifique et prospère qui bascule dans la guerre un dimanche d'avril 1975, les chapitres précédents l'ont assez souligné, mais un pays miné par les tensions sociales et politiques, meurtri au sud par les raids israéliens, condamné peut-être par de trop puissants voisins. Ce n'est pas un paradis de coexistence communautaire multi-séculaire qui sombre dans la barbarie des massacres confessionnels attisés par l'étranger mais un Etat à la recherche de son identité et de sa place où des forces politiques appuyées sur les communautés se disputent l'hégémonie au nom de *leur* Liban.

Pas de rupture brutale non plus au cours de ces premiers mois de l'année 1975 lorsqu'un nouvel affrontement entre Phalangistes et Palestiniens conduit à la crise gouvernementale, à la paralysie de l'armée et aux polarisations traditionnelles de l'échiquier politique. Après l'accalmie de l'été pourtant survient l'irrémédiable : la destruction du centre-ville de Beyrouth, image emblématique d'un pluralisme libanais quotidiennement vécu dans la fièvre des tractations commerciales, au-delà des clivages communautaires et des allégeances clientélistes. Janvier 1976 marque le point de non-retour dans l'éclatement politique du pays : la droite chrétienne bloque toute réforme du système, le Mouvement national est déterminé à subvertir le *statu quo*, à ses côtés la résistance palestinienne lance tout son poids dans la bataille et la Syrie s'apprête à intervenir comme si, pour chacun des acteurs du drame, le destin était en marche qui commande de ne pas laisser passer les occasions de l'histoire. Mais de combats de rue en cessez-le-feu et d'assauts en tractations, il nous faut suivre les méandres de ce que les Libanais appelèrent longtemps *« les événements »* avant de se résoudre à parler de guerre.

Les ruptures de 1975

Dans l'après-midi du 13 avril 1975, un autobus palestinien qui transportait des membres du FLA de Sabra à Tall al Zaatar tombe dans une embuscade en plein faubourg chrétien d'Aïn al Remmaneh, là où le matin même quatre miliciens phalangistes avaient été tués alors que Pierre Gemayel était attendu pour un service religieux dans une église du quartier. On relève 27 morts et de nombreux blessés. L'incident met le feu aux poudres dans les banlieues de la capitale et prend très rapidement une dimension plus proprement libanaise que libano-palestinienne car la tension politique était demeurée vive depuis la mort de Ma'arouf Saad tué par l'armée à Saïda deux mois auparavant au cours d'une manifestation de protestation sociale contre l'implantation d'une société de pêche industrielle. Une nouvelle fois la question de l'armée occupe le devant de la scène. Comme en 1973, la vieille garde sunnite réclame la démission du Commandant en Chef mais aussi du Premier Ministre, Rachid al Solh, responsable de l'envoi des militaires à Saïda et considéré de surcroît comme l'homme de Kamal Joumblatt. Mais cette fois les choses iront plus loin.

Deux décisions graves préfigurent en effet les ruptures à venir. Le 4 mars, les Phalanges organisent une spectaculaire manifestation de soutien à l'armée dont elles veulent faire le rempart de leurs positions prenant ainsi le risque de la voir assimilée dans l'opinion aux convictions antipalestiniennes, antimusulmanes et conservatrices de la droite chrétienne. Le 26 avril, Kamal Joumblatt demande le boycott politique des Phalanges ; les deux ministres kataëb démissionnent du gouvernement entraînant avec eux d'autres personnalités hostiles au chef du Mouvement national. Le 15 mai Rachid al Solh démissionne à son tour en dénonçant devant la Chambre la responsabilité phalangiste dans les événements d'Aïn al Remmaneh. Par l'exclusive qu'elle lance contre le parti phalangiste, la gauche ouvre une nouvelle crise gouvernementale.

A cette date, de violents combats de rue font rage dans Beyrouth. Le président Soleiman Frangié met en place un cabinet militaire dirigé par Noureddine Rifaï. C'était prendre une décision qui allait à l'encontre de toute la tradition politique libanaise mais le Président pensait sortir de l'impasse par un acte d'autorité et venir au secours des phalangistes débordés par l'ampleur imprévue des combats. La classe politique sunnite et les partis du Mouvement national y voient quant à eux une véritable provocation après le rôle répressif joué par l'armée au cours des années précédentes. Quarante-huit heures après sa naissance le Cabinet est contraint de démissionner. Une première médiation syrienne impose un cessez-le-feu et Rachid Karamé parvient à former un gouvernement dans lequel n'entrent ni phalangistes ni représentants de la gauche. Pour éviter tout nouvel affrontement autour du rôle des militaires, le Premier Ministre se réserve également le portefeuille de la Défense mais l'armée reste virtuellement paralysée par les anathèmes de ses amis politiques. Nous sommes le 30 juin 1975 et l'on pourrait croire que la crise a été surmontée.

Au cours de l'accalmie de l'été, le fossé se creuse entre la vieille droite musulmane et les partis du Mouvement national. La première a profité de toutes les crises du système politique libanais depuis l'indépendance pour exiger une plus large participation au pouvoir des élites musulmanes. Elle l'a fait en 1958, appuyée sur la vague nassériste ; elle revient à la charge en 1975 avec le soutien de la résistance palestinienne et de la Syrie soucieuse de favoriser au Liban un amendement du *statu quo* qui ne remettrait pas en cause les fondements du système politique. La gauche souhaite aller plus loin dans les réformes, elle en a renouvelé l'exigence dans le plan rendu public le 18 août 1975 où elle réclame l'élection d'une assemblée constituante, la modification de la loi électorale, la réorganisation de l'armée et la déconfessionnalisation politique. L'OLP pour sa part garde une certaine réserve et ne choisit pas encore entre les deux tendances de cette coalition quelque peu bancale que les journalistes appelleront les *« islamo-progressistes »*. L'un des dirigeants historiques du Fatah, Abu Iyad, rapporte à cet égard les propos qu'il aurait tenus en juin 1975 lors d'une entrevue entre les responsables palestiniens et le Président Soleiman Frangié. Ils résument parfaitement les positions de la résistance au début des affrontements libanais : *« Nous sommes des nationalistes palestiniens, traqués et apeurés. Nous n'avons pas honte d'assumer notre peur et nos angoisses. L'Etat libanais, encadré et dirigé par des maronites, nous effrayait. C'est pour cela que nous voulions nous entendre avec les partis chrétiens, instruments du pouvoir. Ils nous ont cependant rejetés. Si nous sommes proches des musulmans, de la droite musulmane — représentée par des hommes tels que Saëb Salam et Rachid Karamé —, c'est parce que nous n'avons rien à craindre de sa part. Pour des raisons électorales, politiques — locales et régionales —, la droite musulmane est condamnée à soutenir notre mouvement. Il en va de même pour la gauche, qui, pour des raisons analogues, ne nous frappera pas »*[1]. En réalité la résistance palestinienne est divisée quant à l'opportunité d'intervenir directement dans le conflit libanais.

La détermination de la gauche se manifeste toujours par son hostilité à l'intervention de l'armée. Elle s'y oppose à Beyrouth mais Rachid Karamé envoie la troupe à Tripoli où les sunnites de la ville se heurtent à leurs ennemis traditionnels, les maronites de Zghorta. Les combats se généralisent, gagnent Zahlé, Saïda, prenant volontiers la forme d'affrontements confessionnels. A Beyrouth les milices de gauche, celles du PPS, du PSP, du Ba'ath ou des Nassériens Indépendants de Qoleilat occupent le terrain. On murmure que des millions de dollars auraient été injectés au Liban pour y favoriser les troubles. Pas un pays de la région qui ne finance à Beyrouth une milice ou un journal, l'Irak pour combattre les positions syriennes, la Libye pour déstabiliser le Proche-Orient et l'extrême fractionnement politique de la gauche offre un terrain de choix aux manipulations extérieures.

Le 17 septembre 1975, le vieux centre-ville s'embrase. L'irruption des milices de gauche y a suscité une violente réplique phalangiste. Au plasticage des boutiques de Bab-Edriss par les nassériens répond le pilonnage systématique par les kataëb des vieux *souk* populaires et des hôtels bon marché qui bordaient la place des Canons. L'un d'entre eux s'est effondré sur ses clients, des Egyptiens pour la plupart. Malgré les pressions de la droite, l'armée n'intervient pas et les milices de gauche appuyées par les Palestiniens reprennent l'offensive dans le quartier résidentiel de Kantari. Les oubliés du *« miracle libanais »* prennent leur revanche. Contraints de reculer, les miliciens chrétiens investissent les grands hôtels internationaux du bord de mer, le Saint-Georges, le Phoenicia, le Holiday Inn, hauts-lieux du cosmopolitisme beyrouthin. Avec la *« bataille des hôtels »* c'est un peu le Beyrouth des Occidentaux qui meurt à moins que ce ne soit le rêve d'une bourgeoisie levantine occidentalisée qui se brise ainsi dans le fracas des armes.

Quand les combats se calment à Beyrouth une *« ligne verte »* coupe la ville en deux comme une mauvaise cicatrice le long de la rue de Damas. Désormais Beyrouth-Est et Beyrouth-Ouest se font face de part et d'autre du trou noir de l'ancien centre-ville délibérément détruit par les phalangistes. « C'est nous qui avons bâti le Liban, c'est nous qui le brûlerons », proclament certains à qui veut les entendre[2]. Comportement suicidaire ou stratégie soigneusement planifiée ? Nul ne le sait. Mais l'épisode revêt un sens hautement symbolique comme si les forces vives de la montagne avaient ruiné la république des affaires, comme si les « petits-blancs » avaient détruit le pluralisme communautaire inscrit dans le paysage urbain des vieux *souk* beyrouthins. Les milices chrétiennes s'installent alors dans les ruines fantomatiques du centre-ville à portée de tir de leurs rivales postées de l'autre côté de la ligne de démarcation. Aujourd'hui encore les reportages télévisés se plaisent à filmer ce décor d'apocalypse hanté par quelques réfugiés misérables où les miliciens donnent parfois l'impression de jouer à la guerre.

Après les batailles de l'automne, une nouvelle médiation syrienne permet d'établir un Comité de Dialogue National où l'ensemble des parties en présence sont représentées mais entre Kamal Joumblatt et Pierre Gemayel aucun dialogue ne semble plus possible, le leader du Mouvement national ne voulant pas relâcher la pression des armes avant d'avoir obtenu la satisfaction de ses revendications politiques et le responsable phalangiste refusant toute réforme avant la restauration de la sécurité dans le pays. Par sa politique d'obstruction, la droite chrétienne fait échouer les médiations successives du Vatican et de la France et choisit finalement d'arabiser la crise en portant la question libanaise devant la Conférence des Ministres arabes des Affaires Etrangères réunie au Caire mais le boycott de la Syrie, de la Libye et de l'OLP y empêchera toute décision. L'impasse paraît totale.

En cette fin d'année 1975, la coalition *« islamo-progressiste »* a marqué des points et semble devoir bénéficier d'un consensus régional et international implicite. A Washington on mise peut-être sur une relève à Beyrouth de la droite musulmane modérée mieux à même de contrôler la résistance palestinienne que des minoritaires chrétiens repliés sur leurs spécificités et toujours suspects d'anti-arabisme[3]. Quelle meilleure stratégie pour Washington que de s'appuyer à la fois sur Israël et les pays arabes modérés en neutralisant la poudrière palestinienne ? L'ambassadeur américain Godley n'a-t-il pas multiplié les mises en garde à l'adresse des chrétiens leur enjoignant de faire des concessions aux musulmans sous peine de subir *« le même sort que les blancs de Rhodésie ? »*. On lui prête même le dessein d'avoir planifié l'émigration massive des maronites vers l'Amérique et l'implantation des Palestiniens au Liban. Du moins la rumeur en circule-t-elle un moment dans les salons de Beyrouth alimentant les fantasmes de la bourgeoisie chrétienne. Quelques mois plus tard les données de la situation auront changé, remisant le projet hasardeux des Américains dans les tiroirs du Département d'Etat.

La guerre civile fait rage

Une visite de Pierre Gemayel à Damas était prévue pour le 6 décembre. On la disait susceptible de mettre un terme à la crise car les pressions syriennes semblaient devoir vaincre l'obstination mise par la droite maronite à refuser toute modification de l'équilibre politique. Elle devait pourtant donner le signal de la reprise des combats. Le responsable des Kataëb est à Damas lorsqu'on retrouve à Beit Méry les corps mutilés de quatre miliciens phalangistes. Evidente provocation qui suscite une réaction démesurée et confessionnelle. A Beyrouth-Est on abat des hommes dans la rue sur la seule mention de leur appartenance musulmane inscrite sur la carte d'identité. Ce ne sont pas les premiers assassinats confessionnels de la guerre et la pratique des enlèvements est elle-même bien établie de part et d'autre mais jamais encore les uns et les autres n'avaient pris une telle ampleur. On avance le chiffre de 200 morts au cours de ce *« samedi noir »* du 6 décembre 1975 qui marque le premier point de rupture grave non plus seulement entre des forces politiques mais aussi entre des communautés bien souvent entraînées malgré elles dans le cycle des violences. Dès lors que les vengeances alimentent les affrontements, la guerre du Liban peut apparaître comme une gigantesque vendetta communautaire qu'elle n'est pas, ou pas seulement.

Les oppositions se radicalisent à partir de janvier 1976. Tandis que la gauche cherche à frapper le cœur des régions chrétiennes et encercle Zahlé, la droite maronite entreprend de réduire une à une les enclaves palestiniennes ou musulmanes situées aux portes des quartiers chrétiens de la capitale. Au nord, sur l'autoroute reliant Beyrouth à Tripoli, ce sont les bidonvilles de la Quarantaine et de Maslakh qui abritent environ 30 000 personnes, des chiites pour la plupart mais aussi des Kurdes et des Arméniens. Sur la route du Metn, le camp palestinien de Tall al Za'atar est considéré comme le bastion du Front du Refus ; son encerclement commence le 8 janvier et durera des mois. Dès le 14, le camp palestinien chrétien de Dbayyé tombe aux mains des miliciens phalangistes, prélude à la chute de la Quarantaine, le 18, dont les horreurs feront en images le tour du monde. En réaction au massacre de la Quarantaine, la gauche donne l'assaut à Dammour et Jiyeh, fiefs de la droite chrétienne sur la route reliant Beyrouth au sud-Liban et la propriété de Camille Chamoun à Sa'adiyat sera pillée et détruite. A ce stade des affrontements, l'OLP jette dans le conflit le poids décisif de sa force militaire et en 1976 les *« islamo-progressistes »* font place dans le jargon des journalistes aux *« palestino-progressistes »*. On a beaucoup reproché à la résistance palestinienne cette décision qui contribuait à élargir les fractures politiques et confessionnelles de la société libanaise. Mais il y allait de sa survie politique. Les Palestiniens se comporteront désormais au Liban comme une communauté de plus, attachée à défendre son statut ou seulement son existence dans le pays.

Tandis que 2 000 soldats de l'Armée de Libération de la Palestine[4] stationnés en Syrie franchissent la frontière le 17 janvier pour se porter au secours de la coalition *« palestino-progressiste »*, les forces de la droite chrétienne s'organisent dans un Front Libanais qui regroupe les Phalanges, le Parti National Libéral de Camille Chamoun, l'Armée de Libération zghortiote de Soleiman Frangié, les Gardiens du Cèdre, l'Ordre des Moines Libanais et le Tanzim de Fouad Chemali. Les milices ainsi unifiées permettent d'aligner environ 30 000 hommes dont 12 000 phalangistes.

Deux coalitions aux contours nettement délimités s'affrontent désormais au Liban. La cassure politique du pays est consommée et menace de conduire à l'éclatement territorial d'autant que les migrations forcées de la population civile recomposent graduellement le paysage communautaire dans le sens d'une plus grande homogénéité confessionnelle. C'est un fait nouveau dans un pays où de nombreuses zones de peuplement mixte ont jusqu'alors existé. Dans les régions tenues par la droite chrétienne, il s'agit d'un véritable « nettoyage territorial » au moment où les revers militaires ajoutés aux blocages politiques font ressurgir la perspective de la partition du pays selon des clivages communautaires. Le projet fait pourtant l'objet de vives controverses au sein même du camp chrétien. Pierre Gemayel et le parti des Phalanges continuent d'en appeler à la « restauration » du sacro-saint Pacte national, gage de retour au *statu-quo* d'avant 1975. En exigeant l'intervention de l'armée, ils se posent en protecteurs de la légalité libanaise. Les milices au contraire jouent la carte du repli géographique et politique sur un réduit territorial chrétien renforcé. Plus que des phalangistes eux-mêmes, c'est le cas des petits groupes d'extrémistes comme les Gardiens du Cèdre d'Etienne Sakr ou le redoutable Ordre des Moines Libanais du Père Charbel Qassis. D'aucuns, pratiquant la politique du pire, ne sont pas loin de souhaiter une intervention syrienne qui provoquerait l'entrée des Israéliens et conduirait à l'éclatement du pays. Mais des voix maronites modérées s'élèvent pour dénoncer la tentation du ghetto, comme celles de Raymond Eddé ou du Patriarche Khoreiche.

Dans les derniers jours de janvier 1976, la radicalisation des positions fait éclater l'armée : un officier sunnite Ahmad al Khatib se mutine pour protester contre le bombardement des *« palestino-progressistes »* par l'armée libanaise lors du siège de Dammour. Le mouvement s'étend rapidement au Liban-sud où la nouvelle Armée du Liban Arabe prend le contrôle de nombreuses casernes avec l'aide du Fatah.

Après ce nouveau pas franchi dans la cassure politique du pays, le Mouvement national semble acquis à la solution militaire pour faire aboutir son projet. Kamal Joumblatt l'avoue quelques années plus tard lorsqu'il écrit : *« L'enjeu de la lutte au Liban, qui s'était transformée de défensive en offensive était trop important pour nous ; nous ne pouvions laisser échapper l'occasion historique de transformer enfin des institutions confessionnalisées et délabrées en institutions vraiment laïques et démocratiques »*[5]. Le leader du Mouvement national alors au faîte de sa puissance évalue les obstacles et comptabilise ses atouts. Il s'emploie d'abord à rassurer les Etats modérés du Golfe et l'ambassade américaine à Beyrouth. Il est convaincu que Moscou verrait d'un œil favorable une avancée de la gauche dans le pays. Sur le terrain, il est assuré de la collaboration armée des organisations palestiniennes et de l'ALP.

A cet égard on s'est posé la question de savoir qui, de Joumblatt ou d'Arafat, avait pris l'initiative de l'assaut contre le cœur de la montagne chrétienne. Kamal Joumblatt s'attribue le rôle dirigeant dans cette affaire lorsqu'il affirme dans son ouvrage-manifeste, *Pour le*

Liban, « Dans une large mesure et même très souvent, c'étaient les avis de notre mouvement qui étaient suivis par Arafat » et il ajoute *« celui-ci y voyait une occasion de se libérer du joug syrien qui lui pesait »*[6]. Abu Iyad pour sa part souligne le dilemme permanent de la résistance, soucieuse d'*« éviter une confrontation avec la Syrie qui risquait d'être politiquement néfaste à long terme »* mais en même temps déterminée à ne pas *« briser la solidarité avec le Mouvement national libanais ». « Nous commettrions une grave faute politique en rompant avec Kamal Joumblatt qui bénéficie d'un large soutien populaire »*[7] précise notamment le responsable palestinien.

La peur des réactions syriennes continue pourtant d'alimenter l'inquiétude de la résistance qui multiplie jusqu'au dernier moment les tentatives de conciliation entre Damas et le Mouvement national libanais. Le 16 avril encore, Y. Arafat, soucieux de conserver son alliance stratégique avec la Syrie réaffirme son soutien à la médiation syrienne au Liban et son refus de *« l'arabisation »* de la crise. Dans l'esprit de Joumblatt au contraire la vigilance israélo-américaine semble devoir neutraliser toute velléité d'intervention syrienne comme si Israël et la Syrie se dissuadaient mutuellement de toucher au Liban.

Fort de cette analyse de la situation, le Mouvement national refuse le Document Constitutionnel du 14 février 1976, imposé par Damas au Président Frangié. Le texte prévoyait quelques réformes politiques comme le partage égalitaire des sièges de députés entre chrétiens et musulmans et l'élargissement des pouvoirs du Premier Ministre mais consacrait la répartition communautaire des trois principales fonctions de l'Etat et laissait aux maronites le commandement de l'armée, demeurant ainsi dans la plus pure tradition du confessionnalisme politique. Le texte exigeait de surcroît que l'OLP retirât ses forces du champ de bataille. Ce document intervenait après d'autres plans de réforme syriens dont l'un avait été approuvé par les notables sunnites le 21 janvier 1976.

Après le rejet du texte par le Mouvement national les événements se précipitent. Le 11 mars, un général sunnite originaire de Tripoli, Abdel Aziz Ahdab, Commandant de la Place de Beyrouth, apparaît à la télévision où il se proclame Gouverneur militaire du pays et exige la démission immédiate de S. Frangié, seule susceptible à ses yeux de dénouer la crise. Le 13, les deux tiers des députés demandent à leur tour la démission du Président. Mais Frangié refuse, assuré qu'il est du soutien de la droite et de l'appui des Syriens qui s'obstineront à le maintenir au pouvoir jusqu'au bout contre l'avis de la majorité du pays.

Le 18 mars, la gauche et la résistance palestinienne lancent une nouvelle offensive à Beyrouth et dans la montagne, en direction de Faraya et Uyun al Semaan au nord de la route Beyrouth-Damas, ligne de démarcation symbolique entre les zones chrétiennes du nord et les régions confessionnellement mixtes du centre. Les *« palestino-progressistes »* menacent le cœur même du pays chrétien et lorsqu'Abu Iyad déclare le 23 mai que *« la route de Jérusalem passe par Jounieh »*, la panique gagne le Metn et le Kesrouan où l'on veut prendre au pied de la lettre une phrase dont la signification est très évidemment politique. A ce stade du conflit, les victoires *« palestino-progressistes »* préparent le spectaculaire retournement d'alliance de la Syrie en faveur d'une droite chrétienne militairement défaite.

Les signes avant-coureurs de l'impatience syrienne s'étaient multipliés depuis quelques mois. Souvenons-nous de ce massacre du *« samedi noir »*, le 6 décembre 1975, à l'heure où Pierre Gemayel se trouvait dans la capitale syrienne pour tenter de résoudre la crise. Quel camouflet pour les Syriens ! Depuis lors, Damas favorise le regroupement d'une gauche pro-syrienne à l'intérieur même de la gauche libanaise, autour du parti Ba'ath, de l'Union des Forces du Peuple Travailleur de Kamal Chatila, du Mouvement chiite des Déshérités de Moussa Sadr et de la Saïqa palestinienne. La Syrie a d'ailleurs lancé un avertissement sans ambiguïté aux *« palestino-progressistes »* lorsqu'un détachement de l'Armée du Liban Arabe qui marchait sur le palais présidentiel de Baabda le 15 mars s'est vu arrêté par la Saïqa pro-syrienne. Le message était clair : on ne toucherait pas au Président libanais sans l'aval de Damas. Moins de deux mois plus tard, le régime syrien assurait l'élection de son candidat, Elias Sarkis, à la Présidence de la République et le 12 mai Pierre Gemayel en appelait ouvertement à une intervention syrienne alors qu'une semaine de combats dans Beyrouth venait de faire 805 morts et 1 430 blessés.

Lorsqu'à la suite d'une attaque de l'Armée du Liban Arabe contre deux villages chrétiens du 'Akkar, 10 000 hommes et 250 blindés syriens franchissent la frontière le 1er juin 1976 et amorcent leur offensive contre les positions *« palestino-progressistes »* de la montagne, le désarroi s'empare des observateurs du conflit libanais. Non que le principe même d'une intervention militaire syrienne au Liban soit en rien déconcertant. On connaît les fondements historiques d'une certaine revendication syrienne sur les régions rattachées au Grand-Liban en

1920. De surcroît l'idéologie nationaliste arabe du parti Ba'ath au pouvoir à Damas légitime l'intervention dans un pays *« frère »* et l'aspiration à l'unité de la Patrie arabe reste un a priori idéologique fondamental du régime syrien. Depuis l'adhésion égyptienne à la « paix américaine » enfin, le contrôle du Liban et de la résistance palestinienne s'est imposé comme une nécessité stratégique absolue pour Damas, inquiète de sa solitude face à Israël. Des frustrations de l'histoire aux impératifs de la géopolitique en passant par les postulats de l'idéologie, les raisons ne manquent pas qui peuvent pousser la Syrie à jouer au Liban un rôle politique direct.

Mais comment interpréter cette alliance syro-chrétienne qui peut paraître contre nature ? Sans doute la Syrie refuse-t-elle toute remise en cause profonde de l'équilibre libanais. A ses yeux, aucun belligérant ne doit l'emporter sur l'autre de manière décisive, elle ne saurait donc laisser écraser la droite chrétienne, d'autant que Damas redoute par-dessus tout que les initiatives intempestives de la coalition palestino-progressiste ne l'entraînent un jour dans un conflit avec Israël qu'elle n'aurait pas voulu. Les menaces d'éclatement territorial du Liban selon des clivages communautaires n'ont probablement pas été absentes des motivations de Damas pour qui la partition du pays ne pourrait que faire le jeu de l'Etat d'Israël soupçonné de vouloir balkaniser la région en de multiples entités confessionnelles. Une telle perspective ne serait pas sans danger pour la Syrie elle-même où une minorité alaouite détient le pouvoir sur une population majoritairement sunnite. Le Président Asad est surtout un pragmatique qui tient le plus grand compte de la réalité des rapports de force. N'a-t-il pas fait la preuve en Syrie de son souci de contenir la protestation islamiste en donnant des gages à l'islam sunnite ? C'est ainsi qu'il a introduit dans la constitution une clause exigeant que le Président de la République soit musulman. Au Liban, il a pris la mesure du poids politique d'une chrétienté qu'il tente de gagner à l'arabisme. C'est d'ailleurs l'une des justifications officielles qu'il donne de son intervention au Liban dans un discours-fleuve prononcé à l'université de Damas en juillet 1976. Il y évoque *« l'occasion historique de ramener les maronites vers la* (Syrie) *et de leur faire réaliser que leur protectrice n'est plus la France »* comme s'il affirmait sa volonté de sauver en quelque sorte les chrétiens du Liban de leurs propres démons de minoritaires enfants chéris de l'Occident. Il croit prévenir par la même occasion toute velléité israélienne de se porter au secours de la chrétienté menacée. C'est ce qu'il aurait tenté d'expliquer à Kamal Joumblatt lors d'une ultime tentative de dialogue entre les deux hommes le 28 mars 1976. Aux dires de Joumblatt lui-même, Asad lui aurait affirmé : *« Je ne saurais admettre que vous soyez vainqueur du camp chrétien au Liban, cela créerait chez eux un sentiment de dépit »*[8]. Ce à quoi le chef du Mouvement national aurait rétorqué : *« Ils nous gouvernent depuis 140 ans, c'est à notre tour maintenant de les gouverner »* évoquant même la domination maronite en termes *« d'écart de l'histoire »*[9]. L'aspect revanchard des positions de Joumblatt n'avait guère de quoi séduire le Président syrien soucieux de rendre les communautés chrétiennes redevables de l'aide syrienne.

L'intervention de Damas au Liban rencontre un large consensus régional et international, qu'il soit officiel ou implicite. Elle bénéficie sans aucun doute du feu vert des pays arabes modérés. Les Etats-Unis quant à eux sont en position de retrait à l'égard d'une crise libanaise qu'ils souhaitent contenir dans des limites raisonnables tant que le conflit israélo-arabe n'est pas réglé. Ils favorisent donc le retour au consensus sous l'égide du

Président Asad en s'appuyant sur E. Sarkis et les phalangistes modérés. Les propos de l'ambassadeur américain M. Dean Brown le 10 août 1976 résument bien les positions américaines. Il affirme « *Je pense que la plupart des pays partagent un intérêt général, celui de voir le Liban non radicalisé, non* (...) *divisé* (...). *Je pense que c'est un intérêt que nous partageons avec les Syriens, avec les Israéliens, probablement avec l'Union Soviétique, certainement avec les Saoudiens et la plupart de ceux que nous rangeons dans les nations modérées du Proche-Orient* »[10]. Peut-être les Etats-Unis espèrent-ils aussi donner à Damas quelques compensations au Liban pour l'entraîner ensuite dans des négociations avec Israël. Prévenu par Washington, l'Etat hébreu a donné son accord tacite. Que Damas écrase la résistance palestinienne au Liban voilà qui ne peut que réjouir Tel-Aviv qui impose pourtant une « *ligne rouge* » à la pénétration syrienne. Israël ne tolérera aucune présence des soldats de Damas au sud-Liban, dans une zone qu'elle considère d'ores et déjà comme sa sphère d'influence propre. L'URSS est seule à réprouver l'opération syrienne que Kossiguine, en visite officielle à Damas le jour même de son déclenchement, ne parviendra pas à arrêter. Moscou se trouve désormais en porte-à-faux au Liban où s'affrontent ses alliés et les relations syro-palestiniennes restent d'ailleurs jusqu'à ce jour l'une des préoccupations majeures des Soviétiques dans la région.

Le 1er juin 1976 pourtant les Syriens franchissent la frontière libanaise. Le jour même ils sont à Zahlé, le 28 ils attaquent Saïda, le 16 juillet ce sera le tour de Tripoli. Dès le 4 juin, le Mouvement national et l'OLP ont constitué un Commandement militaire unifié auquel s'est rallié l'état-major de l'ALP. Des volontaires irakiens sont arrivés en renfort. Bientôt s'engagera le deuxième acte de la « *bataille de la montagne* ».

Kamal Joumblatt en mesure toute la portée lorsqu'il déclare le 26 août : *« C'est ma tête cette fois que j'ai mise dans la balance »*. Il sera assassiné par des agents syriens le 16 mars 1977.

Tandis que la coalition *« palestino-progressiste »* résiste dans la montagne, la droite chrétienne décide l'assaut sur les camps palestiniens de l'est, assiégés depuis janvier. Jisr al Bacha est tombé dès le 29 juin, le faubourg populaire chiite de Nabaa capitule le 4 août. Reste Tall al Za'atar : l'attaque y est menée par les « Tigres » du PNL et les Gardiens du Cèdre violemment antipalestiniens ; les milices kataëb ne les rejoindront que plus tard. Le 14 août, après des combats acharnés, Tall al Za'atar tombe aux mains de la droite chrétienne dans la passivité syrienne et l'indifférence arabe. L'OLP annonce 2.500 morts, 15 000 personnes, des femmes et des enfants surtout, sont évacués vers Beyrouth-Ouest ou vers les ruines de Dammour. Le 28 septembre, les troupes syriennes lancent l'offensive finale pour déloger les *« palestino-progressistes »* de la montagne et s'emparent du Haut-Metn en deux jours. A la mi-octobre la route de Beyrouth est ouverte et l'assaut se prépare contre Saïda.

C'est alors que l'Arabie Saoudite prend l'initiative de convoquer à Ryad, les 17 et 18 octobre, un sommet arabe restreint qui sera suivi par une séance plénière au Caire le 25. Le bailleur de fonds saoudien ne saurait accepter l'écrasement total de la résistance palestinienne ni le contrôle exclusif de Damas sur l'OLP. On estime à Ryad que la résistance a payé assez cher à Tall al Za'atar l'apprentissage de la « sagesse ». Les Syriens quant à eux doivent savoir jusqu'où ils peuvent aller trop loin et sont invités à se réconcilier officiellement avec le Caire. Les pressions de Moscou s'exercent dans le même sens. La Pravda écrivait dès le 8 septembre : *« Quelles qu'aient pu être les raisons du gouvernement de Damas en intervenant militairement au Liban, cette décision s'est retournée contre le mouvement palestinien et a permis à la droite de porter des coups sensibles dans les rangs des Palestiniens et des forces nationales et patriotiques du Liban. C'est pourquoi les forces progressistes du Liban et de l'OLP, plusieurs pays arabes et non-arabes réclament le retrait des forces syriennes du Liban »*[11]. Au sommet de Ryad, les Saoudiens mettent un terme à la guerre civile libanaise avec l'aval de l'URSS mais aussi l'accord des Etats-Unis et c'est au régime syrien qu'ils confient la tâche de « pacifier » le pays dans le cadre d'une Force Arabe de Dissuasion placée sous le commandement théorique du Président de la République libanaise. Sur les 30 000 hommes qui la composent, 25 000 sont Syriens et les autres contingents, yéménite, soudanais, saoudien, se retireront les uns après les autres. Un Comité Supérieur de Coordination formé de l'Arabie Saoudite, du Koweït, de l'Egypte et de la Syrie sera chargé de superviser les accords. Quand les forces syriennes de la FAD font leur entrée à Beyrouth le 15 novembre, elles sont acclamées à l'ouest par une population lasse des combats qui les accueille en libératrices mais elles défilent à l'est dans des quartiers déserts frappés par une grève de protestation. L'alliance syro-chrétienne serait-elle déjà menacée ?

Pour l'heure, la guerre du Liban est officiellement terminée sous les auspices de la « paix syrienne » et le nouveau Président Elias Sarkis veut croire que les accords de Ryad seront un peu le nouveau Pacte national arabe susceptible de garantir l'équilibre libanais. C'est l'heure des bilans. La coalition *« palestino-progressiste »* a cru un moment pouvoir renverser le *statu-quo* mais elle a sous-estimé la résistance de la droite maronite. Les chrétiens condamnés à devenir minoritaires cherchent dans un sursaut de désespoir à renforcer leur domination menacée par la poussée démographique et politique des communautés musulmanes. Le Mouvement national est entré dans une impossible alliance avec le vieux leadership sunnite pris entre les intérêts qu'il partage avec la classe politique maronite et les revendications pressantes de la rue musulmane. La gauche elle-même n'a pas de projet politique de rechange. Tandis que le Front libanais a organisé un véritable appareil d'Etat dans les régions chrétiennes, le Mouvement national continue de soutenir la légalité de l'Etat central, dernier rempart contre la partition du pays. Dans les secteurs qu'il contrôle, il a attendu le 31 juillet 1976 pour créer un Conseil politique central et mettre en place des comités de quartier. Même alors, l'extrême fractionnement des milices souvent incontrôlées, parfois compromises avec le banditisme a rendu difficile le simple maintien de l'ordre public. La gauche enfin a sous-estimé le poids des facteurs régionaux : ni la Syrie, ni l'Egypte, ni Israël, ni les Etats-Unis, pas même l'URSS n'auraient laissé une révolution s'imposer au Liban.

Le conflit a été plus long et singulièrement plus meurtrier qu'en 1958 : 60 000 morts, des dizaines de milliers de personnes déplacées, une forte émigration, surtout chrétienne, vers l'étranger, un port soumis au pillage, un centre-ville en ruines. Mais la *« guerre des deux ans »* a aussi creusé les antagonismes idéologiques, exacerbé les polarisations confessionnelles et le nouveau *statu quo* établi sur le terrain entre les principales milices remplace les équilibres politiques antérieurs à 1975. Le Liban a surtout ouvert ses frontières à l'armée du puissant voisin syrien. A cet égard la situation de 1976 n'est pas celle de 1958 et le nouveau Président Elias Sarkis ne sera pas le deuxième Chehab qu'il aurait sans doute rêvé d'être.

GUERRE AU SUD, CRISE À BEYROUTH

En ce début d'année 1977, la vie semble revenir à la normale dans le pays. A Beyrouth on prépare un plan de reconstruction du centre-ville avec l'aide d'experts français. La circulation a repris sur les voies de passage qui franchissent la *« ligne verte »*. Les écoles ont rouvert leurs portes et les embouteillages repris leurs droits. Le pays vit à l'heure d'une « drôle de paix » où l'arrêt des combats sur le terrain ne permet pas d'imposer une véritable solution politique. L'intervention syrienne et le sommet de Ryad ont déplacé le centre de gravité de la lutte de Beyrouth et du Mont-Liban vers le sud du pays comme si les enjeux internes cédaient à nouveau la place aux affrontements régionaux. Le sud redevient le point chaud qu'il n'a pas cessé d'être depuis le début des années soixante-dix mais son rôle d'abcès de fixation du conflit israélo-arabe n'est plus séparable désormais de la question du pouvoir à Beyrouth.

L'abcès de fixation du sud

Le sud-Liban apparaît en 1977 comme un enjeu essentiel pour tous. Le Front libanais cherche à y marquer des points pour être en position de force dans la négociation d'un nouvel équilibre politique. Il essaye en même temps d'y écraser la résistance palestinienne dont la neutralisation lui apparaît comme un préalable à l'entente nationale et à la normalisation de la situation. Son alliance récente avec Israël lui permet de trouver un contrepoids à la présence syrienne et d'entraver l'application de l'accord de Ryad.

Le rapprochement entre la droite chrétienne et l'Etat d'Israël remonte en réalité au printemps 1976. C'est en mars que Joseph Abu Khalil, membre du Bureau politique des Phalanges aborde dans le plus grand secret les côtes israéliennes afin de rencontrer les responsables de l'Etat. Nous sommes au lendemain de la tentative de coup d'Etat du général Ahdab et les milices chrétiennes sont menacées d'écrasement militaire à brève échéance. Les aspirations de certains à une intervention syrienne n'empêchent nullement la tentation de l'alliance israélienne de grandir dans les rangs du Front libanais. Pierre Gemayel, le vieux leader phalangiste, se montre quelque peu réticent à l'égard de ce qui reste une manière de pacte avec le diable. Il déclarera un peu plus tard à I. Rabin *« Je veux marcher au Liban la tête haute comme chrétien et comme arabe »*[1]. Mais son fils cadet Bachir ainsi que son allié Camille Chamoun se font plus pressants et le fondateur des Phalanges donne finalement son accord. En mai 1976 il rencontre I. Rabin et S. Pérès en compagnie de Chamoun sur un bateau ancré au large de la baie de Jounieh.

Aux Israéliens, les responsables chrétiens font miroiter la perspective d'un écrasement de la résistance palestinienne dont le renforcement est devenu leur commune hantise. Ils en appellent aussi à ce même destin de minoritaires que partageraient juifs et chrétiens dans un Moyen-Orient dominé par l'islam. Ce discours a quelque chance de trouver un écho favorable au sein d'une fraction de la classe politique israélienne pour qui l'Etat hébreu, isolé au cœur d'un monde hostile, se doit de chercher des alliances dans ce « maillon faible » du Proche-Orient qu'est le Liban. Les velléités déjà anciennes d'ingérence israélienne chez son voisin du nord s'appuient davantage sur la volonté de déstabiliser le pays et d'en faire éclater la structure communautaire pluraliste que sur de véritables revendications territoriales. Sans doute la délégation sioniste à la Conférence de la Paix en 1919 réclamait-elle un Foyer national juif étendu au nord jusqu'à la rivière Litani dont les ressources hydrauliques n'ont cessé depuis lors d'attirer les convoitises d'Israël. Sans doute la jeune armée israélienne a-t-elle occupé quatre villages du sud-Liban à la faveur de la guerre de 1948 avant de s'en retirer devant les pressions internationales. Mais le désir israélien d'expansion territoriale n'est pas pour autant le danger majeur qui menace le Liban. Il en va différemment des tentations de la déstabilisation. Le journal de Moshe Sharett, plusieurs fois Ministre des Affaires Etrangères dans les années cinquante, a révélé que des hommes comme Ben-Gourion ou le jeune Moshe Dayan, futur Ministre de la Défense, caressaient alors le rêve secret d'un Etat maronite allié d'Israël. Ben-Gourion écrivait notamment en 1954 : *« [Les chrétiens du Liban] représentent la majorité dans le Liban historique et cette majorité a une tradition et une culture radicalement différentes de celles des autres populations de la Ligue. Même dans ses frontières élargies (et c'est bien la plus grave des fautes qu'ait commises la France que d'avoir élargi les frontières du Liban), les musulmans ne sont pas libres de leurs mouvements par peur des chrétiens, bien qu'étant peut-être majoritaires (...). La constitution d'un Etat chrétien est dans ces conditions quelque chose de naturel. Il aurait des racines historiques et serait soutenu par des forces importantes dans le monde chrétien, aussi bien catholiques que protestantes ».* Et il ajoutait : *« En temps normal, c'est quelque chose de presque impossible à réaliser, avant tout à cause de l'absence d'initiative et de courage des chrétiens. Mais, dans des situations de confusion, de troubles, de révolution ou de guerre civile, les choses changent, et le faible peut se prendre pour un héros (...). Je pense qu'actuellement c'est notre tâche essentielle ou tout du moins l'une des tâches essentielles de notre politique extérieure... »*[2]. Les projets israéliens ne visaient d'ailleurs pas seulement le Liban mais aussi la Syrie, plongée à l'époque dans l'insécurité des coups d'Etat à répétition. Jamais pourtant ces positions n'ont fait l'unanimité dans la classe politique israélienne, comme en témoignent les réticences ouvertes de Moshe Sharett lui-même. Le pouvoir israélien, comme les puissances occidentales avant lui, hésite entre la manipulation apparemment commode des minoritaires et l'inévitable dialogue avec les majoritaires. Si la tentation de la première attitude est restée grande à Tel-Aviv, Israël s'est contenté de la neutralité libanaise dans le conflit israélo-arabe entre 1948 et 1976.

S'il existe d'incontestables affinités entre deux pays que particularisent leur prospérité économique, la force des liens historiques avec l'Occident, l'affirmation de leurs singularités confessionnelle, politique et culturelle, le modèle israélien n'en est pas moins très différent du modèle libanais. Israël plonge ses racines dans l'exclusivisme juif et considère ses résidents arabes — qu'ils soient chrétiens, musulmans ou druzes — comme des citoyens de seconde zone tandis que le Liban est issu d'un compromis entre communautés et cherche à maintenir un difficile équilibre politique. L'effondrement du Liban unitaire, en consacrant l'échec du pluralisme, viendrait ainsi renforcer le modèle israélien dont la variante libanaise pourrait être l'instauration d'un Etat chrétien.

Lorsque Joseph Abu Khalil établit les premiers contacts entre le Front libanais et Israël, les dirigeants sionistes hésitent quelque peu à s'engager aux côtés des forces chrétiennes considérées comme militairement peu efficaces et politiquement peu sûres. Les premières livraisons d'armes seront parcimonieuses aux yeux des responsables chrétiens mais à partir de 1978 surtout l'aide militaire et le soutien logistique israélien se révéleront essentiels pour les milices de droite. A l'abri de la *« ligne rouge »* imposée à la Syrie, Tel-Aviv inaugure en même temps au sud-Liban une politique dite de la *« bonne frontière »* qui fournit une aide humanitaire et des services sociaux à la population dans l'espoir de la détacher de l'Etat libanais.

La gauche libanaise, qui sort affaiblie de son épreuve de force avec l'armée syrienne, concentre elle aussi tous ses efforts dans le sud, sans voir qu'à Beyrouth la droite maronite a amorcé sa montée vers le pouvoir. Des dissensions éclatent avec la milice Amal qui récupère les déçus du Mouvement national et se nourrit de l'exaspération croissante des populations chiites soumises aux représailles israéliennes mais aussi à l'emprise de l'OLP. A partir de 1978, Amal joue le jeu de la souveraineté libanaise contre les empiétements de la résistance palestinienne et apparaît comme le porte-parole d'une communauté qui cherche avant tout à imposer sa participation accrue à la vie politique nationale. La Syrie pour sa part ne saurait franchir la *« ligne rouge »* imposée par Israël et jouer un rôle effectif au sud. Dès le mois de janvier 1977, un contingent réduit de la FAD s'est avancé jusqu'à 2 kilomètres au nord de Nabatiyyé mais la protestation immédiate d'Israël auprès des Etats-Unis a contraint les Syriens à reculer vers le Zahrani.

En ce début d'année 1977, tandis que la tension décroît partout ailleurs au Liban, le sud devient le théâtre d'un affrontement direct entre Israël et la résistance palestinienne sur les ruines de la souveraineté libanaise. De prime abord la situation pourrait ne pas sembler très nouvelle : la population des camps tout comme les villageois du sud sont habitués aux harcèlements constants de l'armée israélienne. Depuis 1973 au moins la frontière israélo-libanaise est pour Tel-Aviv la seule zone d'instabilité où l'ennemi palestinien a concentré ses forces. La guerre civile libanaise a affaibli l'Etat, fait éclater l'armée laissant les régions frontalières devenir un véritable bastion palestinien où la résistance a considérablement renforcé ses infrastructures militaires. Elles sont en liaison directe avec le quartier général des différentes organisations établi dans le quartier de l'Université Arabe à Beyrouth-Ouest. C'est également là que se concentrent le siège des journaux palestiniens, celui de l'agence de presse *Wafa,* du *Croissant rouge,* du *Centre de Planification,* de *Samed* qui emploiera en 1982 jusqu'à 4 000 personnes dans ses ateliers de production, de l'*Institut pour le bien-être des familles des Martyrs* qui apporte à la même date une aide financière et sociale à près de 200 000 personnes et des principales unions professionnelles palestiniennes qui sont autant de points d'appui de la résistance. L'OLP bénéficie au Liban de véritables enclaves territoriales à partir desquelles elle gère un réseau d'institutions politiques et sociales qui prennent en charge une population civile souvent démunie tout en contribuant à la mobiliser autour de la direction politique du mouvement palestinien.

La puissance nouvelle de la résistance constitue un obstacle à la paix syrienne au Liban. Damas cherche un compromis avec l'OLP qui passerait nécessairement par l'affaiblissement de ses positions au Sud. C'est dans cette perspective qu'elle parrainera l'accord signé à Chtaura le 25 juillet 1977 entre le gouvernement libanais et la résistance. Il prévoit le déploiement de la FAD autour des camps, la collecte des armes lourdes et le retrait des forces palestiniennes des abords de la frontière pour y permettre le déploiement de l'armée libanaise. Mais l'OLP exige une simultanéité totale entre son retrait et l'arrivée de l'armée tandis que le Front libanais réclame un retrait unilatéral des unités palestiniennes. Le blocage qui en résulte interdit l'application de l'accord.

Israël pour sa part joue au sud un double jeu : il laisse se renforcer la résistance, ce qui lui fournira bientôt de commodes prétextes d'intervention, tout en lui interdisant l'accès aux frontières par l'intermédiaire de son nouvel allié local, le major Sa'ad Haddad, en rupture avec l'armée libanaise. Les troupes de Haddad s'opposent du reste très directement à l'entrée dans le Sud de l'armée légale. Lorsque le 31 juillet 1978 le gouvernement tente d'envoyer 650 hommes à Kawkaba, au nord-est de Nabatiyyé, premier pas timide vers le rétablissement de la souveraineté libanaise dans la région, ce sont les bombardements des soldats de S. Haddad qui les empêchent de s'installer. Le même scénario se reproduira à Tyr en avril 1979. Israël dispose ainsi d'un instrument efficace pour combattre la résistance palestinienne mais aussi pour aggraver la déstabilisation interne du pays tout entier.

Chaque fois qu'au Liban la question du sud revient sur le devant de la scène c'est que le conflit israélo-arabe connaît de nouveaux développements et que le jeu des grandes puissances redevient actif dans la région. Or l'année 1977 est placée sous le signe de la détente internationale. Pour la première fois depuis 1974, on reparle d'une possible convocation de la conférence de Genève, lors des deux tournées consécutives au Proche-Orient du Secrétaire d'Etat américain Cyrus Vance. Le 1er octobre 1977, une déclaration américano-soviétique reconnaît notamment la nécessité de donner satisfaction *« aux droits du peuple palestinien »*. Les Etats-Unis semblent réviser quelque peu leur stratégie régionale : soucieux de désamorcer une éventuelle explosion et d'assurer la sécurité des approvisionnements pétroliers occidentaux, ils renouent le dialogue avec la Syrie et tentent de l'instaurer avec les Palestiniens. C'est alors que le Président Carter évoque la nécessité d'une *« patrie » (homeland)* palestinienne. Sur le terrain, l'offensive diplomatique américaine se traduit par une vague de bombardements provenant d'Israël et de ses alliés libanais. La réaction israélienne est d'autant plus brutale que le *Likoud* vient de remporter les élections à Tel-Aviv et remplace au gouvernement les travaillistes plus modérés. Les attaques israéliennes atteignent une violence sans précédent en septembre. La marine bloque les côtes, l'aviation sillonne l'espace aérien libanais, l'armée franchit même à plusieurs reprises la frontière et Menahem Begin, le nouveau Premier Ministre a reconnu ouvertement dès le 8 août que son pays fournissait une aide militaire directe aux forces conservatrices chrétiennes dans le sud.

Mais à l'automne 1977, le coup d'éclat du président égyptien Sadate bouleverse la stratégie des puissances au Proche-Orient et conduit à un nouveau retournement d'alliance au Liban. Lors d'un discours prononcé devant l'Assemblée nationale égyptienne le 9 novembre 1977, Sadate se déclare prêt à se rendre à la

Knesset[3] pour discuter avec Israël. Sa visite à Jérusalem ouvre en réalité une phase nouvelle du conflit régional. Quelques semaines seulement après le communiqué américano-soviétique du 1er octobre 1977, qui se déclarait soucieux de satisfaire les droits des Palestiniens, c'est une négociation bilatérale israélo-égyptienne qui s'engage, sous le patronage exclusif des Etats-Unis puisque Sadate se dit convaincu que la solution du conflit est entre les mains des seuls Américains. Elle conduit en 1978 à la signature des accords-cadre de Camp-David qui prévoient une autonomie palestinienne en Cisjordanie et à Gaza immédiatement rejetée par la population des territoires occupés puis à la conclusion d'un traité de paix israélo-égyptien en avril 1979. Washington espère que ce n'est là qu'un premier pas qui entraînera d'autres Etats arabes dans la même voie, notamment la Jordanie. Mais le calcul s'avérera trompeur. Face à l'initiative américano-égyptienne, les sacrifiés de la paix resserrent leurs alliances et au Liban, la Syrie, l'OLP et les partis de gauche se retrouvent côte à côte dans un camp de la *« Fermeté »* qui refuse la *« paix séparée »* égyptienne et reçoit le soutien de Moscou.

C'est dans ce contexte de tension qu'Israël franchit un nouveau pas dans sa stratégie au sud-Liban, passant du harcèlement quotidien et du franchissement occasionnel des frontières à l'intervention militaire massive. En réponse à l'attaque sanglante d'un autobus sur la route Haïfa-Tel-Aviv par un commando du Fatah, 25 000 soldats israéliens pénètrent au Liban dans la nuit du 14 au 15 mars 1978. L'objectif est d'occuper le long de la frontière une bande de terre d'environ 10 kilomètres de profondeur pour faire le lien avec les enclaves chrétiennes contrôlées par Sa'ad Haddad et établir ainsi une ceinture de sécurité qui rendrait impossible toute nouvelle infiltration de *fedayyin* palestiniens. Il n'est pas mauvais non plus, dans l'esprit des responsables israéliens, de porter un coup sérieux à l'OLP à la veille de la signature des accords de Camp-David, pour lui dénier ensuite toute représentativité. Les combats dépassent rapidement la limite des 10 kilomètres pour s'étendre jusqu'au Litani. 6 000 *fedayyin* résistent aux vingt-cinq mille soldats de *Tsahal* et 200 000 réfugiés prennent une nouvelle fois le chemin de l'exode vers Saïda et Beyrouth. Dans la capitale, ils « squattent » massivement les appartements inoccupés et les immeubles en construction avec l'aide musclée des miliciens d'Amal. L'inquiétude est si grande que la Syrie accepte le transit sur son territoire de volontaires irakiens venus se porter au secours des palestino-progressistes au sud-Liban, ceci malgré la rivalité constante qui oppose les deux régimes ba'athistes. Le dernier soldat israélien quitte le territoire le 13 juin. Aux termes de la résolution 425 du Conseil de Sécurité de l'ONU, 4 000 puis 6 000 membres d'une Force Intérimaire des Nations Unies (FINUL) se déploient dans la zone frontalière pour aider l'Etat à y rétablir sa souveraineté. Le retrait israélien ne prélude pas pour autant au retour du *statu-quo* antérieur. Le sud-Liban est devenu pour longtemps une pièce essentielle de la stratégie d'Israël. Sur le terrain, les forces en présence se retranchent sur leurs positions et entourent leurs cantonnements de rangées de barbelés. On s'épie, on se harcèle, chacun semble attendre le prochain épisode. Les troupes de Sa'ad Haddad conduisent quant à elles un véritable « grignotage » territorial à partir de l'enclave chrétienne et se heurtent de plus en plus fréquemment aux forces de l'ONU dès les premiers mois de 1979. Le délégué américain au Conseil de Sécurité dénonce la *« guerre préventive »* d'Israël accusé de procéder à une véritable annexion rampante du sud-Liban. Le projet israélien se dévoile tout à fait lorsque le major Haddad proclame le 18 avril 1979 la naissance d'un *« Etat du Liban Libre »* sur les 270 km^2 de territoire qu'il contrôle. Le mandat de la FINUL est désormais vidé de toute substance et la situation au sud continue d'empêcher le déploiement de l'armée libanaise et de bloquer tout retour au consensus politique antérieur.

Le projet hégémonique des Phalanges

A Beyrouth, Israël appuie les surenchères du Front libanais à l'égard du gouvernement légal et si l'année 1977 fut celle d'un fol espoir de paix, 1978 voit le retour à de violents affrontements dans la capitale. Ils opposent cette fois la Syrie aux milices chrétiennes puisque Damas a retrouvé ses alliés « naturels » les *« palestino-progressistes »* tandis qu'Israël encourage les pressions de la droite. Le Président Elias Sarkis semble condamné *« à subir la guerre des autres et à manquer sa paix »* selon le mot d'un responsable phalangiste[4]. En réalité la Syrie qui a porté au pouvoir le nouveau Président l'a très rapidement laissé seul face à la droite chrétienne qui ne tarde pas à l'accuser d'alignement inconditionnel sur Damas. L'ambition de Sarkis était probablement de jouer, vingt ans après, le rôle qui avait été celui de Fouad Chehab en 1958. N'était-il pas lui-même considéré comme un technocrate néo-chéhabiste qui, s'il n'avait pas la personnalité ni l'envergure politique du général, pouvait espérer se poser en réconciliateur de la nation éclatée ? Les forces politiques qui ont soutenu le chéhabisme sont celles-là mêmes qui ont occupé le devant de la scène au cours de la guerre civile : les Phalanges de P. Gemayel et le PSP de K. Joumblatt. Mais la lutte à mort qu'elles ont menée rend difficile l'adoption du slogan de 1958 : *« ni vainqueur ni vaincu »*. La milice de Bachir Gemayel, aguerrie par les combats, championne d'une véritable geste confessionnelle, n'est plus le parti fondé par son père. Quant à la force déstabilisatrice d'Israël, elle représente pour le Liban une menace autrement plus présente que l'alliance américaine des *« loyalistes »* de Camille Chamoun en 1958. Damas enfin a brisé ce qui aurait pu être le deuxième pilier d'un nouveau chéhabisme : le Mouvement national libanais. Non contents d'avoir écrasé la coalition *« palestino-progressiste »*, les Syriens sont scrupuleusement allés jusqu'au bout de leur politique lorsque, le 16 mars 1977, K. Joumblatt a été assassiné sur une route du Chouf, à quelques centaines de mètres seulement d'un barrage de la FAD. Le Mouvement national ne se remettra pas de cette mort qui disperse une gauche libanaise déjà divisée et affaiblie. Mais Damas ne se contente pas de symboles, fussent-ils aussi éclatants que celui-là et le régime syrien s'emploie méthodiquement à détruire au Liban toute expression politique qui n'irait pas dans le sens de ses intérêts immédiats. Dès le mois de décembre 1977, la presse libanaise est soumise à la censure et un certain nombre de partis sont noyautés par des pro-syriens : ainsi au sein du PPS, la tendance conduite par Georges 'Abd al Masih affronte celle d'In'am Ra'ad, favorable à Damas. Un véritable front des partis libanais pro-syriens se constitue qui annihile bientôt toute opposition de gauche dans le pays et conduit à l'arrêt de l'aide financière irakienne. Le laminage syrien au Liban a commencé. A tous les carrefours, des barrages de la FAD contrôlent l'identité des automobilistes et fouillent les coffres des voitures. Pas une activité fructueuse, les douanes par exemple, ou la cimenterie de Chekka sur la route de Tripoli qui ne soit, d'une façon ou d'une autre, contrôlée par les Syriens. On prétend même que si d'aventure votre voiture disparaît il faut aller la racheter quelque part dans la plaine de la Beqa sous contrôle syrien ! Comme si l'austère Damas assouvissait enfin de vieilles rancœurs et d'obscures jalousies à l'égard de Beyrouth la décadente.

Dans ces conditions la marge de manœuvre du Président Sarkis et du gouvernement « apolitique » de Salim al Hoss est fort étroite. La lecture de la presse beyrouthine en ces années 1977 à 1980 est d'une accablante monotonie. Les plans de sécurité succèdent aux plans de sécurité confirmant chaque jour davantage l'impossible retour à *« l'entente nationale »*. Le gouvernement a fait de la réunification de l'armée et de son déploiement dans le pays son objectif prioritaire, l'indispensable prélude à la stabilisation politique et le meilleur symbole d'un retour à la légalité. Mais le projet se heurte aux différents intérêts établis sur le terrain et à l'intransigeance absolue d'une partie au moins du Front libanais. Ainsi lorsque le 28 mars 1977, Sarkis nomme à la tête de l'armée le modéré Victor Khoury, Bachir Gemayel, d'accord avec Camille Chamoun, mais en contradiction sur ce point avec son père, lance un mot d'ordre de grève pour protester contre cette nomination. Le même jour, un attentat détruit l'appartement du nouveau Commandant en Chef de l'armée. Une étape décisive vient sans doute d'être franchie. Désormais, les milices de droite ne joueront plus le jeu d'un retour à l'équilibre politique antérieur à 1975. Nous sommes parvenus à la dernière phase de ce qu'un homme politique phalangiste cité par J. Randal a appelé *« le plus long coup d'Etat des annales modernes »*, celui d'une nouvelle droite maronite hantée par l'obsession de raffermir à tout prix son pouvoir sur un Liban chrétien.

Alors commence l'irrésistible ascension de Bachir Gemayel[5]. Sur le théâtre d'ombres de la guerre libanaise, la silhouette de Bachir remplace celle de Kamal Joumblatt. Le leader druze a perdu son pari d'un Liban pluraliste et déconfessionnalisé. Dans la « drôle de paix » de 1977, Bachir Gemayel lance le sien, celui d'un Liban chrétien et pro-occidental, ouvrant ainsi la deuxième phase de la guerre libanaise.

Le fils cadet du fondateur des Phalanges n'avait joué qu'un rôle militaire annexe dans les combats de 1975-1976. Ce n'est qu'en août 1976 que la mort de William Hawi au siège de Tall al Za'atar le propulse à la tête des Forces libanaises, les milices unifiées du Front. Dès lors il s'attache à construire méthodiquement les bases de son pouvoir au sein même de la milice phalangiste. A partir de son fief d'Achrafieh, il s'impose graduellement dans le Kesrouan, plus difficilement dans le Metn où son frère aîné et rival, Amin, est mieux implanté. Difficilement aussi dans le nord, bastion des Kataëb extrémistes, ennemis irréductibles du clan Frangié et défenseurs avancés de la « christianité ». Parallèlement à sa percée dans la milice, Bachir cherche à gagner le parti : ce sera plus difficile encore. En 1977, lorsque la FAD fait son entrée à Achrafieh, Bachir y est hostile mais il devra s'incliner devant la décision contraire du Bureau politique des Phalanges. Contre le parti et très souvent contre son père, il s'appuie sur l'appareil militaro-politique mis en place par la milice dès 1976.

A partir de 1978, c'est un véritable Etat dans l'Etat qui fonctionne à Beyrouth-Est et dans le Mont-Liban, avec ses forces de l'ordre, sa justice, sa radio — La Voix du Liban —, sa fiscalité qui s'est substituée à celle du gouvernement libanais, ses services sociaux, bientôt ses institutions culturelles. L'homogénéité confessionnelle y est presque totale si l'on excepte les chiites de la région de Jbeil, historiquement bien intégrés au peuplement maronite dominant. Au contraire de Beyrouth-Ouest, l'unité relative des forces politiques permet de faire régner l'ordre mais c'est d'un ordre phalangiste qu'il s'agit et la nouvelle fiscalité qui pèse sur les commerçants n'est rien d'autre que le racket organisé des milices. L'action des Forces libanaises ne fait qu'aggraver la partition de fait que connaît le Liban après deux ans de guerre civile. La destruction du centre de Beyrouth et la coupure de la ville en deux ont peu à peu dédoublé les réseaux commerciaux et le port de Jounieh a récupéré une partie du trafic de Beyrouth. Partout sur la côte au nord de la capitale, à Jdaïdé, à Jal al Dib, à Antélias, la spéculation immobilière va bon train tandis que dans les *« centres d'estivage »* de la montagne, Broummana, Bikfaya ou 'Ajaltoun, les résidences secondaires se transforment en résidences principales[6]. Le Front libanais cherche à institutionnaliser cette situation de fait. Dès le 21 janvier 1977, lors d'un séminaire tenu à Sayidat al Bir, il a proposé un plan de décentralisation politique fondé sur la reconnaissance du *« pluralisme culturel »,* où la référence au pluralisme masque assez mal la volonté dominante — au moins dans les milices — de consolider et d'organiser un mini-Etat chrétien au cœur du Liban. Au cours de ces années 1978-1979, la stratégie de la droite maronite est en plein repli « christianiste », la tentation du ghetto semble l'emporter et Bachir Gemayel lui-même cautionne alors cette tendance.

Affrontements syro-phalangistes

Le repli chrétien réveille aux yeux des Syriens le spectre de la partition du pays et la hantise d'un deuxième Israël chrétien au Liban. Mais ce sont les ambitions politiques de la droite et l'arrogance de ses milices qui provoquent des heurts violents avec la FAD. Les premiers incidents éclatent en février 1978 préfigurant des affrontements qui émailleront toute l'année. Le 7 février, des combats opposent la milice du PNL de C. Chamoun à des éléments syriens de la FAD près de la caserne de Fayadiyyé qui abritait les nouvelles recrues de l'armée libanaise. L'incident suscite les premiers bombardements syriens sur Beyrouth-Est au cours des jours suivants. En avril, de nouveaux affrontements conduisent les Syriens à opérer un retrait partiel des quartiers est de la capitale.

Mais c'est en mai-juin qu'éclate la première véritable épreuve de force : elle oppose toujours les Forces libanaises aux Syriens mais aussi au meilleur allié libanais de Damas : l'ancien Président Soleiman Frangié. Dès le 11 mai celui-ci s'est retiré des instances dirigeantes du Front libanais pour appuver la politique syrienne de retour à l'unité libanaise contre les tendances centrifuges d'une majorité de phalangistes. Pour Bachir Gemayel, la lutte contre la mainmise syrienne sur le pays passe nécessairement par l'affaiblissement du leader de Zghorta. Mais un autre enjeu sous-tend le combat intermaronite qui se prépare en ce printemps 1978 : c'est le contrôle du nord-Liban, berceau historique de la communauté. Car le projet phalangiste a besoin de s'assurer de la représentativité exclusive de sa milice au sein du « peuple » maronite tout entier. A la domination qualifiée de *« féodale »* du clan des Frangié, Bachir Gemayel oppose un populisme confessionnaliste qui fait appel à un « maronitisme » renouvelé contre le vieux clientélisme familial. Pour s'attaquer à Frangié, il sait pouvoir compter sur les phalangistes extrémistes du nord, depuis longtemps prêts à en découdre avec le patron local. Le 13 juin 1978 l'assaut est donné à la résidence de Tony Frangié, le fils aîné de Soleiman, dans le bourg de Ehden : il fera plus de 30 morts dont Tony lui-même, sa femme et leur fillette de 3 ans. Le choc est immense au Liban car dans la déontologie officieuse de la vieille classe politique on évite généralement de liquider physiquement un rival. Bachir, par ce meurtre, consacre en quelque sorte la victoire du nouveau Liban des communautés sur le vieux Liban des familles. Il est sorti de son fief pour pénétrer sur le territoire de l'autre. Au nom de la domination maronite sur le Liban, il a unifié dans le sang les rangs politiques de la communauté au-delà des anciens partages d'influence entre notables. Longtemps les structures clientélistes et l'équilibre assuré par les mécanismes institutionnels ont permis de contenir des poussées confessionnalistes qui explosent à la faveur de la guerre. Le « maronitisme » de Bachir se pare d'un radicalisme *« révolutionnaire »* soucieux de purifier les mœurs politiques de l'*establishment* traditionnel. Au nom de la communauté maronite, le jeune leader monte à l'assaut du pouvoir des vieilles générations pour tenter d'instaurer à sa place une nouvelle méritocratie.

A l'issue des affrontements dans le nord, la FAD fait son entrée à Bcharré, tout près d'Ehden et de ces cèdres résiduels chantés par Lamartine et désormais annexés à la symbolique libaniste de la droite maronite. Les événements du nord précipitent la rupture entre les Syriens et les Forces libanaises. Le 1er juillet Beyrouth-Est observe une grève de protestation contre la présence syrienne qui déclenche une semaine de bombardements intensifs sur la ville. Le Président Sarkis, désespéré de parvenir jamais à la paix, présente sa démission qu'il doit retirer rapidement. Le 13 septembre, une nouvelle grève est déclenchée contre la Syrie et des bombardements sporadiques reprennent jusqu'au cessez-le-feu du 7 octobre décrété par les Présidents Sarkis et Asad réunis à Damas. A la mi-octobre, les Ministres des Affaires Etrangères des pays qui financent la FAD se réunissent à Beit-Eddine pour en renouveler le mandat et condamnent le Front libanais tout en obligeant les Syriens à amorcer leur retrait de Beyrouth-Est et de la montagne. La Syrie apprend ainsi une nouvelle fois jusqu'où elle peut aller trop loin et ce ne sont ni les appels au cessez-le-feu du Conseil de Sécurité de l'ONU ni les suggestions de Carter en faveur d'une conférence internationale qui l'en convainquent mais les pressions saoudiennes et plus encore l'apparition réitérée dans le ciel libanais d'avions israéliens.

Au même moment l'ampleur de la contestation interne en Syrie interdit au régime du Président Asad toute initiative au Liban surtout après le massacre de 32 cadets 'alaouites de l'Ecole d'artillerie d'Alep le 16 juin 1979. Les attentats se multiplient au cours des années suivantes et la tension ne cesse de croître entre l'opposition islamique des Frères Musulmans et le pouvoir. Le 27 juin 1980, en réaction à une tentative d'assassinat du Président de la République, le régime fait massacrer des dizaines d'islamistes emprisonnés à Palmyre et interdit le 7 juillet l'Association des Frères Musulmans. En avril 1981 puis février 1982, la vieille ville de Hama, bastion de la contestation islamiste subit une terrible répression qui met provisoirement fin à toute velléité d'insurrection : les bombardements de février 1982 auraient fait quelque dix mille victimes civiles[7]. Au Liban pendant ce temps, la FAD replie ses effectifs. En mars 1980 elle livre à l'armée libanaise ses dernières positions à Beyrouth-Est. En janvier 1981, elle planifie son redéploiement dans la Beqa tout en maintenant de forts points d'appui à Beyrouth-Ouest et tout au long de l'axe stratégique Beyrouth-Damas. Le relatif repli des Syriens favorise incontestablement le pouvoir des Forces libanaises. Au terme de *« la guerre des cent jours »* qui les avait opposées aux Syriens, elles restent cantonnées dans un réduit chrétien d'environ 800 km^2, mais la violence des bombardements urbains a favorisé la symbiose entre les milices et la population. Tout semble prêt pour que s'ouvre la dernière phase de l'ascension politique de Bachir Gemayel.

En deux ans, de 1980 à 1982, le « seigneur de la guerre »[8] maronite va se muer en président de la République libanaise. Plusieurs étapes jalonnent encore la longue marche de Bachir. Les premières se déroulent à l'intérieur même de la droite chrétienne et débouchent sur l'unification des forces militaires sous l'égide exclusive des phalangistes après le massacre de dizaines de miliciens du PNL le 7 juillet 1980. Pour parfaire sa domination sur le camp chrétien, Bachir Gemayel se devait d'éliminer un rival qui contrôlait un certain nombre de ports illégaux, sources de profits considérables et verrous chamounistes sur la route du nord. Au lendemain du 7 juillet, C. Chamoun lui-même se rallie au *leader* phalangiste qui a pris cette fois il est vrai la précaution d'épargner la vie de son fils. Au cours de l'été, Bachir s'emploie à réorganiser les Forces libanaises dont le commandement unifié est bien souvent resté lettre morte au cours des deux années précédentes à cause des divisions internes du Front. En novembre 1980, les Forces libanaises chassent l'armée légale des banlieues chrétiennes d'Ain al Remmaneh et Furn al Chebback grâce à d'évidentes complicités au sein de l'État-Major. C'est la fin du premier acte. Le gouvernement libanais tombe progressivement sous l'empire de Bachir qui entreprend de noyauter l'Etat pour renouer par son intermédiaire un difficile dialogue avec les communautés musulmanes. Lorsque le 5 juillet 1981 il s'engage, dans une lettre au Président Sarkis, à mettre un terme à ses relations avec Israël, il a définitivement choisi un destin national dans le cadre des frontières de 1920. C'est sous la protection des chars israéliens qu'il sera élu un an plus tard Président de la République.

« *Il est inutile de vous défendre* »

Bachir Gemayel doit auparavant s'imposer aux Syriens. Il choisit lui-même la date et le lieu de l'épreuve de force : ce sera en décembre 1980 à Zahlé. Zahlé est plus qu'une position stratégique au contact du Mont-Liban et de la Beqa, c'est un symbole : une ville chrétienne dans une région à majorité musulmane occupée par les Syriens mais aussi une ville presque exclusivement grecque-catholique qui doit permettre à Bachir de s'implanter en dehors du « ghetto » maronite et d'élargir les bases de sa représentativité. C'est dans cette perspective que les phalangistes entreprennent la construction d'une route reliant Zahlé à la montagne chrétienne. En décembre 1980 ils tendent une embuscade à la FAD aux abords de l'agglomération et se réfugient dans la ville. Les Syriens exigent des notables que les coupables leur soient livrés mais la pression des Kataëb interdit aux porte-parole de la communauté urbaine d'obéir aux injonctions de Damas. Alors commence le long siège de Zahlé par l'armée syrienne ; il durera jusqu'au 30 juin 1981 et sera levé grâce à la médiation des Saoudiens. Une nouvelle fois les violents bombardements urbains de la population civile contribuent à renforcer le complexe chrétien de la persécution et à resserrer les liens entre la population et les milices. L'écho savamment orchestré des combats de Zahlé conduit même l'Occident à crier au « génocide » des chrétiens.

La vigueur de la riposte syrienne est en réalité à la mesure de la gravité de l'enjeu. Damas demeure convaincue qu'Israël se cache derrière les phalangistes dans l'affaire de Zahlé. Elle reprend donc l'offensive au printemps 1981 en larguant des parachutistes sur la face orientale du mont Sannine dont la face occidentale est occupée par les milices du Front libanais. Elle menace ainsi directement le territoire chrétien de la montagne. La riposte viendra directement d'Israël qui abat le 28 avril dans la Beqa deux hélicoptères syriens de ravitaillement. Jérusalem affirme spectaculairement son monopole sur l'espace aérien libanais dont la violation semble constituer une deuxième *« ligne rouge »* à ne pas franchir. En réaction à l'agression, la Syrie installe dans la Beqa trois batteries de missiles Sam 6 braquées sur Israël. L'escalade se poursuit au sud à partir de juillet. L'armée israélienne inaugure une tactique inédite qui ne consiste plus seulement à bombarder les bases de commandos et les camps palestiniens mais à détruire les infrastructures — routes et ponts en particulier — de façon à paralyser les mouvements de troupes. Le 17 juillet 1981 un raid aérien contre le quartier général de la résistance palestinienne à Beyrouth-Ouest fait 200 morts et 700 blessés. L'OLP est *« en état de guerre »* proclame Yasser Arafat.

La crise des missiles de la Beqa et la recrudescence des combats au sud-Liban suscitent l'arbitrage des Etats-Unis qui ont dépêché sur place Philippe Habib dès le 7 mai pour dénouer le conflit israélo-syrien et obtenir le retrait des Sam 6. La crise des missiles une fois réglée, l'émissaire américain imposera au sud le premier véritable cessez-le-feu direct entre Israël et les Palestiniens. Il semble bien qu'au cours de ces années 1981-1982, Israël et les Etats-Unis aient pensé pouvoir régler l'ensemble de la crise régionale *« à chaud »* et sans aucune coopération avec Moscou. Aux Etats-Unis les dernières années du mandat de J. Carter et les premières de celui de R. Reagan sont marquées par la recherche d'un *« consensus stratégique »* anti-soviétique au Moyen-Orient. Les Américains souhaitent régler le problème israélo-arabe dans la ligne des accords de Camp-David mais ils lient désormais ce conflit à la question plus vitale encore du maintien du *statu quo* dans le golfe arabo-persique. La victoire de la révolution iranienne, le sanglant conflit irako-iranien mais aussi l'invasion soviétique de l'Afghanistan ont fait glisser vers l'est le centre de gravité des préoccupations américano-soviétiques à partir de 1979-1980, tout en recomposant les alliances régionales. La Syrie, isolée par son rapprochement avec l'Iran a signé avec Moscou en octobre 1980 un traité d'amitié et de coopération. C'est donc une véritable atmosphère de guerre froide qui règne à Beyrouth en mars 1981 lorsque le Secrétaire d'Etat américain, A. Haig atterrit dans la capitale libanaise. Par deux fois des manœuvres conjointes américano-égyptiennes se sont déroulées en Méditerranée. Israël bombarde en juin 1981 la centrale nucléaire irakienne de Tammouz et annonce en décembre l'annexion du Golan syrien, qui ne suscite d'ailleurs que de bien molles protestations internationales.

Au Liban après la levée du siège de Zahlé et la fin de la crise des missiles, les Américains misent sur Bachir Gemayel pour reconstituer un Etat multiconfessionnel sous une domination chrétienne renforcée. Zahlé a donné au leader phalangiste une stature nationale et sa réception à Washington lui confère une dimension internationale. C'est à son retour des Etats-Unis qu'il lance le slogan fameux des 10 452 km^2, se prononçant désormais sans équivoque pour un Grand-Liban unitaire mais plus chrétien que jamais. Ce slogan sera du reste choisi comme épitaphe sur son tombeau à peine plus d'un an après avoir été lancé. Les Syriens ne désarment pas pour autant : 1981 sera marquée par une vague d'attentats contre les ambassades arabes, celle d'Irak notamment, par de mystérieuses voitures piégées ici ou là et par l'assassinat de l'ambassadeur français Louis Delamare quelques mois après la rencontre de Yasser Arafat avec Claude Cheysson à Beyrouth. Lorsque les Etats-Unis comprendront qu'aucune paix américaine n'est possible au Liban si la Syrie continue à y disposer des principaux atouts, ils lâcheront la bride à l'impatience des va-t-en guerre israéliens et Kissinger déclarera par la suite que les Israéliens sont venus exécuter au Liban la mission que les Syriens auraient dû remplir en 1976, entendons : neutraliser l'OLP, éternel obstacle à la paix américaine dans la région et instaurer un gouvernement fort et inconditionnellement pro-occidental au Liban. Sadate lui-même aurait suggéré à Begin l'invasion du Liban lors de leur rencontre à Charm-al-Sheik le 4 juin 1981, quelques mois seulement avant son assassinat !

Les bruits de bottes s'amplifient au Liban au printemps 1982 et l'OLP dénonce à plusieurs reprises la menace d'une invasion israélienne. Pourtant rien ne semble devoir arriver avant le 26 avril 1982, date de la restitution finale du Sinaï à l'Egypte aux termes du traité de paix d'avril 1979. Cette échéance une fois passée, Jérusalem n'attend plus qu'un prétexte : ce sera l'assassinat à Londres de l'ambassadeur israélien Schlomo Argov le 3 juin. A l'aube du 6 commence l'opération baptisée *« Paix en Galilée »*.

Si le Secrétaire d'Etat américain A. Haig a donné son feu vert au général Sharon quelques mois plus tôt à Washington, c'est que les Américains pensent pouvoir utiliser Israël pour frapper la résistance palestinienne sans indisposer pour autant leurs alliés arabes et sans écraser la Syrie pour ne pas risquer de la rejeter définitivement dans les bras des Soviétiques. Ils souhaitent par la même occasion « nettoyer » le Liban de ses extrémistes, reconstituer son unité et revenir au *statu-quo* régional.

Les objectifs israéliens ne coïncident qu'en partie avec ceux des Etats-Unis et les observateurs du conflit comprendront très vite que le projet sioniste dépasse la volonté avouée de contrôler une bande frontalière large de 40 kilomètres pour mettre la Galilée à l'abri des *katiouchas* palestiniennes. Israël veut en réalité imposer le retrait syrien du Liban et y détruire l'infrastructure militaire et politique de l'OLP. Le coup sévère qu'il cherche à porter à la résistance palestinienne est destiné à préparer l'annexion des territoires occupés. Dès 1980-1981, une « main de fer » s'est en effet abattue sur la Cisjordanie et Gaza. Après les attentats perpétrés contre les maires nationalistes de Cisjordanie en 1980, l'arrivée du général Ariel Sharon au Ministère de la Défense en été 1981 a précipité l'épreuve de force. Au printemps 1982, les Israéliens substituent à l'administration militaire en place depuis 1967 une administration civile, destituent les maires élus, dissolvent le Comité d'Orientation Nationale, organe représentatif du mouvement national, étendent les pouvoirs des Ligues de villages qui collaborent avec l'occupant, provoquant une véritable insurrection en Cisjordanie en mars et avril. Conscientes des liens qui unissent les territoires occupés et la direction de l'OLP à Beyrouth, les autorités israéliennes sont déterminées à frapper l'un et l'autre. D'autant que la rumeur circule d'une éventuelle reconnaissance d'Israël par l'OLP. Peut-être serait-elle d'abord annoncée à Paris par la voix d'Issam Sartawi, le conseiller politique de Yasser Arafat. En levant la première condition mise par les Américains à toute négociation avec les Palestiniens, cette initiative ne risque-t-elle pas de conduire à terme à la naissance d'un Etat palestinien indépendant, perspective inacceptable pour le *Likoud* israélien ? Il est donc temps d'agir.

Au cours de sa visite à Washington quelques mois auparavant, le général Sharon aurait montré à ses interlocuteurs une carte du Moyen-Orient où figuraient *« un Liban chrétien, une Cisjordanie israélienne et une Jordanie palestinienne »*. Telles sont les solutions de la droite israélienne aux différents conflits régionaux. Au Liban, Jérusalem mise donc sur l'instauration d'un Etat chrétien pro-occidental qui lui soit totalement inféodé. Lors d'une entrevue entre Ariel Sharon et Bachir Gemayel à Beyrouth en janvier 1982, les deux hommes sont convenus de lier l'invasion israélienne à la candidature de Bachir à la Présidence. Israël espère ainsi compromettre la communauté maronite aux yeux des musulmans libanais et du monde arabe tout entier.

Au matin du 6 juin 1982, 100 000 soldats de *Tsahal* forcent les positions tenues par la FINUL depuis 1978 puis se heurtent aux quelque 15 000 combattants libanais et palestiniens retranchés au sud. La pénétration se fait selon trois axes : à l'ouest par la route côtière, au centre vers Jezzine et le Chouf, à l'est vers le Litani. Lorsque le vieux château croisé de Beaufort, bastion des *« palestino-progressistes »* tombe aux mains de *Tsahal*, Begin le remet en personne au major Sa'ad Haddad devant les caméras de la télévision israélienne. En trois jours, le quart du territoire libanais est occupé, les premiers blindés sont en vue des pistes de l'aéroport de Khaldé au sud de la capitale et Begin s'empresse d'annoncer *« qu'Israël ne veut pas la guerre avec les Syriens »*. Pourtant les 9 et 10 juin une bataille aérienne israélo-syrienne éclate dans le ciel de la Beqa : des dizaines d'avions syriens seront détruits ainsi que 19 sites de missiles Sam 6. Sur terre, la FAD recule partout, à Jezzine, à Dammour, à Beyrouth et le 11 juin Damas accepte le cessez-le-feu négocié par Philippe Habib. Le scénario américain a parfaitement fonctionné et la Syrie s'est discréditée aux yeux des Palestiniens et du Mouvement national libanais.

Au cours de la deuxième quinzaine de juin, Israël pénètre dans le Chouf et effectue sa jonction avec les Forces libanaises à Ba'abda en prenant soin de contourner Beyrouth-Ouest. En ce dimanche 13 juin, le colonel de gendarmerie qui commande le poste de Ba'abda voit entrer sidéré un militaire qui lui déclare : *« Je suis le général Sharon, Ministre de la Défense d'Israël. Voici les dix généraux qui commandent nos troupes. Il est inutile de vous défendre. »* L'armée légale n'a pas bougé. A Beyrouth-Est, *Tsahal* constitue des patrouilles mixtes avec les Forces libanaises, les miliciens chrétiens se transforment en aides de camp des officiers israéliens mais les dissensions ne tardent pas à apparaître car les milices de droite rechignent à participer directement aux combats. Les soldats de *Tsahal* ironisent, surnommant les combattants chrétiens *« les soldats en chocolat »*. En réalité Bachir Gemayel veille à ne pas apparaître exclusivement comme l'homme des Israéliens. Dès le 14 juin, il participe à un Comité de Salut National qui regroupe l'ensemble des forces politiques libanaises sous l'égide du Président Sarkis. La droite chrétienne y prône le retrait de toutes les troupes étrangères du pays, entendons les Syriens et les Palestiniens aussi bien que les Israéliens. Le Mouvement national pour sa part exige le seul retrait d'Israël. Très vite Walid Joumblatt refuse sa caution au Comité et dénonce « *la conjuration contre les peuples libanais et palestinien ourdie à Washington* ».

A ce point des affrontements, les intentions des jusqu'auboutistes israéliens .se dévoilent tout à fait : prendre Beyrouth-Ouest considérée comme « *la capitale mondiale du terrorisme* » pour y écraser la résistance palestinienne et ses alliés libanais. La question du siège de Beyrouth est pourtant loin de faire l'unanimité au sein du cabinet israélien et suscite de sérieuses discussions avec les Américains. Begin est à Washington entre le 21 et le 23 juin et les conversations sont quelque peu houleuses. A. Haig, partisan des thèses extrêmes de certains Israéliens démissionne le 26 juin, il sera remplacé par Georges Schultz. Les Etats-Unis proposent le désarmement des Palestiniens et leur départ du Liban sans assaut sur Beyrouth-Ouest. Pourtant les partisans du siège de Beyrouth l'emportent finalement en Israël. Dans les premiers jours de juillet, des avions israéliens lancent des tracts sur la capitale invitant la population civile à fuir les quartiers ouest et le 3 juillet commencent dix longues semaines de siège. Les pilonnages aveugles succèdent aux cessez-le-feu mal respectés. Le blocus alimentaire, les coupures d'eau et d'électricité touchent de plein fouet la population dans la chaleur humide de l'été beyrouthin. Au cours d'un raid massif lancé le 1er août, Israël s'empare de l'aéroport. Ce jour-là, 180 000 obus seraient tombés sur la capitale. Le 4, Tsahal lance une double offensive en direction du Musée et le long des plages du sud pour appuyer les exigences de Jérusalem concernant les conditions d'un retrait palestinien. Cette fois le centre même de Beyrouth n'est pas épargné par les bombardements. Mais l'offensive échouera devant la résistance acharnée des *« palestino-progressistes »*, solidement retranchés dans la ville, à l'abri derrière leurs barrages de terre. Le rythme des affrontements est intimement lié à celui des négociations qui se poursuivent par l'intermédiaire de Philippe Habib. Dès le 3 juillet, Yasser Arafat a fait des propositions de retrait militaire partiel transmises par le responsable sunnite Saëb Salam. Le 29, l'OLP accepte le plan Habib prévoyant un retrait total de ses troupes sous le contrôle d'une force internationale. Il ne sera accepté par Israël que le 19 août. Tandis qu'à Beyrouth-Ouest les civils libanais et palestiniens terrés dans les sous-sols de leurs immeubles font le triste décompte des obus au phosphore et autres bombes à fragmentation ou à implosion, le monde arabe impuissant regarde mourir Beyrouth devenue *« le trou à rats »*. L'URSS s'en tient quant à elle à des déclarations hostiles à Israël et aux Etats-Unis et même si L. Brejnev le 20 juillet qualifie de *« génocide »* l'action israélienne au Liban, les Soviétiques n'iront pas au-delà des offensives verbales. Dans les derniers jours du mois d'août, le scénario israélo-américain triomphe à Beyrouth : près de 15 000 combattants palestiniens munis de leurs seules armes légères s'embarquent au port les uns à destination de l'Algérie, les autres de la Tunisie ou du Yémen, tandis que 4 500 Palestiniens d'obédience syrienne se replient vers la Beqa. L'opération se déroule sous le contrôle des 2 000 hommes d'une Force d'Interposition américano-franco-italienne.

Parallèlement à l'évacuation des combattants palestiniens, le deuxième volet du scénario se déroule le 23 août à la caserne de Fayadiyyé, vers laquelle *Tsahal* n'en finit pas d'escorter les députés libanais chargés d'élire un nouveau Président de la République. Bien que l'énorme majorité des députés sunnites boycottent l'élection, le quorum est finalement atteint et Bachir

Gemayel est élu Président. Mais entre le 23 août et le 29 septembre les événements se précipitent à nouveau. Le 14 septembre, le nouveau Président est assassiné au quartier général des Forces libanaises à Achrafieh. Pour nombre de maronites, Bachir entre dans la légende à 34 ans. Dans la nuit du 14 au 15, l'État-Major des Forces libanaises planifie avec l'État-Major israélien l'entrée de *Tsahal* à Beyrouth-Ouest en violation flagrante des accords passés avec les Américains tandis que la Force d'Interposition, devançant la date prévue pour son départ, a déjà quitté la capitale libanaise. Du 16 au 18 septembre, 4 000 civils environ dont un quart de libanais, surtout chiites, seront massacrés dans les camps palestiniens de Sabra et Chatila par des miliciens chrétiens avec l'évidente complicité de l'armée israélienne. Politique de terreur, délibérément destinée à pousser la population palestinienne à de nouveaux exils. Le choc est profond dans l'opinion publique internationale et la crise s'approfondit à l'intérieur d'Israël où le mouvement *La Paix maintenant* rassemble près de 400 000 manifestants à Tel-Aviv pour protester contre les massacres. Le 20 une nouvelle Force multinationale est de retour pour superviser le retrait israélien de Beyrouth-Ouest qui s'achève le 26. Mais Tsahal a eu le temps de ratisser la ville et de multiplier les arrestations qui vont grossir les effectifs du camp de détention d'Al Ansar au sud du pays. Entre-temps, Amin Gemayel, le frère de Bachir, avait été élu Président de la République.

« Paix pour la Galilée » avait fait près de 20 000 morts et plus de 30 000 blessés dont 84 % de civils, provoqué un nouvel exode de centaines de milliers de personnes fuyant le sud, conduit au départ des combattants palestiniens et au massacre des civils dans les camps. Mais elle n'avait pas mis fin à la guerre du Liban. Qui avait tué Bachir Gemayel ? La question

demeurera probablement sans réponse, mais nombreux étaient ceux qui n'étaient pas prêts à accepter l'instauration au Liban d'un Etat trop fort ou trop indépendant. On apprendra ainsi que la dernière entrevue entre Begin et Gemayel à Nahariyya au début de septembre avait été singulièrement orageuse. Israël voulait imposer au Liban un véritable traité de paix. Gemayel souhaitait une alliance aussi discrète qu'informelle. Il voulait mettre sur pied un gouvernement fort qui rétablirait la souveraineté libanaise sur tout le territoire, y compris dans l'enclave tenue par Sa'ad Haddad. En un mot il ne se contenterait pas d'être le fantoche des Israéliens. Pourtant Bachir restait au Liban le meilleur allié de Jérusalem qui n'avait aucun intérêt à le voir remplacer par son frère. Tel n'était pas en revanche le cas des Syriens pour qui le nouveau Liban de Bachir était inacceptable.

IMPOSSIBLE DÉNOUEMENT ?

Un projet pour le Liban ?

La première année de la présidence d'Amin Gemayel est fondée sur le présupposé que la guerre du Liban est finie. Le régime s'y accroche comme à une déclaration de principe qui seule rendra possible son action. Si la guerre est finie, elle s'est terminée par un triomphe israélo-américain. On crédite généralement l'OLP d'une belle victoire morale après sa résistance à Beyrouth et son évacuation dans l'honneur mais il lui reste à la transformer en succès politique. La Syrie quant à elle a veillé à circonscrire ses affrontements avec l'armée israélienne mais si elle n'est pas écrasée militairement elle est politiquement affaiblie.

Les nouveaux parrains du Liban, dont l'alliance reste indéfectible, n'ont pas pour autant la même vision de l'avenir du pays. Au lendemain de l'assassinat de Bachir Gemayel, le radicalisme israélien se teinte d'une méfiance extrême à l'égard d'un Etat où Jérusalem risque l'enlisement tandis que les Etats-Unis croient avoir des idées pour le Liban. L'analyste israélien I. Rabinovitch écrit qu'avant même la mort de Bachir *« Israël découvrit que B. Gemayel ne représentait pas totalement les Phalanges, que les Phalanges ne représentaient pas toute la communauté maronite, que la communauté maronite ne parlait pas au nom de tous les Libanais chrétiens et que les Libanais chrétiens n'étaient plus assurés de leur domination »*[1]. Comme si, aveuglés qu'ils étaient par leur antipalestinianisme, les Israéliens n'avaient pas compris le Liban. La mort de Bachir Gemayel marque une rupture dans la stratégie de Jérusalem qui semble désormais se préoccuper surtout de l'établissement d'un cordon sanitaire au sud, sans trop attendre du nouveau régime de Beyrouth. Un accord libano-israélien est néanmoins signé le 17 mai 1983 qui prévoit la normalisation des relations bilatérales, la création d'un Comité de liaison libano-israélo-américain et l'installation au sud de l'Awali d'une *« région de sécurité »* en échange de l'évacuation totale des troupes israéliennes dans les huit à douze semaines[2].

Les Etats-Unis qui ont parrainé l'accord misent quant à eux sur une continuité de la politique libanaise de Bachir à Amin. Ils soutiennent le nouveau régime et favorisent le retour à sa souveraineté sur le pays. Il reste que le souci des Américains est double et comporte une contradiction majeure : Washington souhaite assurer la souveraineté de l'Etat libanais sur l'ensemble du territoire mais il n'est pas moins désireux de garantir la sécurité d'Israël sur ses frontières nord. Dans ces conditions comment parler de déploiement de l'armée libanaise, en évitant soigneusement l'enclave du sud ? Comment obtenir l'évacuation des armées étrangères, préalable indispensable à la normalisation politique, en cautionnant au sud de l'Awali une exception aussi notoire ?

Fort de l'appui américain pourtant, le nouveau Président s'attache à reconstruire un pays qui veut croire que la fin de ses malheurs est arrivée. Son premier souci reste le retour à l'unité nationale et à l'automne 1982 plus encore qu'au printemps 1977, la volonté de normalisation se nourrit de symboles. On rouvre solennellement les voies de passage entre l'est et l'ouest de la capitale, un défilé militaire sera même organisé au carrefour du Musée. Soucieux de rétablir l'autorité d'un exécutif marginalisé par la guerre et la montée de nouvelles forces politiques sur le terrain, Amin Gemayel choisit la voie du régime présidentiel. En marge du Conseil des Ministres, il s'entoure de technocrates et d'experts sur qui reposent les décisions effectives et obtient d'une Chambre pourtant réticente de gouverner par décrets-lois dans les domaines clefs de la vie du pays. Il tente ainsi de reconstruire l'Etat par le haut en dépassant les clivages politico-idéologiques qui ont brisé le consensus national. Le renforcement de l'armée et des Forces de Sécurité Intérieure joue un rôle essentiel dans cette politique : accroissement des effectifs, appel à la conscription, remplacement des officiers supérieurs, aide militaire américaine, autant de mesures qui cherchent à faire de la nouvelle armée libanaise la garante du maintien de l'ordre mais aussi le symbole de l'unité nationale retrouvée.

L'appareil du pouvoir n'est pas pour autant imperméable aux pressions des forces politiques. Ce n'est en rien une technostructure neutre, coupée de toute racine sociale. Le nouveau Président choisit ses appuis dans l'aile modérée des Phalanges, les communautés chrétiennes non-maronites et le vieil *establishment* sunnite : ainsi S. Salam contribue-t-il à la ratification de l'accord libano-israélien par la Chambre des Députés tandis que Chafiq al Wazzan prend la tête du premier gouvernement d'Amin Gemayel en octobre 1982. Le vieux Pacte national renaîtrait-il de ses cendres sept ans après le début de la guerre, avec un substantiel renforcement de l'Exécutif maronite ?

La réponse ne se fait pas attendre et le projet d'Amin est rapidement voué à l'échec car les groupes sur lesquels s'appuie le nouveau régime ne représentent guère les forces politiques qui se sont imposées durant le conflit. Le Président se heurte « sur sa droite » aux surenchères des Forces libanaises jusque-là toutes dévouées à Bachir et fort peu inclines à renoncer à la moindre fraction du pouvoir acquis. Loin de jouer le jeu politique du noyautage de l'Etat pour s'assurer dans le Liban en paix une place équivalente à celle qui était la leur dans le Liban en guerre, elles se replient sur leur réduit territorial et multiplient les provocations à l'égard du régime, adoptant une véritable stratégie putchiste. Refusant tout compromis, elles inversent le slogan fameux de 1958 en proclamant que cette fois *« il y a bien un vainqueur et un vaincu »*. Elles font obstruction au plan de sécurité du Grand Beyrouth, maintiennent intactes les infrastructures de « l'Etat phalangiste » établies depuis 1976 et rendent un culte tapageur à la figure déjà légendaire de Bachir. Malgré le défi permanent qu'elles représentent pour le gouvernement, sa faiblesse lui interdit de les démanteler. Comment pourrait-il prétendre désarmer les autres milices s'il se révèle incapable de faire rentrer dans le rang ses propres partisans, alliés encombrants à qui il faut donner des gages sans risquer d'être pris au piège de leur stratégie extrémiste.

Or le pouvoir se heurte dans l'autre camp à l'ensemble des forces qu'il a exclues du système politique et notamment le PSP de Walid Joumblatt et le mouvement chiite Amal qui l'accusent tous deux de favoriser une *« phalangisation »* de l'Etat et de l'armée.

Le PSP est quelque peu en retrait sur la scène politique depuis l'échec et l'assassinat de son fondateur Kamal Joumblatt. Walid ne semble pas avoir l'envergure de son père. Il lui a fallu s'imposer d'abord au sein de la communauté druze, ce qu'il a parfaitement réussi à faire malgré les tentatives du gouvernement pour dresser une nouvelle fois les Arslan contre les Joumblatt, puis conquérir le parti. C'est dans l'opposition au régime de Gemayel et dans la résistance à l'occupation israélienne que le PSP retrouve en 1982-1983 un rôle significatif.

Le poids d'Amal est autrement plus grand, sans doute parce qu'il s'agit, un peu à la manière du Fatah chez les Palestiniens, d'un mouvement large et hétérogène qui a su cristalliser à un moment la conscience du « peuple » nombreux des chiites. Rappelons que cette communauté après une longue phase de marginalité économique et politique s'est graduellement intégrée au système libanais à la faveur du chéhabisme, que l'exode rural a conduit un tiers environ de la population à s'installer à Beyrouth, fuyant les contraintes économiques ou les représailles israéliennes et que le mélange des deux communautés chiites du sud et de la Beqa dans les banlieues de la capitale a favorisé la convergence de deux sensibilités jusque-là assez différentes. Au cours des années soixante-dix, les chiites ont connu une radicalisation gauchiste suivie d'un reflux de nombreux militants vers le mouvement Amal, notamment après la « disparition » mystérieuse de l'*imam* M. Sadr au cours d'un voyage en Libye en 1978. La base paysanne du mouvement est encadrée par des *cheikh* locaux que leurs origines populaires rapprochent des masses et par une petite et moyenne bourgeoisie éduquée dont Nabih Berri, l'actuel dirigeant du mouvement, un avocat francophone, est le représentant type. Ajoutons qu'Amal bénéficie des capitaux d'une grande bourgeoisie chiite enrichie par l'émigration vers l'Afrique occidentale ou l'Amérique latine[3]. Forte de cette assise sociale très large, Amal ne cesse de gagner du terrain sur la base d'une incontestable renaissance communautaire chiite.

Dès juillet 1983, Amal et le PSP fondent un Front de Salut National auquel se joignent le Ba'ath mais aussi des personnalités politiques comme Soleiman Frangié et Rachid Karamé. Il dénonce la *« phalangisation »* de l'Etat, la volonté de renforcer l'hégémonie maronite sous couvert de la construction d'un Etat fort et l'orientation pro-occidentale du régime. Sur le terrain des heurts violents se sont produits à Beyrouth-Ouest dès l'automne 1982, quand l'armée libanaise, sous prétexte de *« pacification »,* a complété l'œuvre entreprise par l'armée israélienne moins d'un mois auparavant : perquisitions, recherche de stocks d'armes, arrestations massives d'opposants ou démolition de l'habitat illégal qui avait fleuri à la faveur des troubles. Dans le quartier chiite d'Ouzaï, au sud de la capitale, la répression armée d'une manifestation de protestation a fait 3 morts le 16 octobre. Mais la cible principale du Front de Salut National reste l'accord libano-israélien du 17 mai 1983 dont il exige l'abrogation immédiate avec l'appui syrien. Jamais sans doute Damas n'avait espéré un retour aussi rapide sur la scène libanaise après les bouleversements des rapports de force consécutifs à l'invasion israélienne, mais elle saura faire de l'opposition libanaise à la politique d'Amin Gemayel l'instrument de sa réapparition à Beyrouth.

La politique syrienne au Liban comporte une nouvelle fois deux volets : l'un palestinien, l'autre libanais. A l'automne 1982, c'est la question palestinienne qui occupe le devant de la scène à Beyrouth. Damas ne saurait laisser passer l'occasion de prendre le contrôle de l'OLP au moment où le départ forcé de ses combattants lui porte un coup sévère. Que l'on préfère parler d'expulsion ou d'évacuation, d'écrasement militaire ou de victoire morale, une page est tournée dans l'histoire du mouvement national palestinien. L'OLP a perdu la dernière frontière avec l'Etat d'Israël encore ouverte à ses opérations militaires, la meilleure caisse de résonance de ses initiatives politiques et son principal point d'appui au sein d'une population de plus de 400 000 réfugiés qui représentent la fraction la plus consciente et la plus mobilisée du peuple palestinien, le véritable terreau de la lutte armée.

Le départ des combattants palestiniens a suscité une floraison de projets de règlement du conflit israélo-arabe dont certains inquiètent sérieusement Damas. Ainsi le 1er septembre 1982, alors que Yasser Arafat vient de s'embarquer pour Athènes, le Président Ronald Reagan expose son plan de paix pour le Proche-Orient au cours d'une allocution télévisée. Il y affirme notamment : « *Les Etats-Unis ne soutiendront* (...) *ni l'instauration d'un Etat palestinien indépendant (en Cisjordanie et à Gaza), ni une initiative de la part d'Israël visant à l'annexion de cette zone ou à l'exercice d'une domination permanente sur celle-ci* ». Il ne conçoit pour les territoires « *qu'un autogouvernement* (...) *en association avec la Jordanie* »[4]. Le 9 septembre, le sommet arabe de Fès se termine par l'adoption d'un plan arabe de paix accepté par l'OLP qui exige au contraire *« la création d'un Etat palestinien indépendant ayant al Quds (Jérusalem) pour capitale »*, ajoutant que le Conseil de Sécurité devra garantir *« la paix entre tous les Etats de la région, y compris l'Etat palestinien indépendant »*[5]. Quelques jours plus tard, au cours d'un dîner offert à Moscou en l'honneur du président sud-yéménite Ali Nasser Mohamed, Léonid Brejnev énonce à son tour un plan de paix en sept points qui reconnaît la nécessité *« d'assurer en pratique le droit inaliénable du peuple arabe palestinien à disposer de lui-même, à créer son propre Etat indépendant sur les terres palestiniennes qui seront affranchies de l'occupation israélienne en Cisjordanie et dans la bande de Gaza »* mais précise qu'il convient d'assurer également *« le droit de tous les Etats de la région à une existence et à un développement dans la sécurité et l'indépendance »*[6]. L'URSS réaffirme que le règlement du conflit ne pourra intervenir que dans le cadre d'une conférence internationale sur le Proche-Orient.

L'heure est donc aux grandes manœuvres diplomatiques mais une telle relance des initiatives de paix n'est pas toujours vue d'un très bon œil à Damas où l'on craint de se voir imposer la paix à un moment où les rapports de force sont singulièrement défavorables à la Syrie. D'autant qu'après le départ des combattants palestiniens de Beyrouth, l'OLP a intensifié ses négociations avec la Jordanie. Malgré leur rupture temporaire en avril 1983, elles aboutiront finalement à l'adoption le 11 février 1985 d'un *« plan d'action commune »* jordano-palestinien prévoyant la participation palestinienne à d'éventuelles négociations de paix *« dans le cadre d'une délégation commune »* et proposant à terme *« une confédération arabe entre les deux Etats jordanien et palestinien »*. La Syrie observe avec inquiétude les réalignements politiques en cours. Dans ces conditions, quoi de plus tentant que d'attiser les

« dissidences » internes au mouvement palestinien survenues après le choc de 1982 ? Comme à tous les lendemains de confrontation, des remises en cause viennent en effet ébranler la stratégie de l'organisation. Faut-il abandonner la lutte armée pour miser sur la recherche d'une solution politique ? Ne serait-ce pas capituler au moment où les rapports de force régionaux et internationaux se révèlent très défavorables à la résistance ? Le rapprochement avec les régimes jordanien et égyptien n'est-il pas synonyme de ralliement inconditionnel à la paix américaine ? Telles sont quelques-unes des questions qui nourrissent dans l'OLP un débat qui porte aussi sur les pratiques politiques internes. Damas y voit l'occasion de soumettre le mouvement palestinien à son autorité en attisant les divergences tant au sein du Fatah qu'entre les diverses formations qui composent l'organisation. Au Liban, les forces syriennes de la Beqa repoussent vers le nord les commandos restés fidèles à la direction majoritaire après les dissensions du printemps 1983. L'épreuve de force éclate à Tripoli le 16 septembre : jusqu'au 20 décembre, l'armée syrienne alliée aux *« dissidents »* palestiniens assiège les *« loyalistes »* retranchés dans la vieille ville ou dans les camps de la périphérie. Yasser Arafat vient s'enfermer avec ses hommes dans la capitale du nord-Liban, d'où il sera une nouvelle fois évacué par mer avec 4 000 combattants. Après la signature de l'accord jordano-palestinien de février 1985, Damas apporte son soutien à la naissance d'un Front de Salut National Palestinien qui se donne pour objectif l'abrogation de l'accord et le *« renforcement de l'alliance stratégique avec la Syrie »*. Mais la victoire syrienne de Tripoli n'est pas la victoire israélienne de Beyrouth et les succès palestiniens d'Asad seront sans lendemain. En avril 1987, le Conseil National Palestinien tenu à Alger consacrera la réunification des rangs

de l'OLP. Il est vrai que ce sera au prix de l'abrogation de l'accord jordano-palestinien et sous la pression des Soviétiques.

Le retour de la Syrie sur la scène politique libanaise est plus spectaculaire encore et c'est Israël qui a paradoxalement contribué à le favoriser. Dans l'accord israélo-libanais du 17 mai 1983, Jérusalem a imposé une clause secrète stipulant que son armée ne se retirerait du Liban qu'après le retrait syrien. Quelle aubaine pour Damas ! En refusant de retirer ses propres forces, elle peut bloquer toute solution et empêcher une réconciliation nationale autour d'Amin Gemayel. Le Président élu est parfaitement conscient d'un tel danger lorsqu'il déclare au Secrétaire d'Etat américain Georges Schultz quelques semaines avant la signature du texte : *« Tout accord avec Israël devra être acceptable pour la Syrie. Sinon l'armée syrienne ne se retirera pas du Liban, ce qui voudra dire qu'Israël en fera autant. Nous aurons bien alors un accord entre les mains, mais l'occupation de notre territoire se perpétuera. Nous aurons payé un prix politique qui mettra en danger notre unité nationale et portera préjudice à nos liens avec le monde arabe, sans avoir pour autant repris possession de notre terre »*[7]. C'est à peu près ainsi que les choses vont se passer. La Syrie mène une véritable « guerre d'usure » contre le régime libanais par l'intermédiaire de ses alliés locaux, le PSP et Amal, dans l'espoir d'obtenir l'abrogation de l'accord, tandis que l'URSS reconstitue l'arsenal militaire syrien face à l'aide américaine accordée au Liban. Le traité israélo-libanais sera finalement abrogé en mars 1984. Les Américains ont eu le tort d'oublier la célèbre formule d'Henri Kissinger : *"On ne peut avoir la guerre au Proche-Orient sans l'Egypte, ni avoir la paix sans la Syrie ».* Dans la guerre libanaise plus encore que dans le conflit israélo-arabe, une paix sans la Syrie est inconcevable.

Damas a les mains d'autant plus libres à Beyrouth en ces années 1983-1984 que toute l'énergie d'Israël se trouve mobilisée dans le sud où s'organise une résistance libanaise. C'est un fait nouveau qui pèsera désormais d'un poids décisif sur la situation du pays. L'Etat hébreu a pu croire un moment qu'il serait bien accueilli au sud-Liban par une population « délivrée » du poids des Palestiniens et sensible à l'efficacité de ses services puisque la politique de *« la bonne frontière »* s'étend désormais au tiers du territoire libanais. La monnaie israélienne a cours jusqu'à Saïda et les produits alimentaires du puissant voisin inondent rapidement le marché. Toute tentative d'exportation des produits libanais vers Israël est en revanche assimilée à de la contrebande et poursuivie comme telle[8]. A la Préfecture de Saïda, l'armée d'occupation a pris la place des fonctionnaires libanais expulsés *manu militari* tandis que le Ministère de l'Intérieur y ouvrait des permanences ainsi qu'à Nabatiyyé. Pourtant les commerçants libanais ne tardent pas à se plaindre de la concurrence et la population tout entière à déchanter.

Ce sont les partis de gauche qui les premiers organisent une résistance au sud. Ils ont retrouvé un certain dynamisme lors du siège de Beyrouth-Ouest et fondent dès le 16 septembre 1982 un Front de la Résistance Nationale Libanaise où l'on retrouve notamment le PC et l'OACL[9].

C'est pourtant la résistance chiite qui revendique la majorité des actions entreprises contre l'occupant. Depuis 1983 Amal et le mouvement islamiste du Hezbollah se livrent à une constante surenchère dans l'activisme anti-israélien comme si la résistance à l'occupation du sud conférait à qui la conduit une légitimité nationale essentielle dans le rapport de forces à Beyrouth.

Les éléments sont en place de la coalition qui va donner l'assaut à l'Etat d'Amin Gemayel et faire perdre au nouveau Président le pari de la réconciliation nationale : elle est appuyée sur le PSP de Walid Joumblatt, le mouvement Amal de Nabih Berri et les islamistes du Hezbollah. Derrière elle se profile l'ombre du régime syrien.

C'est dans le Chouf à l'automne 1983 que le pouvoir libanais connaît son premier revers décisif. Le retrait unilatéral des forces israéliennes à partir du 3 septembre apparaît comme un véritable « cadeau » fait à la Syrie et à l'opposition libanaise. Les Israéliens n'auraient pas fait mieux s'ils avaient expressément voulu relancer les affrontements et empêcher le retour à l'unité nationale. Depuis son entrée dans la région en juin 1982, Jérusalem a mené une politique pour le moins ambiguë. Ce sont des unités druzes de l'armée israélienne qui ont d'abord pénétré dans le Chouf où l'État-Major a pris soin de nommer un gouverneur militaire druze. On sait qu'aux termes de la loi israélienne les druzes sont distingués des « Arabes de Palestine » et qu'à ce titre ils sont soumis au service militaire. Dans le Chouf Israël a incontestablement voulu faire jouer à son profit la légendaire solidarité druze. Toutefois dès son arrivée *Tsahal* a délibérément laissé s'implanter au cœur même du bastion druze des éléments des Forces libanaises comme pour régler le scénario des affrontements futurs. Des rumeurs de massacres n'ont pas tardé à circuler qui ne seront confirmées que plus tard. En attendant Jérusalem arme les deux camps et Walid Joumblatt a reconnu plus tard que les Israéliens avaient fait à plusieurs reprises des ouvertures dans sa direction, peut-être sur la base d'une autonomie des druzes du Liban. Quoi qu'il en soit les conditions d'un bain de sang sont en place lorsque *Tsahal* amorce son retrait dans les premiers jours de septembre. La milice du PSP soutenue par les partis de gauche se heurte aux Forces libanaises ainsi qu'à l'armée légale du pays. 20 000 chrétiens trouvent refuge dans le bourg maronite de Deir al Qamar avec 3 000 combattants des Forces libanaises et la milice druze met le siège devant la ville avec l'aide des Syriens. C'était là réveiller de bien fâcheux souvenirs et dans certains milieux maronites le spectre du Turc musulman ne tardera pas à se profiler derrière le Syrien venu prêter main forte à la *« barbarie »* druze. Jusque-là les régions mixtes du Mont-Liban avaient été relativement épargnées par les combats mais les affrontements de 1983 donnent au Chouf une homogénéité confessionnelle qui vient contredire la tradition de coexistence maronito-druze. Nombre de Libanais y verront une raison de désespérer tout à fait d'une solution comme si leur bon vieux Liban était mort dans le Chouf un jour de l'automne 1983. Walid Joumblatt lui-même, négligeant quelque peu le poids écrasant de la responsabilité israélienne, n'hésite pas à assigner l'histoire à comparaître pour témoigner. Il en appelle à la mémoire du grand ancêtre, Bachir Joumblatt, exécuté en 1825 sur les ordres de l'émir Bachir II Chehab : *« Viens Bachir Joumblatt, t'approprier Beit-Eddin, l'oppression de l'histoire est à jamais révolue »*[10]. On sait que l'exécution de Bachir s'inscrivait en son temps dans une stratégie proprement politique de lutte contre la féodalité druze et ne revêtait en aucun cas le sens d'un affrontement communautaire. En revanche le discours de Walid Joumblatt en 1983 témoigne d'une évidente régression confessionnelle.

Forte de sa victoire, sinon de sa vengeance, la milice du PSP fait reculer l'armée libanaise jusqu'à Souk al

Gharb où celle-ci ne doit le maintien de ses positions qu'au bombardement des positions druzes par le navire américain New-Jersey qui croise au large. Souk al Gharb est en effet le dernier obstacle à la jonction entre les forces druzes du Chouf et celles d'Amal à Beyrouth-Ouest. Il est essentiel pour les Américains que le verrou ne saute pas car les chiites d'Amal ont ouvert dès le 23 septembre un deuxième front contre l'armée libanaise à Beyrouth. Les accrochages entre les hommes de Nabih Berri et les unités de l'armée ne sont pas chose nouvelle : le 28 août, Amal a pris possession des studios de la télévision libanaise et imposé son contrôle exclusif sur les banlieues sud de la capitale. Le 23 octobre, la tension est montée d'un cran après le double attentat contre le quartier général des *« marines »* américains et le siège du contingent français de la Force multinationale ; le premier a fait 241 morts, le second 57 et un mystérieux *Jihad islamique* a revendiqué la paternité de ces attaques menées par des commandos-suicide. Après la victoire druze dans le Chouf et la percée d'Amal à Beyrouth-Ouest, ces actions témoignent des surenchères islamistes. La France et les Etats-Unis n'opposent aucune réaction d'envergure au coup qu'elles viennent de subir. Dès lors le moindre incident peut mettre le feu aux poudres. C'est un malencontreux bombardement de la banlieue sud de Beyrouth par l'armée libanaise qui déclenchera l'assaut de l'opposition sur les quartiers ouest de la capitale le 6 février 1984. Une nouvelle scission éclate dans l'armée et la sixième brigade, exclusivement composée de chiites fraîchement recrutés, passe sous le commandement effectif d'Amal. Faisant aveu d'impuissance, la Force multinationale quitte Beyrouth dans les jours suivants et le 15 février le PSP effectue sa jonction avec Amal. Pour le régime libanais le coup est rude : confronté à la nouvelle cassure de l'armée, « abandonné » par Israël et les Etats-Unis, il ne lui reste qu'un recours : la Syrie.

Plus encore que l'assassinat de Bachir Gemayel le 14 septembre 1982, la victoire d'Amal en ce 6 février 1984 marque à Beyrouth la fin du deuxième acte de la guerre. L'événement manifeste à la fois l'irruption des chiites au cœur de la ville et l'amorce d'une normalisation sous les auspices syriennes. Le retour de Damas s'effectue à un moment où le monde arabe tout entier se montre plus préoccupé par le conflit du Golfe que par la question libanaise, laissant ainsi les mains libres au régime syrien.

Echec des solutions syriennes

Dès le mois d'octobre 1983, la Syrie a tenté de patronner un compromis intercommunautaire dans la meilleure tradition libanaise. Mais les négociations qui se sont ouvertes à Genève ont rapidement conduit à l'impasse. Amin Gemayel a entrepris une tournée internationale destinée à réactiver le soutien de ses alliés occidentaux pour tenter de débloquer les négociations tandis que l'opposition libanaise s'impatiente et que la pression augmente sur le terrain. Lorsque la deuxième Conférence de la Réconciliation nationale s'ouvre à Lausanne au début de l'année 1984, le véritable maître d'œuvre en est la Syrie en la personne du Ministre des Affaires Etrangères, récemment promu Vice-Président, Abdel Halim Khaddam. Le débat porte sur toutes les grandes questions de l'arabité du Liban, de son ouverture sur l'environnement régional, de la déconfessionnalisation progressive de son système politique, mais on n'y décidera que la formation d'un Cabinet d'union nationale présidé par Rachid Karamé.

Rapidement boycotté par certains ministres, ce cabinet sera incapable de se réunir et paralysera totalement l'action de l'Etat.

Il faut sans doute chercher les raisons de cet échec au sein de chacun des deux camps en présence. Damas a sous-estimé la capacité de la droite chrétienne à refuser toute réforme politique en profondeur. De l'échec des négociations, le régime syrien a du moins retiré la conviction qu'il faudrait donner aux chrétiens libanais de sérieuses garanties quant à leur statut futur au Liban. Le soulèvement organisé par le Chef d'État-Major des Forces libanaises, Samir Geagea, contre le pouvoir légal en mars 1985 a également persuadé la Syrie qu'il fallait miser sur les milices désormais investies d'une véritable « légitimité révolutionnaire »[11] et non plus sur les forces politiques traditionnelles, pour parvenir à une réconciliation nationale à Beyrouth. Mesurant la résistance farouche des milices chrétiennes à toute forme d'alliance privilégiée entre la Syrie et le Liban, elle cherche à susciter au sein même des Forces libanaises un mouvement moins défavorable à l'idée d'un Liban arabe proche de Damas. Le 9 mai 1985 elle appuie la création d'un Comité Exécutif des Forces libanaises, présidé par Elie Hobeika, qui exprime son attachement à *« l'option arabe syrienne »* taxant *« d'aberration »* les relations avec Israël. Mais Samir Geagea l'irréductible reste chef d'État-Major de la milice et Hobeika prend le risque considérable d'apparaître comme un simple instrument des Syriens, mû par une ambition politique effrénée et capable de tous les opportunismes.

A Beyrouth-Ouest, le jeu syrien se heurte à d'autres obstacles liés aux luttes intestines qui continuent d'opposer les milices rivales. En avril et mai 1985, les deux alliés privilégiés de Damas, Amal et le PSP écrasent les *Murabitoun* nassériens et leurs amis palestiniens. On parle en effet *« d'infiltrations »* palestiniennes au Liban et de retour clandestin des combattants évacués. L'aide de la milice nassérienne est acquise de longue date aux hommes de Yasser Arafat ; certains considèrent même les *Murabitoun* comme une simple créature du *Fatah*. Mais à leur tour les miliciens de Walid Joumblatt qui tiennent Khaldé et les régions côtières au sud de la capitale facilitent l'infiltration de combattants palestiniens. On murmure même qu'à Jounieh, en plein cœur du « pays chrétien », les services de l'Etat leur accorderaient quelques facilités d'entrée. On ira jusqu'à dire bientôt que les hommes de Samir Geagea ne sont pas en reste non plus, tant il est vrai qu'au Liban la décomposition idéologique est si avancée et les problèmes de survie si omniprésents qu'avoir un ennemi commun, fût-ce pour des raisons diamétralement opposées, suffit à créer d'authentiques convergences d'intérêt. Dans cette perspective, les retournements d'alliance n'ont rien qui doive surprendre. Quelques semaines seulement après avoir écrasé les *Murabitoun* avec l'aide d'Amal, le PSP se range aux côtés du PC, du PPS, des Palestiniens et des mouvements islamistes contre la milice chiite qui demeure l'alliée privilégiée des Syriens à Beyrouth-Ouest. Les heurts entre Amal et les partis de l'ancien Mouvement national ne sont d'ailleurs pas chose nouvelle puisque des affrontements sporadiques les ont opposés dès 1981.

Quant aux combats entre les Palestiniens et les chiites d'Amal ils ont dépassé le stade de l'escarmouche depuis le mois de mars 1980. Mais le 9 mai 1985 Damas choisit l'affrontement final avec la résistance palestinienne par miliciens chiites interposés. C'est le début de ce qu'on appellera bientôt *« la guerre des camps »*, qui ne devait prendre fin que deux ans plus tard, en avril 1987. Au sein même de la résistance palestinienne,

Damas s'appuie sur un Front de Salut National palestinien né dans la capitale syrienne le 25 mars autour des « *dissendents* » du Fatah, du Front populaire de Libération de la Palestine, du Front Démocratique et du PC qui se rapprochent de Damas par hostilité à l'accord jordano-palestinien du 11 février. La Syrie pensait probablement en finir rapidement mais Amal et ses alliés se heurtent à une résistance farouche : en quelques jours les combats font 100 morts aux abords des camps de la périphérie beyrouthine. Le *Hezbollah,* appuyé par l'Iran, s'est rangé aux côtés des Palestiniens « *loyalistes* » au moment où la Syrie subit par ailleurs les pressions des Soviétiques soucieux de mettre un terme aux affrontements entre leurs alliés. C'est du reste à l'issue d'une visite du Président Asad à Michaël Gorbatchev le 13 juin 1985 qu'un accord est signé qui met fin à cette première guerre des camps. Mais Damas ne maîtrise toujours pas la carte palestinienne au Liban.

Sur le plan proprement libanais en revanche, le règne syrien semble progresser vers le parrainage d'un accord entre les trois principales milices : Les Forces libanaises, Amal et le PSP. L'activisme syrien redouble au Liban en 1985 pour en hâter la conclusion. En juillet-août des observateurs militaires et des agents de renseignement de Damas font leur réapparition à Beyrouth-Ouest dans le cadre d'un nouveau plan de sécurité. C'est la première fois depuis 1982 que s'amorce un retour direct de la Syrie à Beyrouth. Dans le même temps, le pilonnage de l'artillerie installée dans la Beqa s'intensifie contre Beyrouth-Est comme pour signifier aux forces politiques chrétiennes que toute résistance serait inutile. Le 28 août Elie Hobeika écrit à Khaddam que les Forces Libanaises acceptent le projet « *d'intégration* » syro-libanaise. La Syrie pour sa part prévoit une longue période transitoire qui doit conduire à l'abolition progressive du confessionnalisme politique tout en donnant des garanties aux chrétiens dans le nouveau système. Elie Hobeika se rend à Damas en septembre à la tête d'une délégation des Forces libanaises pour confirmer le rapprochement.

Reste pour les Syriens à investir les deux points névralgiques que sont Zahlé et Tripoli. Dans la ville chrétienne de la Beqa, les services de renseignement syriens font leur entrée dès le mois de septembre 1985 avec l'aide des hommes d'Hobeika. La situation est autrement plus délicate dans la métropole du nord, jadis fief privilégié d'un irrédentisme prosyrien, devenue un obstacle majeur pour les ambitions de Damas au Liban. Prosyriens et antisyriens s'y livrent depuis quelques années des combats quasi permanents. Les premiers s'appuient sur une forte minorité 'alaouite locale implantée dans le quartier de Ba'al Mohsen, les seconds sur une Résistance populaire qui a fusionné en 1982 avec deux autres groupes pour donner naissance à un Mouvement d'Unification islamique (MUI) connu sous le nom de *Tawhid* et dirigé par le *cheikh* Sa'id Cha'aban. Il est implanté dans le quartier populaire de Bab Tebbané où de nombreux Frères Musulmans syriens chassés par la répression du régime d'Asad ont trouvé refuge. De violents combats ont éclaté une première fois en novembre 1984 mais c'est un an plus tard, en novembre 1985, que les milices locales alliées de Damas lancent un assaut victorieux et sanglant contre le MUI appuyé par les Palestiniens : il y a le PPS local, les « Chevaliers Rouges » 'alaouites mais aussi le PC dont 28 militants ont été assassinés par *Tawhid* en octobre 1983.

L'alliance des Palestiniens avec le *Tawhid* musulman n'a rien qui doive surprendre lorsqu'on sait que la Résistance populaire tripolitaine, élément fondateur du MUI, s'est rangée en 1975-1976 aux côtés des *« palesti-*

no-progressistes » et n'a cessé depuis lors de se battre contre la présence syrienne. Si la thèse de la défense de l'islam a remplacé dans son discours militant les slogans de la révolution arabe, c'est moins la preuve d'un reniement idéologique que la marque d'une distance entre les proclamations politiques et les dynamiques identitaires qu'elles expriment, bien souvent de manière décalée. Ici en 1985 comme en 1970 les jeunes gens de Bab Tebbané se battent d'abord pour la défense de leur quartier et de leur ville, que ce soit contre l'Etat libanais ou contre l'armée syrienne, au nom de l'islam ou de la révolution arabe[12]. Ailleurs ce sera pour la défense d'une terre ou d'une communauté comme si toujours au Liban il convenait de décoder le discours politique pour parvenir au référent qui le fonde. A l'issue des combats de l'automne 1985, un plan de sécurité permet l'entrée à Tripoli des Troupes spéciales syriennes et d'un millier environ d'agents de renseignement, tandis que les militants du MUI entrent dans la clandestinité. Beaucoup seront éliminés en juillet 1986 par une nouvelle vague de répression dans la métropole du nord.

Quelques semaines après la soumission brutale de Tripoli à l'ordre syrien, un *« projet d'accord en vue d'une solution nationale au Liban »* est signé à Damas par les responsables des trois principales milices : Elie Hobeika pour les Forces libanaises, Nabih Berri pour Amal et Walid Joumblatt pour le PSP[13]. Il annonce la fin de l'état de guerre avec la dissolution des milices, le ramassage des armes et le retour des réfugiés dans leurs foyers et prévoit la mise en place d'un gouvernement chargé de normaliser la situation, d'assurer le retrait total des Israéliens et de préparer une nouvelle constitution. La répartition confessionnelle des fonctions dans l'administration, l'armée et la magistrature devra être immédiatement supprimée sauf aux échelons supérieurs, prélude à une totale déconfessionnalisation politique. Le pouvoir sera rééquilibré en faveur du Premier Ministre et toutes les lois devront désormais porter la double signature du Président de la République et du chef du gouvernement. L'enseignement public enfin sera renforcé et si l'enseignement privé n'est pas supprimé, le texte recommande *« une vigilance sévère »* pour *« empêcher cette liberté de se transformer en germe d'une nouvelle division entre Libanais et de créer des situations d'hostilité envers les Arabes et la Syrie »*. Le chapitre IV de l'accord régit les *« relations privilégiées entre le Liban et la Syrie »*. On y lit notamment : *« Les causes fondamentales de la Syrie et du Liban sont en effet les mêmes du fait de leur appartenance à une même histoire, à un même environnement et à une même identité »*. La signature d'accords bilatéraux est prévue dans les domaines de la politique extérieure, de la défense et de la sécurité mais aussi de l'économie, de l'éducation ou de l'information, de manière à actualiser *« les relations privilégiées entre les deux Etats »*. Le texte stipule enfin *« le stationnement d'unités de l'armée syrienne au Liban dans des points fixés par des commissions militaires conjointes* (...) *en attendant la réédification de l'armée libanaise et sa réhabilitation avec le concours de la Syrie »*.

Le projet *« d'intégration »* ainsi défini va fort loin dans le sens d'un alignement du Liban sur les options de son puissant voisin et c'est sans doute ce qui explique la multiplicité des oppositions qu'il ne tarde pas à susciter. Côté chrétien, Elie Hobeika est rapidement désavoué d'abord par le Président Amin Gemayel lui-même, mécontent d'avoir été tenu à l'écart des négociations. Qu'un accord d'une telle portée pour l'avenir du pays ait pu être négocié par des milices en marge du gouvernement légal, voilà ce que ne pouvait admettre le Président, au demeurant hostile à nombre de stipulations du projet. Lors du sommet Asad-Gemayel du 13 janvier 1986, le chef de l'Etat libanais refuse le texte auquel il propose d'apporter dix-sept amendements et qu'il insiste pour soumettre au Parlement de Beyrouth, suscitant l'impatience mal contenue du gouvernement syrien. L'opposition à l'accord vient aussi du Haut-Commandement des trois brigades de l'armée libanaise stationnées en secteur chrétien, qui refuse la perspective d'une réorganisation de l'armée sous la houlette de l'État-Major syrien. Mais c'est une nouvelle fois la rébellion des hommes de Samir Geagea le 15 janvier 1986 qui porte un coup décisif au projet. Les extrémistes des Forces libanaises y voient une dangereuse capitulation des forces chrétiennes devant le pouvoir syrien. Dès lors le mouvement d'Elie Hobeika apparaît pour ce qu'il est, un factionnalisme manipulé par Damas. Le 24 janvier Hobeika est démis de ses fonctions et remplacé par S. Geagea, le pur et dur. Les Phalanges elles-mêmes se déchirent après avoir imposé par la force leur pouvoir sur le Liban chrétien. Au moment de définir les contours du Liban de l'avenir, chacune des tendances croit pouvoir proposer sa solution : un petit Liban chrétien allié d'Israël, un Liban unitaire à domination chrétienne ou un Etat fédéral neutre comme le préconisent surtout les dirigeants du Front libanais : « *Une telle structure qui regrouperait plusieurs cantons permettrait à des peuples, des confessions et des ethnies différents, de coexister dans une même République. Cette structure fédérale permettrait l'instauration d'une entité nationale chrétienne où tous les chrétiens du Moyen-Orient pourraient le cas échéant trouver refuge. Si les chrétiens ne se décident pas à vivre dans un Etat fédéral dont la neutralité serait garantie par les grandes puissances, ils seront dominés par les deux impérialismes présents dans la région : l'impérialisme des musulmans et l'impéria-*

lisme des juifs »[14]. Quoi qu'il en soit les événements de janvier 1986 manifestent sans aucune ambiguïté les limites de l'action syrienne au Liban, singulièrement dans le camp chrétien, comme si Damas pouvait affaiblir ou diviser ses adversaires sans jamais pouvoir les exclure, comme si le respect de la domination chrétienne au Liban était devenu la principale *« ligne rouge »* imposée à la Syrie par Israël et les Occidentaux.

L'action syrienne rencontre dans l'autre camp d'aussi puissants obstacles et l'hostilité à l'accord du 28 décembre 1985 n'est pas moins virulente à Beyrouth-Ouest qu'à Beyrouth-Est. Ici la résistance la plus effective à l'ordre syrien reste celle des Palestiniens : c'est ainsi qu'en juin et en octobre 1986 éclatent la deuxième puis la troisième *« guerre des camps »*. Depuis 1985, le retour des combattants palestiniens a pris une ampleur nouvelle. Les *« loyalistes »* de l'OLP sont bien implantés au sud. En novembre 1986, Fatah a repris position sur les hauteurs de Saïda à partir du bastion d'Aïn al Heloué, un camp de la périphérie urbaine. A Saïda même, les Palestiniens font partie de la coalition qui gouverne la ville. La *« guerre des camps »* a contribué à resserrer les rangs des Palestiniens à la base face à la volonté manifeste de Damas d'imposer sa tutelle à l'OLP. La réunification officielle de l'organisation palestinienne, consacrée par le Conseil National tenu à Alger en avril 1987, doit probablement beaucoup aux pressions exercées par les Soviétiques au plus haut niveau mais les affrontements syro-palestiniens par Libanais chiites interposés n'en ont pas moins joué un rôle décisif sur le terrain pour rapprocher les positions. La résistance des camps a duré deux ans et conduit nombre de miliciens du Front de Salut National Palestinien à rejoindre les *« loyalistes »* sans pour autant résorber toutes les dissensions internes. En tout état de cause la preuve est faite, si besoin en était, qu'il faut encore compter avec la résistance palestinienne au Liban. Comment l'OLP pourrait-elle abandonner une fraction aussi importante de sa population civile ? Comment pourrait-elle accepter d'être exclue d'un Liban devenu le terrain privilégié sinon exclusif de l'affrontement israélo-arabe ? Si la Syrie trouve aujourd'hui quelque avantage à circonscrire ainsi le conflit régional dans l'espace libanais, elle ne saurait négliger les positions d'un mouvement national palestinien plus que jamais soucieux de garantir son indépendance pour ne pas risquer de devenir un simple pion dans la stratégie syrienne à l'égard d'Israël.

A Beyrouth-Ouest Damas se heurte aussi à l'hostilité de l'ensemble de la coalition progressiste à l'exception du mouvement Amal satisfait de la place plus équitable promise à la communauté chiite dans le futur système politique libanais aux termes de l'accord du 28 décembre. Tout au long de l'année 1986 et des premiers mois de 1987, des affrontements constants opposent la milice chiite, à laquelle se joignent la sixième brigade de l'armée libanaise, les Ba'athistes et la fraction prosyrienne du PPS, aux partis de l'ancien Mouvement national y compris le PSP de Walid Joumblatt pourtant signataire de l'accord de Damas mais qui ne tarde pas à rejeter à son tour la tutelle syrienne. Ces combats préparent le terrain au retour de l'ordre militaire syrien à Beyrouth-Ouest : le 20 février 1987, 10 000 soldats de Damas font leur entrée dans les quartiers occidentaux de la capitale, désarment les milices, arrêtent des centaines de militants et prennent le contrôle des camps de la périphérie urbaine avec l'aide de leurs alliés au sein de la résistance palestinienne. Mais ils s'arrêtent au seuil du bastion chiite de la banlieue sud.

Une évidence s'impose après treize années de guerre : rien ne se fera plus dans le Liban de demain sans qu'une juste place soit ménagée aux chiites devenus la communauté la plus nombreuse du pays et l'une des plus activistes. Les derniers affrontements opposant Amal et le Hezbollah témoignent de l'importance des enjeux pour les acteurs eux-mêmes mais aussi pour leurs « parrains » respectifs : la Syrie et l'Iran.

C'est au Liban-sud, plus encore que dans les banlieues de Beyrouth ou dans les citadelles pro-iraniennes de la Beqa que se joue l'avenir du chiisme politique libanais. Depuis la fin de son retrait en juin 1985, Jérusalem a installé aux frontières une « zone de sécurité » tenue par les hommes de l'Armée du Liban-sud d'Antoine Lahad, encadrés par quelque 500 « conseillers » israéliens. Des milices chiites de village, baptisées « gardes civiles », contribuent également à maintenir l'ordre israélien dans cette zone-tampon d'environ 850 km^2, véritable « cordon sanitaire » chargé d'assurer la protection de la Galilée. Comme si Israël avait renoncé à façonner un Liban selon ses ambitions et se contentait d'y conserver un gage, mais aussi un moyen d'intervention en cas de nécessité. On l'a vu en mai 1988 lorsque *Tsahal* a fait une nouvelle incursion au nord de la zone de sécurité.

Pour la première fois, cette intervention n'était pas dirigée contre le « terrorisme palestinien » mais contre le « terrorisme libanais ». Signe des temps. Au Liban, la lutte contre Israël est devenue un véritable test de légitimité nationale, comme si l'accès au pouvoir à Beyrouth n'était plus séparable de la libération du sud. Jusqu'alors Beyrouth avait plutôt donné le sentiment de vouloir oublier cette partie méridionale du territoire, économiquement déshéritée et traditionnellement livrée aux affrontements israélo-palestiniens. Dans les années soixante-dix, la lutte pour le sud-Liban relevait plus d'une légitimité arabe que proprement libanaise. Dans les années quatre-vingt, la promotion des chiites sur la scène palestinienne a consacré le destin national commun de Beyrouth et du sud, à moins qu'à l'inverse la libération et le contrôle du sud ne soient devenus une affaire exclusivement chiite[15].

Quoi qu'il en soit la résistance à Israël tout comme le contrôle des banlieues sud de la capitale, récemment devenues le bastion des islamistes pro-iraniens, ont alimenté les derniers combats interchiites témoignant de la lutte d'influence que se livrent Damas et Téhéran sur le territoire libanais. Combats pour le patronage de la communauté chiite, devenue l'élément incontournable du jeu politique local mais plus encore combats de légitimation face au défi israélien, légitimation arabiste pour la Syrie, légitimation islamiste pour l'Iran. Les chiites ont désormais leurs références extérieures dans la meilleure tradition des communautés libanaises. Mais des références aux ingérences il n'y a qu'un pas et le double patronage des chiites pèse d'un poids très lourd sur les évolutions récentes.

Les stratégies libanaises de Damas et de Téhéran paraissent en effet totalement divergentes : tandis que la Syrie cherche à construire un Liban unifié et laïque proche du régime de Damas, l'Iran brandit un projet de *« république islamique »*. Contradiction idéologique syro-iranienne qui conduit à s'interroger sur les motivations de l'alliance régionale syro-iranienne dont la durée atteste pourtant d'une incontestable solidité.

C'est qu'au-delà des divergences du discours officiel, les deux Etats se rejoignent dans un même pragmatisme politique avant tout soucieux d'assurer l'intérêt national de chacun dans le jeu compliqué des stratégies régionales. Pour l'Iran, l'alliance syrienne est essentielle à plus d'un titre dans sa guerre contre l'Irak. Damas exerce d'efficaces pressions militaires sur Bagdad en soutenant les groupes de résistance kurdes et les partis d'opposition au régime. L'économie irakienne a reçu un coup sévère lors de la fermeture par les Syriens en avril 1982 du pipe-line conduisant le pétrole vers les terminaux de Banias et Tripoli. Bagdad s'est vue obligée d'entreprendre, avec l'aide des Saoudiens, la construction d'un nouvel oléoduc vers le port de Yanbu sur la mer Rouge et d'un autre vers 'Aqaba dans le sud de la Jordanie. Mais ce sont probablement les raisons stratégiques qui l'emportent dans l'esprit des responsables iraniens. Si l'alliance syrienne est essentielle à leurs yeux, c'est qu'elle évite à Téhéran d'affronter un bloc arabe uni dans son hostilité au régime islamique. Dès 1980 l'Arabie Saoudite et l'ensemble des Etats arabes modérés ont en effet pris le parti de l'Irak. L'Algérie et l'OLP n'ont pas tardé à les rejoindre, isolant la Syrie au Proche-Orient et créant un nouveau clivage qui venait déplacer les alignements antérieurs jusque-là établis autour du conflit israélo-arabe. Au moment où l'Irak rallie le camp des régimes pro-occidentaux, la Syrie se rapproche au contraire de l'URSS avec laquelle elle signe un traité d'amitié et de coopération en octobre 1980. Notons que ce nouvel ancrage soviétique à Damas permet à Téhéran de continuer à recevoir des armes russes par l'intermédiaire des Syriens en dépit de la violente répression exercée par le régime khomeiniste contre le parti communiste *Toudeh* en 1983.

Si l'alliance syrienne paraît stratégiquement vitale pour Téhéran, elle est sans doute plus tactique pour Damas financièrement courtisée à la fois par l'Iran, qui lui fournit du pétrole à bas prix et par l'Arabie Saoudite, dont les contributions alimentent une part importante du budget syrien. Pour le régime du

Président Asad, les liens avec Téhéran représentent un atout plus précieux encore que l'aide économique : une indispensable caution islamique aux lendemains d'une violente répression contre les Frères Musulmans en février 1982 qui avait conduit le pays au bord de la guerre civile. Certains prétendent que la politique extérieure syrienne, s'appuyant sur les liens historiques qui unissent 'alaouites et chiites, chercherait à construire au Proche-Orient un axe politique chiite dont la puissance pourrait équilibrer celle des Etats de la péninsule.

Dans cette perspective la communauté chiite libanaise — la troisième de la région après celle d'Iran et d'Irak — représente un enjeu essentiel. Pour les dirigeants de la République islamique c'est le terrain idéal d'*« exportation »* de la révolution iranienne. L'action du Mouvement des Déshérités de l'*imam* Moussa Sadr y a renforcé la cohésion communautaire et permis de renouer avec la tradition protestataire du chiisme face au triple défi de la confrontation avec Israël, de la marginalisation économique et de la sous-représentation politique. C'est à la faveur de l'invasion israélienne de juin 1982 que l'Iran a pu s'introduire au Liban mais il l'a fait avec l'appui syrien. 2 000 *« Gardiens de la Révolution »* sont arrivés dans la Beqa après avoir transité par l'Irak et la Syrie avec la bénédiction de Bagdad pourtant aux prises avec Téhéran dans le conflit du Golfe. *Tsahal* était aux portes de Beyrouth et l'union sacrée anti-israélienne s'imposait pour un temps à l'ensemble des acteurs régionaux. Bientôt l'activisme iranien prendra au sud-Liban la relève des pays arabes impuissants ou « compromis » avec Israël. Le radicalisme idéologique du discours iranien de lutte contre le *« Petit Satan »* trouve ici quelque prise sur la réalité et permet au régime khomeiniste de se faire une place sur la scène politique libanaise, en jouant du reste sur les deux radicalismes musulmans, sunnite et chiite, au nom de l'unité indivisible de la *umma* (la communauté).

Une minorité chiite appuyée par Téhéran se bat aujourd'hui pour imposer une république islamique au Liban. Elle est conduite par le mouvement Hezbollah, vaste nébuleuse d'inspiration chiite qui fédère de multiples groupes le plus souvent organisés autour d'un *'alim*. Nombre de ces clercs musulmans ont été formés au cours des années soixante dans la ville sainte de Najaf en Irak où devait s'installer en 1965 un certain Khomeiny.

Le Hezbollah refuse de se reconnaître sous la forme d'un parti structuré. *« Nous ne sommes pas au Liban un parti organisé et clos. Nous ne formons pas non plus un cadre politique étriqué. Nous sommes une umma reliée aux musulmans du monde entier par le lien doctrinal et religieux solide de l'islam dont Allah a voulu que le message soit achevé par le sceau des prophètes. »*[16]

En dépit de ces prises de position officielles, l'Iran a fait du mouvement Hezbollah une organisation centralisée dont le siège se trouve à Téhéran. C'est dans la capitale iranienne lors de la 4ème *« Conférence de la Pensée islamique »* le 30 janvier 1986 qu'a été adopté un projet de constitution islamique rédigé sur le modèle iranien et signé notamment par le cheikh M. Mehdi Chamseddine, Président du Conseil Supérieur Chiite, le cheikh Fadlallah, les frères Moussawi et le cheikh sunnite de Tripoli Sa'id Cha'aban. Le texte prévoit que l'autorité suprême résiderait dans une *« Commission de tutelle du jurisconsulte »* émanant directement de l'ayatollah Khomeiny.

En dépit de cette profession de foi, le Hezbollah reste conscient du fait qu'un alignement pur et simple sur le discours maximaliste du leader iranien serait sans prise sur les réalités multiconfessionnelles du Liban.

Témoin le manifeste proclamé le 16 février 1985 dans un discours à la Husseiniyya de Chiyyah[17]. La dénonciation des *« imam de l'infidélité : l'Amérique, la France et Israël »,* y est d'une extrême virulence comme si le radicalisme des groupes chiites libanais exprimait d'abord le langage nouveau de l'anti-impérialisme. Mais cette violence contraste quelque peu avec la relative prudence du projet politique pour le Liban. Le texte dit notamment : *« Nous ne voulons pas que l'islam règne au Liban par la force à l'instar du maronitisme politique aujourd'hui. Le minimum que nous puissions accepter pour parvenir par les voies légales à concrétiser les ambitions dont nous sommes porteurs est de sauver le Liban de sa dépendance à l'égard de l'Occident et de l'Orient, de mettre un terme définitif à l'occupation sioniste de ses terres et d'adopter un régime librement voulu par le peuple ».* Le cheikh Fadlallah, qui se défend par ailleurs d'être le guide spirituel du mouvement Hezbollah, rappelle volontiers que la société islamique a toujours été fondamentalement pluricommunautaire et appelle les chrétiens libanais à se soumettre à l'islam comme à *« leur loi intégrale »* sans renier leur foi, ce qui revient à leur proposer le retour au statut traditionnel d'inférieurs protégés par le pouvoir musulman. En réalité les forces politiques chiites restent très divisées quant à l'avenir du Liban. Si une minorité se bat pour imposer une république islamique avec l'appui de Téhéran, la majorité, incarnée par le mouvement Amal soutenu par la Syrie, cherche à s'imposer dans un système pluriconfessionnel réaménagé[18].

Dans ce nouvel affrontement régional par Libanais interposés, tous les pions sont chiites qu'ils s'appellent Amal, Hezbollah ou Jihad islamique, l'un de ces groupes clandestins connu par ses seules revendications téléphoniques des attentats et des prises d'otages et dont les rapports avec le Hezbollah restent mal élucidés. Entre les déclarations militantes des hommes du Jihad et les subtiles arguties du cheikh Fadlallah, il reste difficile de dégager un consensus sans bavure quant aux moyens à mettre en œuvre pour combattre les ennemis de l'islam et instaurer une république islamique au Liban.

L'utilisation des commandos-suicide autant que la pratique des prises d'otages n'ont cessé d'alimenter le débat à l'intérieur même des cercles islamistes. Le cheikh Fadlallah les condamne dans leur principe mais s'efforce de les rendre intelligibles, sinon légitimes, en les replaçant dans le contexte d'une lutte des faibles contre les puissants : *« Les nations opprimées ne possèdent pas la technologie et les outils de destruction dont disposent l'Amérique et l'Europe. Aussi doivent-elles combattre avec des moyens qui leur sont propres (...) Nous reconnaissons aux nations le droit d'user de cette méthode non classique pour combattre ces nations agresseurs, sans nous préoccuper de ce que les musulmans opprimés du monde entier font avec des moyens primitifs, non classiques, pour faire face au terrorisme des puissances agressives. Nous considérons cela comme une guerre légale du point de vue religieux contre les puissances impérialistes qui dominent le monde »*[19]. Ce que Mary Seurat exprimait plus brutalement en affirmant : *« Les enlèvements, c'est la bombe atomique du pauvre ».*

Une chose paraît sûre aujourd'hui : les enlèvements d'otages occidentaux ne sont pas la manifestation d'un terrorisme proche-oriental endémique voire atavique, dont le visage révolutionnaire islamiste aurait pris le relais du visage révolutionnaire arabe, mais l'un des principaux moyens de pression des Etats de la région sur les grandes puissances, pressions pour faire libérer des prisonniers, obtenir des armes ou régler un contentieux politique comme ce fut le cas entre la France et l'Iran. Si l'on parle de terrorisme, parlons d'un terrorisme d'Etat qui tente d'infléchir la prise de décision politique dans les capitales occidentales en manipulant les frustrations de ces nouveaux damnés de la terre, de ces déshérités en révolte contre *« l'Orgueilleux »* pour reprendre la terminologie islamiste[20], que sont les chiites libanais.

Lorsqu'après l'enlèvement de Marcel Carton et Marcel Fontaine puis ceux de Jean-Paul Kaufmann et Michel Seurat en 1985, l'administration française acquiert la conviction que c'est bien avec des Etats qu'il convient de traiter et non avec des groupuscules libanais, une question reste posée : faut-il remonter la filière syrienne ou la filière iranienne ? Elles le seront en parallèle avec le sentiment insistant que la rivalité entre les deux régimes au Liban pourrait bien dissimuler une manière de partage des tâches : l'Iran encouragerait ou commanditerait les actions terroristes, à la Syrie en revanche reviendrait le soin d'apparaître comme le médiateur obligé entre l'Occident et les preneurs d'otages. La responsabilité directe du régime iranien semble aujourd'hui établie dans la vague d'attentats survenue à Paris à l'automne 1986[21], autant que dans la détention des otages occidentaux dont la plupart ne seront pas moins libérés à Damas ou en zone libanaise sous contrôle syrien. Quelle que soit la part de responsabilité syrienne dans ces actions, l'Occident n'a guère d'alternative et continue de croire le régime du Président Asad seul capable de contenir les surenchères des extrémistes de tous bords.

L'Egypte isolée par son choix de la paix avec Israël, l'Irak embourbé dans un conflit sanglant qu'il a inconsidérément déclenché, la Syrie apparaît comme l'unique interlocuteur de l'Occident, comme un médiateur potentiel dans le conflit du Golfe et l'indispensable garant de la stabilité au Liban. Nul n'aurait eu l'audace, voilà seulement quinze ans, d'envisager un tel avenir pour le pouvoir ba'athiste syrien. Nul n'aurait pu songer que la guerre libanaise offrirait un pareil tremplin à ses ambitions régionales. Financé par les pays pétroliers et les Etats de la Conférence Islamique, reconnu par l'Occident comme son interlocuteur incontournable sinon privilégié au Proche-Orient, le régime syrien manifeste aujourd'hui au Liban toute son ambiguïté : ultime garantie contre l'anarchie, il n'en reste pas moins l'obstacle majeur à la réconciliation nationale.

POSTFACE

Etrange Liban de 1988 où l'enjeu politique majeur n'est autre que l'élection présidentielle dans un pays éclaté où survit à grand-peine la fiction d'un Etat sans territorialité propre, cerné par les sanctuaires géographiques des différentes milices. L'éclatement, c'est un peu le fantasme traditionnel qui hante les consciences libanaises depuis 1920, comme s'il fallait en exorciser le désir inavouable, fascinant autant que redouté. Tout au long de la guerre, l'ombre de la partition n'a cessé de planer sur le pays, tentation pour les uns, menace pour les autres, mais toujours démon familier face au volontarisme de l'unité libanaise. Or, au terme de treize années d'affrontements, la géographie de la guerre a multiplié les territoires fermés, repliés sur un ordre milicien qui partout se réclame de références communautaires. Car le phénomène milicien naît de la convergence du confessionnalisme et d'une logique de guerre qui transpose sur le terrain militaire les forces politiques dominantes, tout en secrétant des réflexes sécuritaires de repli sur le groupe.

Les milices dominantes sont aussi celles dont l'implantation communautaire est la plus forte, qu'elles soient druze, maronite ou chiite et dans ces deux derniers cas, les dynamiques à l'œuvre ne sont pas sans analogie. Voilà deux communautés compactes, solidement ancrées dans un arrière-pays rural où les milices recrutent dans le milieu des nouveaux urbains socialement mal intégrés. Deux communautés regroupées derrière un leadership radicalisé à tendance populiste et appuyées sur une puissante symbolique de la montagne. Comme si l'on assistait à la revanche de l'intérieur sur l'emporium beyrouthin, à la longue marche des ruraux vers le pouvoir, dans ce Proche-Orient où les villes longtemps soumirent les campagnes à leur domination prédatrice. Là s'arrête pourtant le parallèle. Le Beyrouth des chrétiens a plusieurs fois reflué vers la montagne-refuge pour échapper à la guerre comme l'on tentait d'échapper jadis à la peste ou au choléra. Mouvement inverse chez les chiites dont les vagues d'émigration vers la capitale ont peu à peu ruralisé les zones résidentielles des quartiers ouest de Beyrouth. Retour aux sources du *« radicalisme montagnard »* [1] dans le cas des maronites parvenus au pouvoir depuis un siècle déjà. Investissement de la ville par les déshérités de cette *« montagne alternative »* [2] qu'est le Jabal 'Amel dans le cas des chiites en lutte pour l'accès au pouvoir. Car ce qui est advenu pour les maronites entre 1840 et 1860, l'intégration au système politique en termes communautaires, se produit sous nos yeux depuis vingt ans chez les chiites. Loin d'avoir permis le dépassement du confessionnalisme politique au Liban, les trente années de paix qui ont suivi l'indépendance sont la meilleure illustration de sa capacité à fonctionner sous le contrôle d'une oligarchie pluriconfessionnelle. Elle fut maronito-sunnite hier ; elle sera maronito-chiite demain, à condition de préciser que ces épithètes ne désignent pas des communautés sociologiques, mais des forces communautaires porteuses d'un projet politique, ce que Yoachim Moubarac appelle des *« communautés-projets »* [3]. Car toute analyse du communautarisme libanais se doit de distinguer entre l'ordre de l'identité vécue et l'ordre, politique celui-là, du projet historique. Dans le premier cas, l'allégeance à la communauté n'est que l'une des dimensions de l'identité individuelle ou collective, même si la logique de la violence et les manipulations confessionnelles en ont renforcé la prégnance au cours de ces dernières années. Seul le deuxième niveau du communautarisme permet d'élucider les formes du politique dans la guerre du Liban.

En cette fin des années quatre-vingt, deux projets maximalistes à visée hégémonique se heurtent de plein fouet : le projet libaniste de la droite chrétienne et le projet islamiste des chiites radicaux. Le premier a longtemps oscillé entre le repli sur un Petit-Liban chrétien conçu comme un foyer national refuge, la volonté de construire un Grand-Liban pluraliste soumis à la domination chrétienne ou encore le choix d'un Liban fédéral et cantonnalisé qui institutionnaliserait l'éclatement. Le second, manifeste la revanche des exclus, des oubliés du « miracle libanais » et des marginaux du système politique. L'islamisme, ici comme ailleurs dans le Proche-Orient arabe, parle à la fois le *« langage du ressourcement »* culturel contre l'aliénation occidentale et le *« langage de la contestation »* [4] politique contre les Etats locaux accusés d'avoir perdu les paris du développement et de la démocratie.

A l'heure où les utopies restent l'apanage exclusif des milices, comment comprendre que l'Etat puisse demeurer un enjeu d'une quelconque importance et l'échéance présidentielle de l'automne 1988 dominer l'horizon politique tout entier ? Faut-il invoquer le légalisme désespéré des Libanais, agrippés à la fiction d'une centralité étatique conçue comme l'ultime rempart contre la décomposition et la barbarie ? Ou faut-il plus simplement constater que les élections présidentielles offrent un point d'application commode aux grandes manœuvres diplomatiques régionales et internationales ?

Dans le premier cas, la dynamique politique plongerait ses racines à l'intérieur même d'une société libanaise à la recherche d'un *« président-solution »* [5] susceptible de mettre fin à la guerre. Dans le second, les acteurs extérieurs du conflit proposeraient le nom d'un président chargé de gérer la crise en attendant que soient levées les hypothèques régionales qui pèsent sur le pays. Au cours de la première phase de la campagne électorale, marquée par une pléthore inouïe de candidatures, s'est développé un mouvement favorable à Raymond Eddé qualifié de *« président-solution »*. Le député de Jbeil, fils d'Emile Eddé qui fut l'un des premiers présidents de la République libanaise, fait figure d'homme de principes que son intransigeance sur la souveraineté nationale contraint depuis 1976 à un long exil parisien. Demeuré à l'écart des embrigadements miliciens, il est l'un des rares notables à pouvoir se réclamer d'une citoyenneté libanaise qui ne serait l'apanage exclusif d'aucun camp. Pourtant l'échec de sa candidature, appuyée par le Patriarche maronite Mgr Sfeir et relayée par un réseau de mouvements sociaux implantés dans l'ensemble du pays, disqualifie, si besoin en était, tout volontarisme en matière de démocratie et renvoie le Liban au diktat de grands électeurs qui, en 1988 comme en 1977, sont américain, syrien et saoudien.

Lorsque Hussein Husseini, le Président de la Chambre, convoque une première fois le Parlement le 18 août à son nouveau siège situé sur la ligne de démarcation entre les deux secteurs de Beyrouth, seuls 36 députés sont présents sur 76 et l'absence de *quorum* interdit de procéder à l'élection. Le candidat des Syriens est alors le vieux Soleiman Frangié, l'allié fidèle de Damas, celui-là même qui était au pouvoir lorsqu'éclata la guerre civile de 1975. Les Forces libanaises de Samir Geagea sont déterminées à bloquer son élection et empêchent *manu militari* les députés résidant à Beyrouth-est de se rendre au Palais Mansour. Ce premier échec suscite une médiation directe des Etats-Unis, conduite par le Sous-Secrétaire d'Etat adjoint pour le Proche-Orient, Richard Murphy. Américains et Syriens se mettent d'accord sur le nom de Mikhail Daher, le député maronite du 'Akkar, *a priori* plus acceptable pour les responsables chrétiens. La réunion de la dernière chance est fixée au 22 septembre, à la veille même de l'expiration du mandat d'Amin Gemayel, au siège initial du Parlement cette fois, Place de l'Etoile, dans l'ancien centre-ville de Beyrouth : 12 députés seulement s'y rendront. Tandis qu'en 1977-78, la politique d'obstruction menée par les Forces libanaises avait contribué à la lente érosion du pouvoir présidentiel d'Elias Sarkis, dix ans plus tard, le *veto a priori* des mêmes Forces libanaises empêche l'élection du candidat de Damas à un moment où la Syrie ne dispose plus au Liban d'une hégémonie aussi absolue.

Aux dernières heures de son mandat, Amin Gemayel confie le pouvoir à un Cabinet militaire provisoire dirigé par le général Michel Aoun, Commandant en Chef de l'armée ; il est formé de six officiers, trois chrétiens et trois musulmans qui n'y siégeront pas. Le Cabinet bénéficie de l'agrément des Forces libanaises, réconciliées *in extremis* avec Michel Aoun pour dissuader Amin Gemayel de toute velléité d'accord avec la Syrie. Mais le gouvernement jusque-là en place de Salim al-Hoss ne reconnaît pas le nouveau Cabinet et refuse de démissionner, instaurant une situation sans précédent de double pouvoir. Désormais, deux gouvernements rivaux, installés l'un à Beyrouth-est, l'autre à Beyrouth-ouest, se réclament de la légalité libanaise, venant consacrer en droit une partition du pays déjà inscrite dans les faits.

Réformes ou souveraineté

L'affrontement entre les deux pouvoirs se noue autour d'un débat sur les priorités de l'action qui apparaît à la lecture du double *memorandum* remis par Salim al-Hoss et Michel Aoun aux ministres des Affaires Etrangères de la Ligue Arabe, réunis à Tunis le 12 janvier 1989. Pour le premier, il importe de procéder au plus tôt à des réformes politiques internes qui assureraient la réconciliation nationale, elle-même garante du renforcement de l'Etat, préalable indispensable à la reconquête de la souveraineté. Ce à quoi le second rétorque : comment songer à reconstruire l'Etat et à imposer sa souveraineté, sans obtenir auparavant un retrait des armées étrangères d'occupation, qu'elles soient israélienne ou syrienne ?

Vieux débat qui oppose les tenants des réformes aux inconditionnels de la souveraineté. Il court à travers l'ensemble des affrontements interlibanais opposant *l'establishment* musulman, désireux d'élargir sa participation au pouvoir, à la classe politique chrétienne agrippée à un système qui garantit son hégémonie.

Mais au Liban, les tenants des réformes se sont condamnés, sous couvert d'arabisme, à cautionner le laminage syrien de la vie politique, tandis que les hérauts libanistes de la souveraineté nationale sont directement responsables des occupations militaires étrangères. C'est ainsi qu'une nouvelle fois, l'initiative de Michel Aoun, déterminé à mener une *« guerre de libération »* contre la présence militaire de Damas conduit, à l'inverse, à une consolidation sans précédent de l'emprise syrienne sur le Liban. Entre le 14 mars 1989, date à laquelle le général chrétien joue son va-tout dans une folle croisade antisyrienne et le 22 mai 1991 lorsque les deux pays signent à Damas un *Traité de Fraternité, de Coopération et de Coordination,* le président Hafez al-Asad a réussi ce qu'il n'avait osé en quinze ans de présence militaire : contrôler, à moyen terme au moins, le destin du Liban.

En réalité, l'initiative de Michel Aoun visait moins à déloger une armée forte de 35 000 hommes contrôlant 60 % du territoire national qu'à sortir le pays de l'impasse en déclenchant un nouveau processus d'internationalisation du conflit. Comme si seuls de nouveaux massacres pouvaient secouer l'indifférence du monde depuis longtemps lassé du drame libanais. Comme si l'on pouvait encore entretenir l'illusion qu'internationaliser la crise ne signifiait pas nécessairement l'arabiser et que l'arabiser n'équivalait pas forcément à la syrianiser. D'autant qu'en ce début d'année 1989, Damas apparaît moins que jamais décidé à abandonner la carte libanaise à l'heure où de multiples défis viennent remettre en cause les équilibres régionaux et dévoiler la précarité du jeu stratégique syrien. L'OLP a repris l'initiative en proclamant le 15 novembre 1988 à Alger la naissance d'un Etat de Palestine prêt à coexister avec l'Etat d'Israël. Profitant des acquis de *l'intifada,* elle a fait le choix d'une stratégie politique de récupération des territoires occupés qui a recueilli l'adhésion d'une majorité de ses membres. Au sortir d'une longue traversée du désert, ce retour en force sur la scène régionale et internationale lui permet d'échapper à la tutelle pesante de Damas. Mais c'est la défaite iranienne et la percée régionale d'un Irak surarmé, ennemi traditionnel du *baas* syrien, qui constitue la préoccupation majeure de Damas alors même que Bagdad ne tarde pas à transporter sur le sol libanais son contentieux avec la Syrie. Sans les livraisons massives d'armes irakiennes au général Aoun, la *« guerre de libération »* n'eût pas été concevable. Dans ces conditions, comment ne pas prévoir un nouveau raidissement du régime syrien, dont le destin se trouve désormais lié à la présence de son armée au Liban ?

Mais la témérité de l'initiative aouniste serait injustifiable si l'on n'y voyait d'abord l'ambition de cristalliser un véritable sursaut national autour du rejet des occupations et de l'infinie lassitude de la guerre. Depuis qu'il a été promu Commandant en Chef de l'armée en 1984, Michel Aoun s'est appliqué à la reconstruire sur des bases multiconfessionnelles, développant par ailleurs une solide réputation de probité et d'apolitisme. Dans l'état de décomposition politique qui caractérise alors le pays, seule l'armée est susceptible d'apparaître comme l'ultime recours de la légalité et le modèle des équilibres confessionnels de l'avenir. Pourtant, le combat libérateur du Général n'est pas sans ambiguïtés quand il se traduit par de violents bombardements sur Beyrouth-ouest qui permettent à Walid Joumblatt et à Nabih Berri de l'accuser, dès le 15 mars, d'avoir *« déclaré la guerre non pas aux Syriens, mais au peuple libanais ».*

En réalité, Michel Aoun vient de déclarer la guerre aux milices. Les premiers affrontements remontent au

14 février à Beyrouth-est : ils ont opposé l'armée aux Forces libanaises de Samir Geagea dont Michel Aoun tente de casser le monopole politique qu'elles ont acquis sur le *« pays chrétien »*. La bataille des ports illégaux en fournit l'occasion. Hauts-lieux des trafics en tous genres qui alimentent le financement des milices, ces ports offrent une cible toute symbolique. Lorsque les Forces libanaises abandonnent à l'armée le 5e bassin du port de Beyrouth le 23 février et que Michel Aoun impose le blocus des ports illégaux de l'ouest, de violents combats éclatent entre l'armée et les miliciens druzes du PSP. Mais l'escalade militaire ne tarde pas à impliquer les forces syriennes dans un conflit aussi meurtrier qu'ambigu où la *« guerre de libération »* contre la Syrie apparaît trop souvent comme un simple *remake* des affrontements interlibanais. Initialement soucieux de ne pas apparaître comme le porte-parole des seuls intérêts chrétiens et de ne pas céder aux tentations du séparatisme confessionnel, le combat du général Aoun se démarque de plus en plus mal de la seule défense du territoire chrétien, comme si l'armée reprenait en charge le rôle sécuritaire de la milice des Forces libanaises. L'ampleur du malaise français devant les événements de 1989 témoigne assez de ces ambiguïtés et, faute de position politique claire, l'action humanitaire de Paris se voit contrainte d'opérer le décompte scrupuleux des victimes à secourir, en fonction... de leur appartenance confessionnelle !

Tandis que les nouvelles dérives des affrontements libanais favorisent moins que jamais l'appréhension claire des enjeux, la violence des combats suscite une nouvelle mobilisation internationale, de Washington à Moscou en passant par le Vatican et l'Europe des Douze. Mais c'est finalement le Comité tripartite de la Ligue Arabe, créé par le sommet de Casablanca en mai 1989, qui impose le 16 septembre un plan en sept points accepté par l'ensemble des parties en présence. L'Algérie, le Maroc et l'Arabie Saoudite qui le constituent, en appellent notamment à la convocation prochaine du Parlement libanais pour *« une réunion consacrée à l'entente »*.

Le *Document d'entente nationale* qui allait être soumis à l'assemblée réunie à Taëf en Arabie Saoudite, était le fruit d'un compromis déjà élaboré par le Comité. Les exigences syriennes avaient une première fois conduit le processus à l'impasse et la marge de manœuvre des députés libanais était assurément faible. Mais en ce début d'octobre 1989, les interrogations portaient d'abord sur les raisons qui avaient pu pousser les médiateurs arabes à avoir recours à l'instance parlementaire. La convocation, loin du territoire national, de ces députés élus dix-sept ans auparavant, en 1972, vestiges en quelques sorte d'un ordre ancien depuis longtemps balayé par la guerre, n'avait-elle pas en soi quelque chose de singulier ? A défaut d'apporter une quelconque garantie de représentativité, le Parlement constituait simplement l'ultime institution légale susceptible de dépasser, ne fût-ce que symboliquement, l'éclatement du gouvernement. C'est à ce titre qu'on le chargea de fournir à un processus totalement exogène une indispensable caution interne.

Le *Document d'entente* est adopté à Taëf le 24 octobre, mais il ne tarde pas à rouvrir le débat entre tenants des réformes et inconditionnels de la souveraineté. Du côté des réformes, la répartition communautaire des principales charges de l'Etat n'est pas modifiée : les maronites conservent la Présidence de la République et le Commandement en Chef de l'armée ; les sunnites : la Présidence du Conseil ; les chiites : celle de la Chambre ; les druzes : le poste de Chef d'Etat-Major. Tout au plus le texte prévoit-il un rééquilibrage de l'Exécutif au profit du Conseil des ministres qui amoindrit d'autant les prérogatives présidentielles. Le chef de l'Etat perd notamment la direction effective des forces armées. La représentation parlementaire, élargie à 108 membres, assure la répartition égalitaire des sièges entre chrétiens et musulmans. La déconfessionnalisation progressive de la fonction publique, de la justice et de l'armée ouvre la voie à une abolition du confessionnalisme politique qui, pour être qualifiée *« d'objectif national principal »*, n'en est pas moins prudemment renvoyée à un avenir plus lointain.

Si les réformes font rapidement l'objet d'un large consensus, l'épineuse question de la souveraineté continue de diviser la classe politique libanaise. Le texte adopté à Taëf prévoit en effet que *« les forces syriennes aideront (...) les forces légales libanaises à étendre l'autorité de l'Etat libanais dans un délai maximum de deux ans après la ratification du Document d'entente nationale et l'adoption des réformes (...) »*. Il précise surtout qu'à la fin de cette période, les deux gouvernements *« décideront du redéploiement des troupes syriennes dans la région de la Beqa »*. Redéploiement et non retrait, consécration légale de la présence militaire syrienne dans laquelle les adversaires de l'accord dénoncent un marchandage inacceptable de la souveraineté nationale.

« Ceux qui sont contre ont raison dans l'absolu, ceux qui sont pour ont raison en réalité », déclare le Patriarche maronite au lendemain même de la signature de l'accord. De fait, c'est un réalisme résigné qui prévaut chez les partisans de l'accord, convaincus de l'irresponsabilité qu'il y aurait à négliger les chances d'un accord global, entériné par la communauté internationale et susceptible de sortir le pays de l'impasse institutionnelle. Arrêter la guerre à défaut de construire la paix, telle est l'ambition minimale des partisans de Taëf, inquiets de la fuite en avant de Michel Aoun. Car le général chrétien, qui a délibérément suscité l'internationalisation de

la crise, en refuse les résultats. Il dissout le Parlement le 4 novembre, déclare *« nulle et inconstitutionnelle »* l'élection de René Mo'awad à la Présidence de la République le 5 et refuse la nomination de Salim al-Hoss à la tête du premier gouvernement d'union nationale. Il rejettera de même l'élection d'Elias Hraoui le 24 novembre, après l'assassinat du président Mo'awad.

Contre une légalité otage de Damas, cautionnée par une communauté internationale impuissante ou complice, le général Aoun joue la carte du refus déclenchant une mobilisation populaire sans précédent, comme en témoigne le spectaculaire *sit-in* de 30 000 de ses partisans sur les pelouses du palais présidentiel de Baabda en novembre et décembre 1989. Ce plébiscite populaire, inédit au Liban, qui déborde un moment les clivages confessionnels, a pu faire croire à la mobilisation nouvelle d'une société civile dont le sursaut tardif aurait brusquement investi le général Aoun d'une mission rédemptrice qui le dépassait singulièrement. Il manifeste en réalité une véritable catharsis collective pour une société dépossédée d'elle-même et victime de toutes les manipulations miliciennes.

Les proclamations nationalistes de Michel Aoun rencontrent l'aspiration spontanée à une dignité nationale depuis trop longtemps bafouée et l'antiparlementarisme du Général joue sur le réflexe de rejet d'une vieille classe politique coupable de toutes les compromissions. Mais cette croisade de la libération aux relents nettement populistes, n'évite pas les dérives putschistes : en témoignent l'humiliation du Patriarache maronite, coupable de s'être rallié au processus de Taëf, les tentatives de mise en tutelle de la presse, accusée de donner au Président récemment élu et à son gouvernement leurs titres officiels et le monopole du Général sur l'armée et l'Etat. Loin de favoriser la réconciliation nationale, Michel Aoun enferme bientôt la population et la classe politique dans une impossible alternative de soumission ou de trahison qui le conduit à une marginalisation progressive.

Mais c'est sans doute le combat des chefs engagé avec Samir Geagea à partir du 31 janvier 1990 qui casse irrémédiablement le mouvement aouniste. Tout se passe comme si, au terme du cloisonnement communautaire instauré par l'ordre milicien, la logique de l'éclatement devait inévitablement conduire à l'implosion des communautés et aux fractures politiques internes.

Tandis que l'Est s'embrase autour de combats particulièrement meurtriers entre l'armée et la milice, les affrontements s'intensifient dans la banlieue sud de Beyrouth et dans le Iqlim al-Touffah au sud du pays, entre Amal et le Hezbollah, suscitant la médiation directe de Damas et de Téhéran. L'activisme militaire du Hezbollah, qui assure les succès ponctuels de la Résistance islamique contre Israël et l'armée du Liban-sud, se heurte à la domination politique incontestable du mouvement Amal sur la majorité de la communauté chiite.

Mais alors que les affrontements interchiites se soldent par un simple affaiblissement de la communauté, les combats interchrétiens, en impliquant l'armée et le gouvernement du général Aoun autour de l'enjeu de Taëf, engagent l'avenir du pays tout entier. Outre qu'elle ruine l'économie jusque-là prospère du *«pays chrétien»* et inflige un profond traumatisme psychologique à la population, la guerre des chefs met fin au mythe d'une région chrétienne *«libre»* et unifiée, modèle potentiel du Liban de demain. Mais elle prend surtout les deux camps au piège de Taëf. A Michel Aoun qui accuse : *«Les Forces libanaises veulent livrer le Liban à la Syrie»,* Samir Geagea réplique : *«Aoun a conduit à Taëf et au désastre».* La stratégie de Michel Aoun, qui cherche à désarmer les Forces libanaises et à leur arracher un refus sans ambiguïté de l'accord de Taëf, contraint Samir Geagea, malgré d'évidentes réticences, à reconnaître que cet accord est susceptible de fournir *« un cadre pour la solution de la crise libanaise »*. Le général Aoun se trouve dès lors doublement rejeté dans l'illégalité : une première fois par le gouvernement d'Elias Hraoui, soutenu par la communauté internationale, une deuxième fois par la milice des Forces libanaises. Mais Michel Aoun a surtout commis l'erreur de ne pas comprendre que Taëf avait irrémédiablement fait basculer la légalité à l'ouest, en dépit des compromissions avec la Syrie.

Tandis que la fuite en avant du Général le conduisait à une inévitable marginalité, le gouvernement du président Hraoui faisait adopter le 21 août par le Parlement les réformes prévues à Taëf, tout en préparant un plan de réorganisation de l'armée, désormais confiée au général Emile Lahoud. Ajoutons que l'alignement de la Syrie sur la coalition anti-irakienne lors de la guerre du Golfe condamnait définitivement la fronde aouniste. Tandis que le monde entier avait les yeux tournés vers Bagdad, une offensive militaire libano-syrienne renversait le général Aoun le 13 octobre au terme d'un blocus de deux semaines. Réfugié à l'ambassade de France, il appellait alors ses soldats *« à rejoindre l'armée du général Lahoud »* tandis que le Patriarche maronite parlait *« d'événement historique »* et que le président Hraoui proclamait *« l'avènement de la deuxième république »*. Le processus de Taëf pouvait dès lors accélérer son cours sous la surveillance rapprochée de l'armée syrienne dont la progression dans les régions Est s'accompagna de sanglants règlements de compte au premier rang desquels figure, le 20 octobre, l'assassinat de Dany Chamoun, fils de l'ancien Président de la République et responsable d'un nouveau Front libanais rallié à Michel Aoun.

Sans doute les réformes prévues par le *Document d'entente* adopté à Taëf apparaissent-elles comme un simple replâtrage du confessionnalisme politique ne préludant guère à une réelle démocratisation du système. Sans doute la nomination par le gouvernement de 40 nouveaux députés est-elle une hérésie démocratique destinée à transformer les *seigneurs de la guerre* d'hier en honorables politiciens de demain. Sans doute l'amnistie générale des crimes de guerre peut-elle à bon droit heurter les consciences. Pourtant le bricolage institutionnel élaboré par le document de Taëf, pour très en-deçà qu'il soit des revendications des uns et des autres, rééquilibre quelque peu le pouvoir en faveur des forces politiques musulmanes et peut permettre d'amorcer une réelle dynamique de déconfessionnalisation. Quant à la reconversion des chefs de milices et à l'intégration de leurs militants dans l'armée, les Forces de sécurité ou la bureaucratie civile, elle apparaît comme le prix du sabordage des milices. Michel Aoun et Samir Geagea se sont mutuellement pris au piège de Taëf ; quant à Walid Joumblatt et Nabih Berri, ils n'ont depuis longtemps déjà d'autre choix que l'alignement sur Damas.

Militairement affaiblies et politiquement discréditées, les milices tentent de monnayer leur ralliement à la légalité, préparant l'intégration au système d'une génération née dans la guerre et nourrie de la guerre. Le Liban a-t-il d'autres moyens d'arrêter l'engrenage de la violence et peut-il se permettre de renier toute une génération ? A ceux qui croient possible de plaquer les recettes de la démocratie sur toutes les sociétés, rappelons que faute d'une réelle citoyenneté, le Liban ne peut espérer dépasser dans l'immédiat l'institutionnalisation pure et simple d'un rapport de force. A ceux qui continuent de bouder les réformes et la réconciliation nationale sous prétexte que le pays a perdu sa souveraineté, suggérons de reconstruire d'abord un Etat capable de s'imposer comme une force d'arbitrage et non comme la traduction directe de l'identitaire d'un groupe, un Etat dont la légitimité interne pourra seule assurer une lente reconquête de la souveraineté.

Le gouvernement de réconciliation nationale d'Omar Karamé est un modèle d'équilibre communautaire, régional et politique où tous les chefs de milices à l'exception du Hezbollah, ont été promus ministres d'Etat. Mis en place le 24 décembre 1990, il a passé avec succès les premiers tests de l'après-guerre. L'armée du général Emile Lahoud, reconstruite par la fusion des anciennes brigades confessionnelles, a procédé au désarmement des milices dans les limites du Grand-Beyrouth, enclave désormais libérée de la guerre. Mais son déploiement dans l'ensemble du pays, qui devrait se terminer avant le 30 septembre 1991, ne laisse pas de susciter des interrogations.

Pour certains, l'évacuation du Grand-Beyrouth pourrait conduire à l'enkystement des milices dans leurs sanctuaires territoriaux montagnards au risque de consacrer la cantonnalisation du pays autour de la cité-Etat que deviendrait alors Beyrouth. Pourtant, l'armée pénètre dans le Mont-Liban et l'arrière-pays de Tripoli au cours des mois de mai et juin, démentant ainsi les pronostics les plus pessimistes.

Reste le sud où le déploiement a commencé le 1er juillet, sans que le conflit régional dont il est l'otage impuissant depuis plus de vingt ans soit le moins du monde résolu. Aussi longtemps qu'Israël conservera des gages territoriaux au sud-Liban, il justifiera le maintien d'une présence palestinienne armée et légitimera l'action de la Résistance islamique libanaise animée par le Hezbollah, seul mouvement à n'avoir pas joué le jeu de l'intégration au système. Pourtant le *« Parti de Dieu »,* menacé par le laminage syrien, est aujourd'hui traversé par un clivage entre durs et modérés qui renvoie, dans une certaine mesure, aux luttes de pouvoir à Téhéran. C'est un partisan de l'ouverture, Abbas Moussawi, qui a été élu à la tête du mouvement en mai 1991, mais les tendances dures du Hezbollah et leur prolongement du Djihad islamique, tentent de monnayer au prix fort les derniers otages occidentaux qu'ils détiennent au risque de faire obstacle à la volonté de normalisation du gouvernement Rafsandjani. Les logiques propres à la raison d'Etat conduisent pourtant à la libération des derniers otages occidentaux du Liban en novembre et décembre 1991.

Si le problème de l'extrémisme chiite paraît devoir se résoudre à plus ou moins long terme, avec l'infléchissement de la politique iranienne et la détermination syrienne à normaliser la situation intérieure au Liban, il en va tout autrement de la question israélo-palestinienne. L'entrée de l'armée libanaise à Saïda, véritable sanctuaire de l'OLP depuis la fin de la guerre des camps, représentait à cet égard un enjeu essentiel. Or, il aura suffi de trois jours pour que les *fedayin* palestiniens regagnent les camps laissant le champ libre à l'armée. Les négociations avaient en réalité débuté plusieurs mois auparavant entre le médiateur du gouvernement libanais, Mohsen Brahim, ancien responsable d'un groupe d'extrême-gauche, et les représentants locaux de l'OLP. Tandis que les Palestiniens réclamaient la conclusion d'un accord politique avant de se retirer des positions militaires qu'ils occupaient, le gouvernement libanais faisait au contraire du déploiement de son armée un préalable absolu et un impératif non négociable, indépendant de tout accord politique ultérieur avec l'OLP. L'organisation palestinienne, qui espérait ainsi entamer des pourparlers en position de force, ne peut en réalité ignorer que le recentrage de son combat national sur les territoires occupés de Cisjordanie et de Gaza et le choix qu'elle a fait d'une stratégie politique et diplomatique implique à terme l'abandon d'une présence armée sur le territoire libanais. Mais elle ne saurait oublier que près de 400 000 civils palestiniens continuent et continueront sans doute de vivre au Liban. Quelle protection leur sera assurée ? Quel statut leur sera accordé ? Quels droits sociaux et politiques leur seront reconnus ? De la réponse à ces questions dépend non seulement l'avenir des Palestiniens du Liban, mais aussi la nature de la société libanaise de demain.

Questions prématurées sans doute alors que le ministre israélien Moshe Arens déclare encore en novembre 1990 : *« Nous ne permettrons pas la récupération de Jezzine par les autorités libanaises »*. Jezzine, c'est la pointe avancée de ce *cordon de sécurité* que l'armée israélienne a remis à l'ALS d'Antoine Lahd lors de son retrait en 1985. A ce titre, c'est le prochain enjeu du déploiement de l'armée libanaise. Mais la dynamique de reconquête de la souveraineté nationale ne saurait suffire à lever l'obstacle israélien, moins encore au lendemain de la signature du *Traité de fraternité* avec la Syrie qui a fait renaître un moment la crainte d'une nouvelle invasion israélienne du Liban.

L'ouverture à Madrid, en novembre 1991, d'une Conférence internationale pour la paix au Moyen-Orient modifie pourtant radicalement les perspectives régionales. Désormais seuls maîtres du jeu après l'effondrement soviétique, les Etats-Unis ont intérêt à stabiliser une zone qui demeure essentielle à l'approvisionnement pétrolier du monde industrialisé. Or, stabiliser le Moyen-Orient, c'est apporter une forme de solution à la question palestinienne, tout à la fois enjeu et symbole de la crise régionale, susceptible de cristalliser l'ensemble des frustrations qui affectent les sociétés arabes du Machrek. Les négociations aujourd'hui en cours à Washington n'annoncent pas la paix pour demain, elles signifient pourtant que rien ne sera plus tout à fait comme avant au Moyen-Orient parce qu'au-delà de leurs réticences, l'ensemble des acteurs régionaux savent qu'ils ont perdu, avec la fin de la guerre froide, la garantie d'un soutien inconditionnel sur la scène internationale.

La question s'est posée au gouvernement de Beyrouth de l'opportunité qu'il y avait à participer ou non à la Conférence internationale. Car le Liban se montre soucieux de prendre ses distances avec le conflit israélo-palestinien, catalyseur de l'implosion du pays, et entend séparer ses revendications propres du règlement de la question palestinienne elle-même. Si le gouvernement du Président Hraoui est finalement représenté à Washington, c'est pour obtenir l'assurance d'une application sans condition de la résolution 425 de l'ONU, le retrait israélien du sud du pays et le déploiement de la FINUL jusqu'aux frontières de 1949.

Dans l'attente d'une véritable normalisation régionale, le pays du Cèdre reste sans doute la victime de ses puissants voisins, mais une victime aujourd'hui moins impuissante et résignée. La renaissance de l'Etat peut seule permettre que s'exprime une société et que se développe une libanité nouvelle qui dépasserait la simple fraternité des victimes et échapperait aux sursauts d'un populisme désespéré. Sans doute reste-t-il à construire une citoyenneté libanaise inaccessible aux enjeux identitaires, prétextes à toutes les exclusives idéologiques et à toutes les inféodations extérieures. Sur cette voie difficile, un pas a peut-être été franchi au prix de seize ans de guerre : la conscience nouvelle que les vassalisations étrangères, dont aucun Libanais n'est tout à fait innocent, ont conduit le pays à la ruine sans permettre la victoire d'aucun camp. Comme si *« l'improbable nation libanaise*» [6], revenue de toutes les aventures de l'autodestruction, pouvait enfin commencer de se construire, fût-ce dans un face-à-face avec Damas où le Liban, vaincu dans la guerre, conserve peut-être quelques chances de gagner la paix.

Paris, janvier 1992

NOTES

Introduction

[1] L'idée est empruntée à l'ouvrage de Georges CORM, *Géopolitique du conflit libanais,* La Découverte, Paris, 1986, 259 p.

[2] Nous traduisons ainsi, après bien d'autres, le terme *mutassarifa* qui désigne une circonscription administrative ottomane placée au-dessous du niveau de la province *(vilayet)*.

[3] Le terme signifie réformes, *cf. infra* p. 29.

Vers l'affirmation politique des communautés de la montagne

[1] Nous traduisons volontairement par féodal le terme arabe de *muqata'aji* en sachant que cette traduction est erronée, à seule fin de faciliter la compréhension du lecteur occidental. A propos de la controverse sur le sens du terme *muqata'aji*, voir notamment les interprétations divergentes de Toufic TOUMA, *Paysans et institutions féodales chez les druzes et les maronites du Liban du XVIIème siècle à 1914*, Publications de l'Université Libanaise, Section des Etudes historiques, XXI, 2 vol. Beyrouth 1971-1972, 862 p., et de Dominique CHEVALLIER, *La société du Mont-*

Liban à l'époque de la révolution industrielle en Europe, Librairie Orientaliste Paul Geuthner, Paris, 1971, XXXIX - 296 p. - XXI.

[2] Sur la fin de l'*émirat*, on lira avec profit Jacques NANTET, *Histoire du Liban*, Ed. de Minuit, Paris, 1963, 358 p. et Kamal S. SALIBI, *The modern history of Lebanon*, The Weidenfeld and Nicolson, Asia-Africa Studies, Londres, 1965, 227 p.

[3] Titre ottoman donné à certains ministres ou gouverneurs de province.

[4] Dans le Mont-Liban ottoman, titre octroyé au chef d'une famille notable.

[5] Sur la question de l'historiographie maronite, voir Albert HOURANI, *The emergence of the modern Middle East*, Berkeley, University of California Press, 1981, XX - 243 p. et le remarquable ouvrage d'Ahmad BEYDOUN, *Identité confessionnelle et temps social chez les historiens libanais contemporains*, Publications de l'Université Libanaise, vol. XV, Beyrouth, 1984, 610 p.

[6] Nom donné aux services du premier ministre ou grand vizir dans la bureaucratie ottomane.

[7] Sur les relations de la France avec la chrétienté d'Orient au long des siècles, voir surtout François CHARLES-ROUX, *La France et les chrétiens d'Orient*, Flammarion, Paris, 1939, 320 p.

[8] François CHARLES-ROUX, *La France et les chrétiens d'Orient, op. cit.*, p. 49.

[9] Sur ce point, voir Marcel EMERIT, « La crise syrienne et l'expansion économique française », *in Revue historique*, avril-juin 1952, pp. 210-232.

[10] Décret dans la terminologie ottomane.

[11] Le texte du Statut est cité en annexe de l'ouvrage de référence pour l'histoire politique du Liban jusqu'à 1943, Edmond RABBATH, *La formation historique du Liban politique et constitutionnel. Essai de synthèse*, Publications de l'Université Libanaise, Section des Etudes juridiques, politiques et administratives I, Beyrouth, 1973, 586 p. Pour l'histoire du Petit-Liban et ses rapports avec la France, voir le remarquable ouvrage de John P. SPAGNOLO, *France and ottoman Lebanon, (1861-1914)*, published for Middle East Center, St Anthony's College, Oxford, by Ithaca Press, Londres, 1977, 339 p.

[12] Cité par SPAGNOLO, *op. cit.,* p. 119.

[13] Sur ce mouvement voir aussi D. CHEVALLIER, *La société du Mont-Liban, op. cit.*

[14] Cité *in* William I. SHORROCK, *French imperialism in the Middle East, The failure of policy in Syria and Lebanon*, The University of Wisconsin Press, 1976, 214 p., p. 33.

[15] *Ibidem* p. 45.

[16] *Ibidem* p. 49.
[17] *Ibidem* p. 87.
[18] Sur Daoud'Ammoun et l'histoire politique des dernières années du gouvernorat, voir Lyne LOHEAC, *Daoud'Ammoun et la création de l'Etat libanais*, Klincksieck, Paris, 1978, 199 p.

Genèse du Grand-Liban

[1] Sur les débuts du nationalisme arabe dans les familles notables urbaines de Damas voir notamment Philippe KHOURY, *Urban notables and arab nationalism : the politics of Damascus (1860-1920)*, Cambridge Middle East Library, Cambridge University Press, 1983, 153 p.
[2] Sur la révolte arabe et les négociations avec les Britanniques, voir notamment Elie KEDDOURIE, *In the anglo-arab labyrinth. The Mac-Mahon-Hussein correspondance and its interpretations, 1914-1939*, Cambridge University Press, 1976, 329 p.
[3] Sur les tractations autour de la Conférence de la Paix voir surtout E. RABBATH, *op. cit.*
[4] Jurisconsulte musulman qui délivre des consultations juridiques *(fatwa)* en interprétant la loi coranique *(shari'a)*.
[5] Sur l'opposition Liban central/Liban périphérique, voir notamment Claude DUBAR et Salim NASR, *Les classes sociales au Liban*, Presses de la Fondation Nationale des Sciences Politiques, Paris, 1976, 364 p., chapitre II.
[6] Extrait de : « La question du Liban ou la quadrature du cercle », éditorial de G. Samné dans la *Correspondance d'Orient* du 15 mai 1921.
[7] Le texte se trouve dans les annexes de l'excellent ouvrage de Meir ZAMIR, *The formation of modern Lebanon*, Croom Helm, Londres, 1985, 307 p.
[8] Le texte est cité en annexe d'un article de Meir ZAMIR, « Smaller and greater Lebanon : the squaring of a circle ? » *in Jerusalem Quaterly*, 23, printemps 1982, pp. 35-53.
[9] Sur les développements suivants voir E. RABBATH, *op. cit.* et Leila MEO, *The separation of Lebanon from greater Syria*, Indiana University, 1961, MIC.
[10] Le mot patron traduit ici le terme *za'im*. Sur les phénomènes clientélistes voir *infra* pp. 86 et suivantes.
[11] Cité par Meir ZAMIR, *The formation... op. cit.*, p. 106.
[12] Sur ce point voir E. RABBATH, *op. cit.*, chapitre II : l'Etat et le

mandat et Pierre RONDOT, *Les institutions politiques du Liban. Des communautés traditionnelles à l'Etat moderne*, Publications de l'Institut d'Etudes de l'Orient contemporain, T. I, 1947, 148 p.

[13] Cité par M. ZAMIR, *op. cit.*, p. 197.

[14] De ce point de vue, l'idéologie du PPS s'appuie sur les théories du jésuite belge Henri LAMMENS développées dans : *La Syrie, précis historique*, Beyrouth, 1921, 2 vol. (280 et 278 p.), qui démontrent l'existence à la fois naturelle et historique d'une unité syrienne au sens de Syrie, Liban, Palestine, Jordanie, Irak.

[15] La formule est de Michel Chiha dont les principaux écrits ont été regroupés dans, *Politique intérieure*, Editions du Trident, Beyrouth, 1964.

Les années d'euphorie

[1] Ces chiffres et ceux qui suivent sont cités dans Claude DUBAR et Salim NASR, *Les classes sociales…*, *op. cit.*, pp. 67 et suivantes.

[2] Sur ce point, voir Aïda BOUDJIKANIAN, Nadine PICAUDOU et Jean-Pierre BERTRAND, *L'Industrie libanaise et les marchés arabes du Golfe*, CERMOC, Beyrouth, 1979, 159 p.

[3] Sur le phénomène clientéliste dans la commuanuté sunnite de Beyrouth, voir l'excellente étude de Michael JONHSON, *Class and client in Beirut, The sunni muslim community and the lebanese state (1840-1985)*, Ithaca Press, Londres, 1986, 243 p.

[4] Sur l'ensemble de la période, voir tout spécialement Leila MEO, *Lebanon improbable nation : a study in political development*, Bloomington, Indiana University, 1965, X-246 p. ainsi que Wade R. GORIA, *Sovereignty and leadership in Lebanon, 1943-1976*, Ithaca Press, Londres, 1985, 286 p.
Il existe par ailleurs sur la démocratie libanaise des années cinquante et soixante une abondante bibliographie dominée par les études américaines de sciences politiques dont les conclusions ont été sérieusement remises en cause par l'explosion de la guerre en 1975. Citons seulement Leonard BINDER *(ed.), Politics in Lebanon*, J. Wiley and Sons Inc. New-York, Londres, Sydney 1966, XVI-345 p. et Michaël HUDSON, *The precarious republic. Political modernization in Lebanon*, Random House, New-York, 1968, XVI-364 p.

[5] J.P. ENTELIS, *Pluralism and party transformation in Lebanon, Al Kata' ib 1936-1970*, Leiden, E.J. Brill, 1974, 227 p., p. 40.

[6] *Cf.* M. CHEHDAN-KHALIFE, *Les relations entre la France et le*

Liban (1958-1978), PUF, Paris, 1983, 90 p.

7 *Cf.* Salim NASR, « La transition des chiites vers Beyrouth : mutations sociales et mobilisation communautaire à la veille de 1975 », *in Mouvements communautaires et espaces urbains au Machreq*, CERMOC, 1985, 175 p., pp. 91 et 89.

8 Chiffre cité par BENASSAR, *Anatomie d'une guerre et d'une occupation, Evénements du Liban de 1975 à 1978, Ed. Galilée, Paris, 1978, 213 p., p. 61-62.*

La montée des périls

1 Sur les multiples conséquences de la défaite arabe de juin 1967, voir notamment Georges CORM, *Le Proche-Orient éclaté, de Suez à l'invasion du Liban (1956-1982)*, Maspero, Paris, 1983, 369 p.

2 Les estimations de la population palestinienne au Liban varient entre 200 000 et 600 000 à la veille de la guerre. Nous retenons ici les conclusions de l'étude de S. AYYOUB fondée sur de minutieuses enquêtes de terrain et qui fait état de 461 000 Palestiniens à la fin de l'année 1976. *Cf.* S. AYYOUB, *Al bina al tabaqi lil falastiniyin fi Lubnan (La structure de classe des Palestiniens au Liban)*, Beyrouth, Université Arabe, 1978.

3 Coalition des partis de la gauche libanaise, créée en 1969.

4 Sur la mobilisation sociale des années 1970 à 1975 et sa répression par l'armée voir *infra* p. 126-127.

5 Sigle de Tsa-Haganah-le-Israël qui signifie : Les forces de défense d'Israël, soit l'armée israélienne.

6 Cf *infra* p. 154 et suivantes.

7 Organisation d'Action communiste au Liban, de tendance trotskyste.

8 Sur les pourparlers palestino-phalangistes, voir Abou IYAD, *Palestinien sans patrie*, Fayolle, Paris 1978, 361 p., pp. 248 et suivantes.

9 Cité par BENASSAR, *Anatomie d'une guerre*..., *op. cit.* p. 59-60.

10 Front Populaire de Libération de la Palestine, dirigé par Georges Habache, de tendance marxiste-léniniste ; Front de Libération Arabe, pro-irakien.

11 *Cf.* Claude DUBAR et Salim NASR, *Les classes sociales*..., *op. cit.*, p. 93.

12 *Cf.* André BOURGEY, « La guerre et ses conséquences géographiques au Liban », *in Annales de géographie*, n° 521, janvier-

février 1985, pp. 1-37, p. 11.
[13] *Cf.* Plan de Beyrouth, annexes p. 250.
[14] Sur ce personnage voir notamment Fouad AJAMI, *The Vanished Imam. Musa al Sadr and the Shia of Lebanon*, Cornell University Press, New-York, 1986.
[15] Sur ce point, voir notamment Elisabeth PICARD, « De la communauté-classe à la résistance nationale, Pour une nouvelle analyse du rôle des Chiites dans le système politique libanais (1970-1985) », *in : RFSP,* vol. 35, n° 6, décembre 1985, pp. 999 à 1 028 ; et Yves GONZALEZ-QUIJANO, « les interprétations d'un rite : célébration de la 'Achoura' au Liban », *in : Maghreb-Machreq,* n° 115, janvier-février-mars 1987, pp. 5 à 28.
[16] Sur ce point, voir Salim NASR, « Les formes de regroupement traditionnel dans la société de Beyrouth », *in :* Dominique CHEVALLIER *(ed), L'espace social de la ville arabe,* Maisonneuve et Larose, Paris, 1979, pp. 145-199 ; ainsi que Fouad I. KHOURY, *From village to suburb. Order and Change in Greater Beirut,* University of Chicago Press, Chicago, Londres, 1975, 272 p.

La guerre civile (1975-1976)

[1] Abu IYAD, *Palestinien sans patrie*, Paris, Fayolle, 1978, 361 p., p. 256.
[2] Rapporté par le journaliste américain Jonathan RANDAL dans un livre très éclairant sur le comportement politique des chrétiens, *La guerre de mille ans*, Paris, Grasset, 1983, 324 p., p. 79.
[3] Telle est l'analyse originale et convaincante que fait BENASSAR des événements de 1975 *in Anatomie d'une guerre..., op. cit.*
[4] Les quatre brigades de l'ALP furent créées en 1964 comme des branches militaires de l'OLP. Bien que composées de Palestiniens elles sont restées depuis lors sous le contrôle des États-Majors arabes.
[5] Kamal JOUMBLATT, *Pour le Liban*, Paris, Stock, 1978, 271 p., p. 38.
[6] *Ibidem*, p. 153.
[7] Abu IYAD, *Palestinien sans patrie, op. cit.*, pp. 294-295.
[8] Kamal JOUMBLAT, *op. cit.*, p. 185.
[9] BENASSAR, *Anatomie d'une guerre..., op. cit.*, p. 135.
[10] Cité par Selim TURQUIE dans *Le Monde Diplomatique*, novembre 1978, p. 2.

[11] Cité par Albert BOURGI et Pierre WEISS, *in : Les complots libanais : guerre ou paix au Proche-Orient,* Berger-Levrault, Paris, 1978, 212 p., p. 109.

Guerre au sud, crise à Beyrouth

[1] *Cf.* Ze'ev SCHIFF et Ehud YA'ARI, *Israël 's Lebanon war*, Simon and Schuster, New-York, 1984, 320 p., p. 18. L'ouvrage est très informé sur l'histoire des relations entre Israël et la droite chrétienne et sur les dessous de l'intervention israélienne au Liban en juin 1982.

[2] Extraits du *Journal* de Moshe SHARETT, *Le Monde Diplomatique*, décembre 1983, p. 16. Le journal a été publié en 1978 en hébreu (éditions Maariv, Tel-Aviv, 8 volumes) par le fils de Moshe Sharett, Yaacov Sharett, et n'a été traduit dans aucune langue à l'exception de quelques extraits dans l'ouvrage de Livia ROKACH, *Israël 's sacred terrorism*, A study based on Moshe Sharett 's « Personal diary » and other documents, 2nd ed., Belmont, Massachussets, 1982, XV-73 p.

[3] Chambre des Députés israélienne dont le siège est à Jérusalem-Ouest.

[4] Karim PAKRADOUNI, *La paix manquée. Le mandat d'Elias Sarkis (1976-1982)*, éditions Fiches du Monde arabe, Beyrouth, 1984, 273 p.

[5] Le développement qui suit doit beaucoup à l'excellent article de Percy KEMP « La stratégie de Bachir Gemayel », in *Hérodote,* n° 29-30, Avril-septembre 1983, pp. 55 à 82.

[6] Cf. André BOURGEY, « La guerre et ses conséquences géographiques..., *op. cit.*

[7] Sur ce point voir Gérard MICHAUD (pseudonyme de Michel SEURAT), « Le mouvement islamique en Syrie (1963-1982) » dans *Les Frères Musulmans (1928-1982)* présenté par Olivier CARRÉ et Gérard MICHAUD, Gallimard, Paris 1983, pp. 125 à 218.

[8] L'expression est reprise à Jonathan RANDAL, *La guerre de mille ans..., op. cit.*

[1] Itamar RABINOVITCH, *The war for Lebanon, 1970-1983*, Cornell University Press, New-York, 1984, 243 p., p. 168.

[2] Pour le texte de l'accord, voir *Revue d'Etudes Palestiniennes*, n° 9, automne 1983, pp. 87 à 98.

[3] Voir Salim NASR, « Mobilisation communautaire et symbolique religieuse : l'*Imam* Sadr et les chiites du Liban (1970-1975) » dans Olivier CARRÉ et Paul DUMONT, *(eds), Radicalismes islamiques*, T. 1, L'Harmattan, Paris, 1985, pp. 119 à 158 et Salim NASR, « La transition des chiites vers Beyrouth : mutations sociales et mobilisation communautaire à la veille de 1975 », dans CERMOC, *Mouvements communautaires et Espaces urbains au Machreq, op. cit.*

[4] Cité dans *Revue d'Etudes Palestiniennes*, n° 6, hiver 1983, p. 157.

[5] *Ibidem,* p. 165.

[6] *Ibidem,* p. 177.

[7] Amin GEMAYEL, *L'offense et le pardon*, Gallimard, Paris, 1988, 209 p., p. 90.

[8] *Cf.* Yola BATAL, « Normalisation forcée au Liban. Une lecture de la presse israélienne », dans *Revue d'Etudes Palestiniennes*, n° 9, automne 1983, pp. 47 à 73.

[9] Sur ce point voir notamment l'article de Samir KASSIR dans *le Monde Diplomatique* d'octobre 1984.

[10] *Al Nahar*, 4 septembre 1984.

[11] *Cf.* Amin GEMAYEL, *L'offense et le pardon, op. cit.,* p. 111.

[12] Sur ce point voir la remarquable analyse de Michel SEURAT, « Le quartier de Bab Tebbané à Tripoli : étude d'une *'asabiyya* urbaine », *in : Mouvements communautaires et espaces urbains au Machreq, op. cit.,* pp. 45 à 86.

[13] Le texte intégral de l'accord est publié dans les *Cahiers de l'Orient,* n° 1, premier trimestre 1986.

[14] Cité par Samir KASSIR, dans le *Monde Diplomatique*, février 1983, p. 19.

[15] Voir Samir KASSIR, *Monde Diplomatique*, octobre 1984, p. 15.

[16] *Cf. Les Cahiers de l'Orient*, n° 2, deuxième trimestre 1986, p. 154.

[17] *Ibidem.*

[18] L'activisme des militants pro-iraniens n'est pourtant pas sans conséquences sur Amal dont certains membres ont rejoint les rangs du Hezbollah au point de provoquer un éclatement du mouvement lors de son 4ème Congrès en avril 1986.

[19] Interview de Fadlallah, *in Kayhan*, 14 novembre 1985, cité par Martin KRAMER, « La morale du Hezbollah et sa logique », in

R.F.S.P., janvier - février - mars 1988, p. 48.

[20] *Cf.* Olivier CARRÉ, « Quelques mots-clefs de Muhammad Husayn Fadlallâh », *in R.F.S.P.*, août à décembre 1987, pp. 478 à 500.

[21] Ils furent alors attribués aux frères 'Abdallah, membres de l'extrême gauche libanaise manipulés par la Syrie.

Postface

[1] L'expression est empruntée à Georges NACCACHE, *Un rêve libanais (1943-1973), Fiches du Monde Arabe,* Beyrouth, 1983, 277 p.

[2] Sur ce point, voir Ahmad BEYDOUN, *Identité confessionnelle..., op. cit.,* p. 75.

[3] Père Yoachim MOUBARAC, «La politique du Vatican au Liban: le Saint-Siège et le devenir de la relation islamo-chrétienne», *in IFRI, Le Liban: espoirs et réalités,* pp. 205 à 221, p. 209.

[4] Cf. François BURGAT, «Islamisme: la voix du sud», *in Cahiers de l'Orient,* n° 6, deuxième trimestre 1987, pp. 169 à 178.

[5] Terme employé dans les pétitions de soutien à la candidature de Raymond EDDÉ.

[6] Référence à l'ouvrage déjà cité de Leila MEO, *Lebanon, improbable nation...*

CHRONOLOGIE

1842	Destitution du dernier émir de la montagne. Instauration de deux *caïmacamat* (l'un druze, l'autre maronite).
1858-1860	Révoltes paysannes dans le Kesrouan suivies d'affrontements communautaires maronito-druzes.
Août 1860	Débarquement à Beyrouth d'un corps expéditionnaire français.
9 juin 1861	Promulgation à Istanbul d'un Statut Organique du Mont-Liban imposé par les puissances.
1915-1916	Répression ottomane contre réformistes et nationalistes arabes.
1918-1920	Royaume Arabe de Fayçal à Damas.
1er septembre 1920	Proclamation de l'Etat du Grand-Liban sous mandat français.
1925-1926	Révolte druze en Syrie puis au Liban.
Mai 1926	Promulgation de la constitution.
Novembre 1936	Signature d'un traité franco-libanais.
Septembre 1943	Election de Bechara al Khoury à la Présidence de la République ; Riad al Solh est nommé Premier

	Ministre. Ils concluent entre eux le Pacte national.
Décembre 1946	Fin de l'évacuation des troupes françaises.
1958	
Mai	Début de la première guerre civile libanaise.
15 juillet	Débarquement américain à Beyrouth.
31 juillet	Le général Fouad Chehab est élu Président de la République.
1968	Constitution d'une alliance électorale entre les Phalanges, le PNL et le Bloc National.
28 décembre	Raid de l'aviation israélienne sur l'aéroport de Beyrouth.
3 novembre 1969	Signature des accords libano-palestiniens du Caire à l'issue des premiers affrontements entre la résistance palestinienne et l'armée libanaise.
Septembre 1972	Première invasion israélienne du Liban-Sud.
1973	Nouveaux affrontements libano-palestiniens.
1975	
13 avril	Attentat antipalestinien d'Aïn al Remmaneh qui déclenche la guerre civile.
1er septembre	Accord israélo-égyptien de désengagement des forces dans le Sinaï.
1976	
Janvier	Chute du bidonville de la Quarantaine aux mains des milices chrétiennes. Par réaction, les *« palestino-progressistes »* prennent Dammour et Jiyeh. Premières scissions au sein de l'armée libanaise.
14 février	Programme de réformes politiques proposé par la Syrie et rejeté par le Mouvement national.
8 mai	Election d'Elias Sarkis à la Présidence de la République.

1er juin	Intervention militaire syrienne contre les « *palestino-progressistes* ».
12 août	Chute du camp palestinien de Tal al Za'atar aux mains des milices chrétiennes.
17-18 octobre	Sommet arabe de Ryad qui prévoit la création d'une Force Arabe de Dissuasion au Liban.
1977	
16 mars	Assassinat de Kamal Joumblatt.
25 juillet	Signature des accords de Chtaura entre l'Etat libanais et la résistance palestinienne prévoyant un désengagement palestinien au Liban-sud.
Septembre	Recrudescence des combats entre les forces communes « *palestino-progressistes* » et les conservateurs chrétiens appuyés par Israël au Liban-sud.
1978	
7 février	Accrochages entre l'armée libanaise et l'armée syrienne à Fayadiyyé.
14-15 mars	Invasion israélienne du Liban-sud.
19 mars	Création de la FINUL (Force Intérimaire des Nations Unies au Liban) déployée au Sud-Liban aux termes de la résolution 425 du Conseil de Sécurité de l'ONU.
27 mars	Sa'ad Haddad, chef des Forces Libanaises au sud annonce la création d'une armée du Liban-sud.
13 juin	Assassinat de Tony Frangié et de sa famille par les miliciens phalangistes.
1er juillet	Début des affrontements à Beyrouth-Est entre la FAD et les milices chrétiennes.
18 avril 1979	S. Haddad proclame la naissance de « *l'Etat du Liban libre* ».
1981	
1er avril-30 juin	Siège de Zahlé par les troupes syriennes de la FAD.

Avril-mai	Bataille du Sannine. Installation de batteries syriennes de missiles Sam 6 dans la Beqa. Philippe Habib, l'émissaire américain dénoue la crise.
Juillet	Violents raids israéliens au Liban-sud.
1982	
Avril	Combats à Beyrouth-Ouest entre Amal et les partis du Mouvement national.
6 juin	Début de l'offensive israélienne « *Paix pour la Galilée* ».
3 juillet	Début du siège de Beyrouth-Ouest par l'armée israélienne.
21 août-3 sept.	Evacuation des combattants palestiniens de Beyrouth-Ouest.
23 août	Election de Bachir Gemayel à la Présidence de la République.
28 août	Arrivée de la Force Multinationale.
14 septembre	Assassinat de Bachir Gemayel.
14-17 sept.	L'armée israélienne « ratisse » Beyrouth-Ouest.
16-18 sept.	Massacre de civils palestiniens et libanais à Sabra et Chatila.
16 septembre	Naissance d'un Front de la Résistance nationale libanaise.
21 septembre	Election d'Amin Gemayel à la Présidence de la République.
21-29 sept.	Retour de la Force Multinationale.
1983	
18 avril	Attentat contre l'ambassade des Etats-Unis, revendiqué par le *Jihad islamique*.
17 mai	Accord libano-israélien de Naqoura.
Mai	Début des dissensions inter-palestiniennes.
Juillet	Création d'un Front de Salut National comprenant Amal, le PSP, Rachid Karamé et Soleiman Frangié, contre l'accord du 17 mai.

Septembre	Début de la bataille du Chouf entre milices chrétiennes et combattants du PSP.
23 octobre	Double attentat contre les Q.G. américain et français de la Force Multinationale, revendiqué par le *Jihad islamique*.
20 décembre	Evacuation de 4 000 combattants palestiniens de Tripoli après le siège des camps du nord par les troupes syriennes.

1984

6 février	Assaut de l'opposition libanaise sur Beyrouth-Ouest.
Mars	Départ de la Force Multinationale.
15 mars	Ouverture à Lausanne de la 2ème Conférence libanaise du dialogue.
Novembre	Affrontements à Tripoli entre le Mouvement de l'Unification islamique et la coalition : Ba'ath, PC, PPS.

1985

11 mars	Soulèvement de Samir Geagea au sein des Forces Libanaises.
25 mars	Création à Damas du Front de Salut National Palestinien pro-syrien.
9 mai	Soulèvement d'Elie Hobeika contre Samir Geagea et rapprochement des Forces libanaises avec la Syrie.
Mai	Début de la *« guerre des camps »* entre Amal et les Palestiniens.
28 décembre	Accord politique tripartite signé à Damas entre les Forces libanaises, Amal et le PSP.

1986

13 janvier	Amin Gemayel refuse l'accord lors d'un sommet Asad-Gemayel.
15 janvier	Soulèvement anti-syrien de Samir Geagea au sein des Forces libanaises.

Juin	Affrontements PSP + milices sunnites contre Amal, le Ba'ath et la 6ème brigade (chiite) de l'armée libanaise.
1987	
Janvier	Guerre généralisée entre Amal et les partis progressistes à Beyrouth-Ouest.
20 février	Entrée de l'armée syrienne à Beyrouth-Ouest.
Avril	Fin du siège des camps à Beyrouth-Ouest. L'indice des prix a augmenté de + 226 % entre janvier 1986 et janvier 1987.
Mai	Recrudescence des opérations israéliennes au Liban-sud.
Juillet	Distribution à Beyrouth-Ouest d'un projet de République islamique. Assassinat du Premier ministre Rachid Karamé, remplacé par Salim al-Hoss.
30 août-3 sept.	Epreuve de force entre Amal et le Hezbollah.
Août	Accrochages quotidiens au sud entre l'Armée du Liban-sud soutenue par Israël, le Front de la Résistance Nationale et le Hezbollah.
Novembre	Grèves et manifestations contre la vie chère dans tout le pays.
1988	
Juin	Ouverture du délai constitutionnel pour l'élection présidentielle.
16 août	Candidature de Soleiman Frangié, soutenue par Damas.
18 août	Premier échec de l'élection, le *quorum* n'est pas atteint.
18 septembre	Accord syro-américain de soutien à la candidature de Mikhail Daher. A. Gemayel, le Patriarche maronite et les Forces libanaises refusent l'accord.

20 septembre	27 députés réunis autour du Patriarche soutiennent la candidature de R. Eddé.
22 septembre	Echec de l'élection présidentielle.
23 septembre	A. Gemayel désigne M. Aoun comme chef d'un cabinet militaire provisoire. Salim al-Hoss ne reconnaît pas le nouveau gouvernement.
15 novembre	Proclamation à Alger de l'Etat de Palestine.
24-30 nov.	Affrontements Amal/Hezbollah dans la banlieue sud de Beyrouth.
23 décembre	Accord Amal/Fatah mettant fin à la guerre des camps.

1989

12 janvier	Salim al-Hoss et Michel Aoun présentent chacun un *memorandum* sur la crise libanaise aux ministres des Affaires Etrangères de la Ligue Arabe réunis à Tunis.
14 janvier	La Ligue Arabe forme un Comité de bons offices pour résoudre la crise libanaise.
26-30 janv.	Médiation de la Syrie et de l'Iran dans les combats interchiites.
14 février	Affrontements entre les Forces libanaises et l'armée à Beyrouth-est.
6 mars	M. Aoun impose le blocus des ports illégaux.
14 mars	Bombardements entre les deux secteurs de la capitale ; M. Aoun lance une *« guerre de libération »* contre la Syrie.
11-18 avril	Mission humanitaire française.
13 avril	Le Parlement européen adopte une résolution demandant *« le retrait du Liban de toutes les forces non libanaises »*.
6-12 mai	Reprise des bombardements à Beyrouth.
11 mai	Communiqué commun soviéto-américain sur le Liban.

16 mai	Assassinat du *mufti* sunnite de la République Cheikh Hassan Khaled.
23-25 mai	Sommet arabe de Casablanca ; création d'un nouveau Comité tripartite (Arabie Saoudite, Maroc, Algérie).
Juillet	Bombardements israéliens au sud.
1er août	Rapport du Comité tripartite dénonçant l'impasse créée par les positions syriennes.
16 septembre	Plan en sept points du Comité tripartite, accepté par M. Aoun.
24 octobre	Clôture de la session du Parlement libanais à Taëf ; manifestations pro-Aoun à l'est.
4 novembre	Aoun dissout le Parlement.
5 novembre	René Mo'awad est élu Président de la République au 2e tour ; des manifestants pro-Aoun molestent le Patriarche.
13 novembre	Salim al-Hoss est chargé de former un gouvernement d'union nationale.
22 novembre	Assassinat de R. Mo'awad.
24 novembre	Election de E. Hraoui.
28 novembre	Le nouveau gouvernement démet M. Aoun et nomme Emile Lahoud à la tête de l'armée ; début du *sit-in* des partisans de M. Aoun à Baabda.
4 décembre	Bombardements israéliens au sud.
8 décembre	Intervention des troupes syriennes à Beyrouth-ouest dans le conflit Amal/Hezbollah.

1990

24 janvier	Concentration israélienne dans le *cordon de sécurité.*
31 janvier	Début de violents combats entre les Forces libanaises et l'armée à Beyrouth-est.
Mars	Le Liban a produit 905 T. de haschich en 1989.

7 mars	Affrontements Amal/Hezbollah dans la banlieue sud.
3 avril	S. Geagea accepte l'accord de Taëf.
10 avril	Création d'un nouveau Front libanais (pro-Aoun) dirigé par Dany Chamoun.
Mai	Reprise des affrontements à l'est. Affrontements interchiites dans le Iqlim al-Touffah au sud du pays. Plusieurs villages du sud refusent la conscription instaurée par l'ALS.
21 août	Le Parlement adopte les réformes prévues par le document de Taëf.
24 août	Spéculation effrénée sur le dollar qui atteint 1000 livres libanaises.
28 septembre	Début du blocus des régions contrôlées par le Général Aoun.
13-14 octobre	Offensive syro-libanaise contre M.Aoun qui se réfugie à l'ambassade de France.
20 octobre	Assassinat de Dany Chamoun et de sa famille.
Novembre	Accord syro-iranien met fin aux combats Amal/Hezbollah ; début du retrait des milices du Grand-Beyrouth.
24 décembre	Formation du gouvernement de réconciliation nationale d'Omar Karamé ; les chefs de milices sont ministres sans portefeuille.
30 décembre	Israël déploie des fusées sol-sol près de Jezzine.
1991	
Janvier	Israël masse des troupes au sud, menaces d'ouverture d'un deuxième front dans la guerre du Golfe.
Février	Début du déploiement de l'armée libanaise au sud.
13 mars	Augmentation des salaires de 60 %.
28 mars	Le Conseil des ministres annonce le déploiement

	de l'armée sur tout le territoire avant le 20 septembre.
Avril	Poursuite du désarmement des milices.
22 mai	Signature du *Traité de Fraternité, de Coopération et de Coordination* entre le Liban et la Syrie. M. Arens visite le *cordon de sécurité.*
29 mai	Le Conseil des Ministres décide l'intégration par étapes des miliciens et adopte un projet de service militaire ; première réunion du Comité ministériel pour la reconstruction du centre-ville.
4-5 juin	Violents raids israéliens sur Saïda.
7 juin	Nomination des 40 nouveaux députés du Parlement.
Juillet	Affrontements entre l'armée et les Palestiniens à Saïda, les Palestiniens regagnent les camps.
6-7 juillet	L'armée libanaise entre à Tyr.
9 juillet	La commission chargée de l'intégration des miliciens retient quelque 5 000 noms.
16 juillet	Selon R. Eddé, le Liban doit demander seulement l'application de la 425 et n'a pas intérêt à participer à la Conférence de paix.
17 juillet	Fermeture du bureau des Forces libanaises à Paris.
23 juillet	Le gouvernement décide de participer à la Conférence internationale sans lier l'application de la 425 au conflit israélo-arabe. Le Premier ministre déclare : « La reconstruction est impossible sans la création d'un Fonds international d'aide. »
27-28 juillet	Sommet syro-libanais à Damas.
29 juillet	Bombardements israéliens de représailles à la suite d'un attentat contre trois soldats de l'ALS.
5 août	Le Premier ministre annonce des élections législatives pour le printemps 1992.
6 août	Une commission ministérielle adopte le projet de reconstruction du centre-ville.

14 août	Le gouvernement annonce un projet d'amnistie générale ; le représentant des Forces libanaises se retire en signe de protestation.
17-18 août	Le Premier ministre déclare : « La reconstruction de toute l'infrastructure exige 15 MM de dollars. »
19 août	Annonce d'une aide française de 45 M de francs.
22 août	Ouverture du marché syrien aux produits libanais.
24-25 août	Déploiement de l'armée à Tripoli et Bcharré.
27 août	Le gouvernement décide de faire bénéficier le général Aoun de la loi d'amnistie.
29 août	Arrivée à Marseille du général Aoun. Démission des ministres chiites pour protester contre la visite en Libye du Premier ministre libanais alors que l'affaire de la disparition de l'*imam* Moussa Sadr n'est toujours pas clarifiée.
2 septembre	Violents bombardements de l'ALS sur des villages du Sud-Liban.
6 septembre	Début d'une campagne d'éradication de la culture du pavot dans la vallée de la Beqa.
10 septembre	Polémique au Parlement sur le projet de reconstruction du centre-ville.
11 septembre	Dans le cadre de la médiation des Nations unies pour mettre un terme à l'affaire des otages, Israël libère 51 détenus libanais de la prison de Khyam.
18 septembre	La CEE accorde un crédit de 69 M d'écus pour la reconstruction.
24 septembre	Le président de la République E. Hraoui, en visite aux Etats-Unis rencontre le président G. Bush. L'ex-Premier ministre Salim al-Hoss fait une conférence à l'IMA à Paris.
2 octobre	Le Comité supérieur tripartite de la Ligue arabe décide la création d'un Fonds international d'aide à la reconstruction du Liban.

4 octobre	L'Allemagne accorde au Liban une aide de 12 M de dollars.
8 octobre	Création à Beyrouth de «L'instance unifiée des habitants des régions occupées» (par Israël).
9 octobre	Le Secrétaire général de l'ONU demande aux autorités libanaises de ne pas déployer l'armée dans la zone de la FINUL.
19-25 octobre	Visite à Paris du président E. Hraoui.
22 octobre	Israël bloque par le feu 11 villages de la région de Nabatiyeh.
26-27 octobre	Le Pape accorde une audience au Président libanais.
30 octobre	Ouverture à Madrid de la Conférence internationale pour la paix au Proche-Orient.
31 octobre	Le ministre des Affaires Etrangères déclare dans son allocution de Madrid : «La 425 est totalement indépendante de la 242 ou de la 238 [...] La solution du problème palestinien par la pérennisation de la présence des réfugiés palestiniens au Liban menacerait l'équilibre sensible de ce pays.»
18 novembre	Libération du Britannique T. Waite et de l'Américain D. Sutherland.
19 novembre	Le projet du centre-ville est adopté par le Parlement.
3-4 décembre	Libération des Américains Ciccipio et Steen, puis de Terry Anderson.
10 décembre	Ouverture des négociations israélo-arabes à Washington après une semaine de retard.
30 décembre	Une voiture piégée fait 27 morts et 120 blessés à Beyrouth-Ouest.

ANNEXES

PETIT LIBAN
GRAND LIBAN

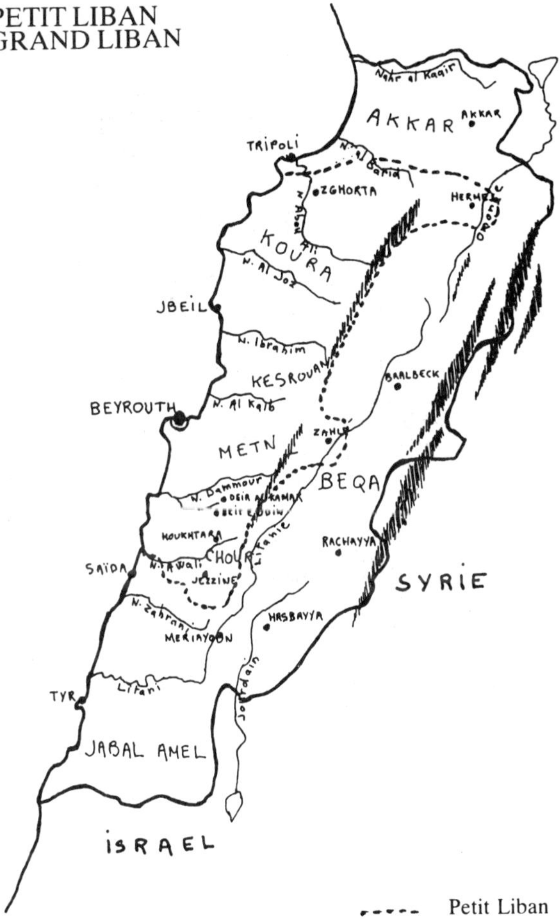

Petit Liban

Liban

LES DIVISIONS ADMINISTRATIVES

LA REPRÉSENTATION PARLEMENTAIRE (1943-1972)

COMMUNAUTÉS	NOMBRE DE DÉPUTÉS				
	1943	**1950**	**1952**	**1957**	**1960-1972** (1)
CHRÉTIENNES					
Maronite	18	23	13	20	30
Grecque-Orthodoxe	6	8	5	7	11
Grecque-Catholique	3	5	3	4	6
Arménienne-Orthodoxe	2	3	2	3	4
Arménienne-Catholique	—	1	0	1	1
Protestante	—	1	0	0	1
Minoritaire	1	1	1	1	1
TOTAL DES SIÈGES CHRÉTIENS	**30**	**42**	**24**	**36**	**54**
MUSULMANES					
Sunnite	11	16	9	14	20
Chiite	10	14	8	12	19
Druze	4	5	3	4	6
TOTAL DES SIÈGES MUSULMANS	**25**	**35**	**20**	**30**	**45**
TOTAL GÉNÉRAL	**55**	**77**	**44**	**66**	**99**

(1) La loi électorale n'a pas été modifiée entre 1960 et 1972 et il n'y a eu depuis 1972 aucune élection législative au Liban.

RÉPARTITION GÉOGRAPHIQUE
APPROXIMATIVE
DES DIFFÉRENTES COMMUNAUTÉS
CONFESSIONNELLES (janvier 1975)

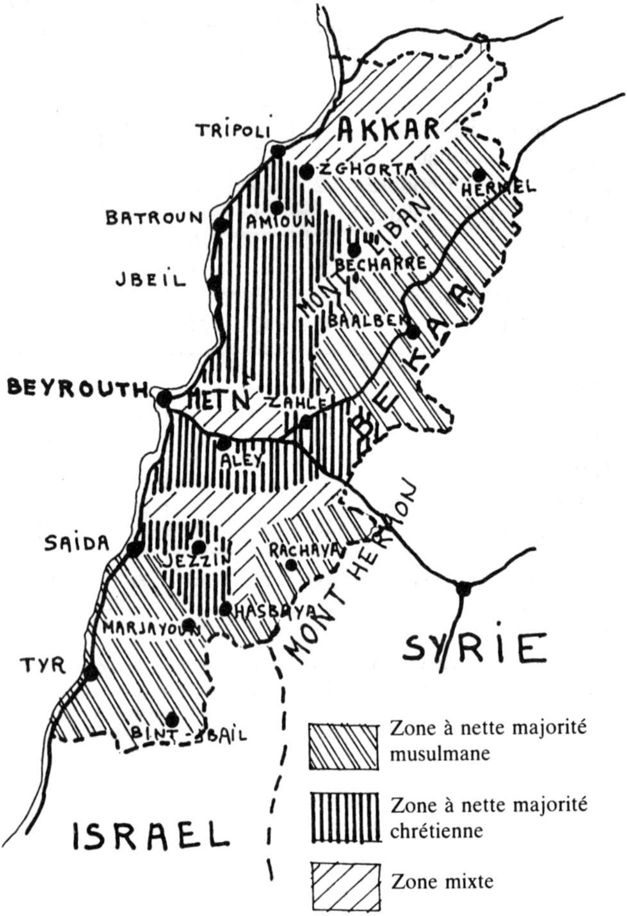

Source : « Guerre civile au Liban », *Problèmes politiques et sociaux*, n° 291, La Documentation Française, Paris, 20 août 1976.

LES FORCES EN PRESENCE EN 1976

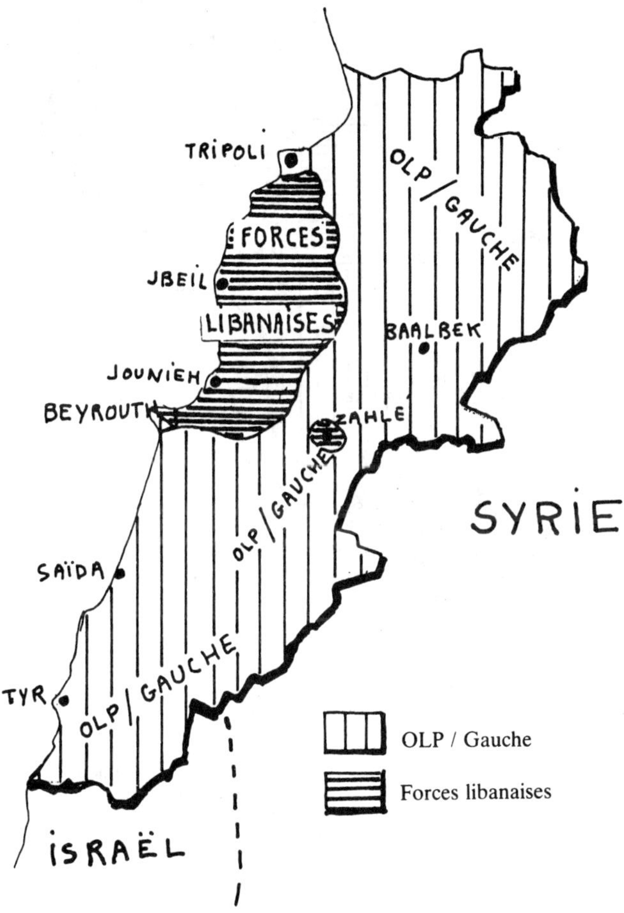

LES FORCES EN PRESENCE ENTRE 1978 ET 1981

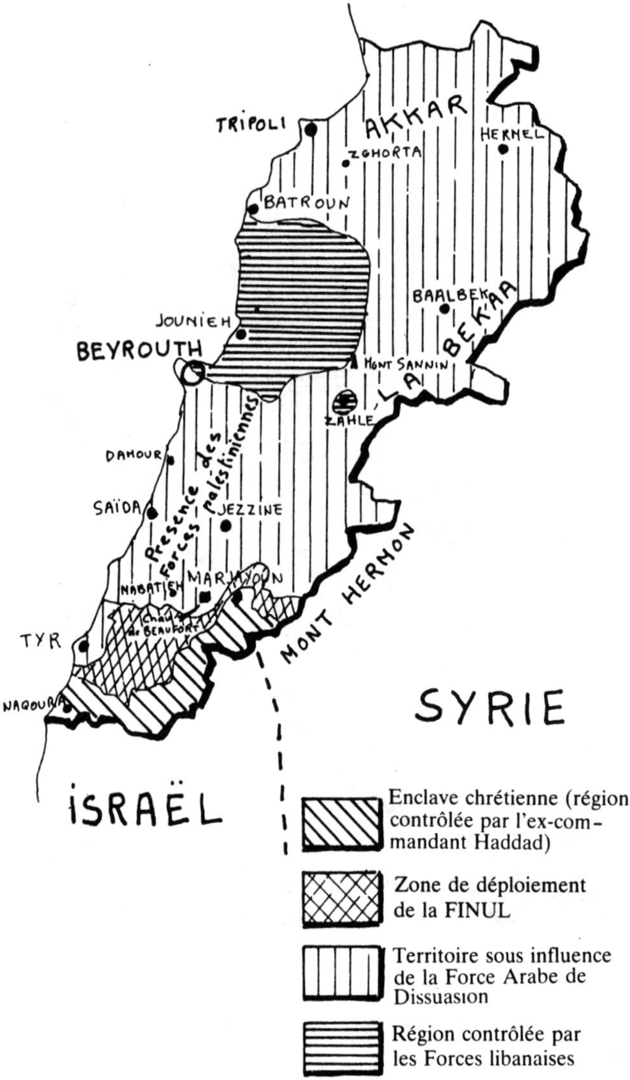

LES FORCES EN PRESENCE EN 1987

L'ECLATEMENT DE BEYROUTH ET LES FORCES EN PRESENCE EN 1987

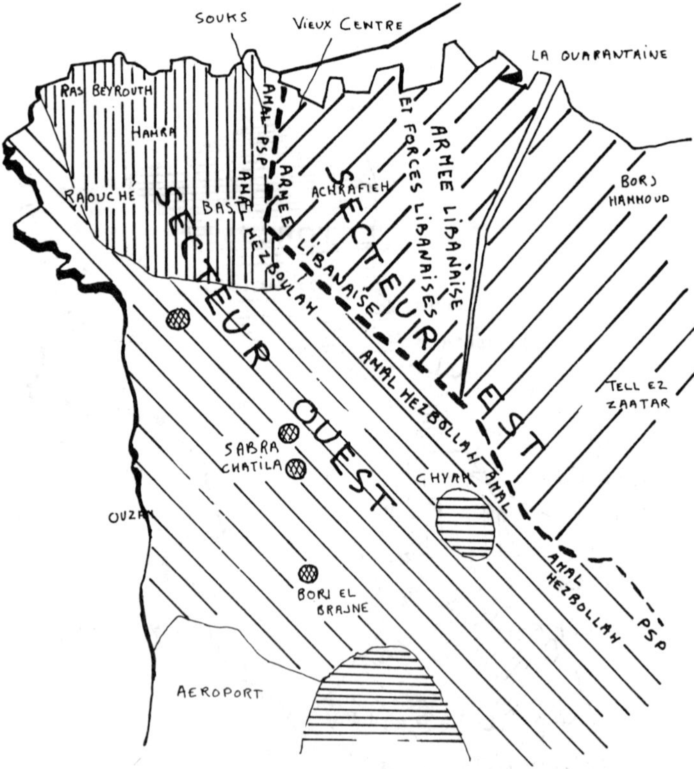

- - - Ligne de démarcation

Armée libanaise et Forces libanaises

Zone d'influence du Hezbollah

Zone d'influence d'Amal

Zone d'influence du PSP

OLP

LA RÉPARTITION COMMUNAUTAIRE DE LA POPULATION LIBANAISE

COMMUNAUTÉS	1922		1932		1943[1]		1975[2]		1984[3]	
	Chiffres	%	Chiffres	%	Chiffres	%	Chiffres	%	Chiffres	%
CHRETIENNES										
Maronite	199 182	32,7	226 378	28,8	322 555	29,5	496 000	15,5	900 000	25,2
Grecque orthodoxe	81 409	13,3	76 522	9,7	108 093	9,9	230 000	7,2	250 000	7
Grecque catholique	41 426	7	46 000	5,9	63 004	5,7	213 000	6,6	150 000	4,2
Autres chrétiens	12 651	2,1	53 463	6,8	91 791	8,4	260 000	8,1	225 000	6,3
TOTAL CHRÉTIENS	**334 668**	**55,1**	**402 363**	**51,2**	**585 443**	**53,5**	**1 199 000**	**37,4**	**1 525 000**	**42,7**
MUSULMANES										
Sunnite	124 786	20,5	175 925	22,4	230 604	21,1	690 000	21,5	750 000	21
Chiite	104 947	17,2	154 208	19,6	204 101	18,7	970 000	30,2	1 100 000	30,8
Druze	43 633	7,2	53 047	6,8	72 842	6,7	348 000	10,9	200 000	5,6
TOTAL MUSULMANS	**273 366**	**44,9**	**383 180**	**48,8**	**507 547**	**46,5**	**2 008 000**	**62,6**	**2 050 000**	**57,3**
TOTAL GÉNÉRAL	**608 034**	**100**	**785 543**	**100**	**1 092 990**	**100**	**3 207 000**	**100**	**3 575 000**	**100**

SOURCES :

(1) Les chiffres de 1942 sont une estimation publiée dans le *Recueil de Statistiques de la Syrie et du Liban, 1941-1943*, cité par Pierre Rondot *in Les institutions politiques du Liban, des communautés traditionnelles à l'Etat moderne,* Paris, Institut d'Etudes de l'Orient Contemporain, 1947, 148 p.

(2) Lucien George, article « Liban » *in Universalia* 1976, p 306.

(3) Estimations Financial Times du 17 février 1984, p. 16 cité par Michaël Jonhson *in Class and Client in Beirut : the Sunni Muslim Community and the Lebanese State 1840-1985,* Londres, Ithaca Press, 1986, XVII - 243 p. p. 226.

BIBLIOGRAPHIE SÉLECTIVE

ATALLAH, Da'ud Bou Malhab, *Le Liban guerre civile ou conflit international ?* Al Hurriyat, Beyrouth, 1980, 284 p.

BAYDOUN, Ahmad, *Identité confessionnelle et temps social chez les historiens libanais contemporains,* Publications de l'Université Libanaise, Vol. XV, Beyrouth, 1984, 610 p.

BENASSAR, *Anatomie d'une guerre et d'une occupation ; événements du Liban de 1975 à 1978,* Ed. Galilée, Paris, 1978, 213 p.

BENASSAR, *Paix d'Israël au Liban à l'heure de l'épreuve de force URSS-USA,* Ed. l'Orient, Beyrouth, 1983, 241 p.

BOURGI, Albert et WEISS, Pierre, *Les complots libanais : guerre ou paix au Proche-Orient* ?, Berger-Levrault, Paris, 1978, 212 p.

BOURGI, Albert et WEISS, Pierre, *Liban, la cinquième guerre du Proche-Orient,* Publisud, Paris, 1983, 314 p.

CERMOC, *Mouvements communautaires et espaces urbains au Machreq*, Beyrouth, 1985, 175 p.

CHAMOUN, Camille, *Crise au Moyen-Orient*, Gallimard, Paris, 1963, 436 p.

CHAMUSSY, René, *Chronique d'une guerre : Liban 1975-1977*, Desclée, Paris, 1978, 280 p.

CHEVALLIER, Dominique, *La société du Mont-Liban à l'époque de la révolution industrielle en Europe*, Librairie orientaliste Paul Geuthner, 1971, XXXIX - 296 p., XXI - 20 p.

COBBAN, Helena, *The making of modern Lebanon*, Hutchinson, Londres, 1985, 248 p.

CORM, Georges, *Le Proche-Orient éclaté, de Suez à l'invasion du Liban (1956-1982)*, La Découverte, Paris, 1983, 373 p.

CORM, Georges, *Géopolitique du conflit libanais*, La Découverte, Paris, 1986, 259 p.

COULAND, Jacques, *Le mouvement syndical au Liban (1919-1946) son évolution pendant le mandat français de l'occupation à l'évacuation et au Code du travail*, Ed. Sociales, Paris, 1970, 455 p.

DOCUMENTATION FRANÇAISE, *Les crises du Liban : 1958-1982 : chronologie commentée*, Institut français de polémologie, NED 4694-4695, Paris, 1982, 111 p.

DUBAR, Claude et NASR, Salim, *Les classes sociales au Liban*, Presses de la FNSP, Paris, 1976, 364 p.

GEMAYEL, Amin, *L'offense et le pardon*, Gallimard, Paris, 1988, 209 p.

GRESH, Alain et VIDAL, Dominique, *Proche-Orient, une guerre de cent ans*, Messidor, Paris, 1984, 207 p.

HERODOTE, *Géopolitiques au Proche-Orient*, n° 29-30, avril-septembre 1983.

HOURANI, Albert, *Syria and Lebanon, a political essay*, Oxford University Press, 4ème édition 1968, 402 p.

HOURANI, Albert, *The emergence of the modern Middle-East*, Londres, 1981.

IFRI, *Liban : espoirs et réalités*, sous la direction de Bassma Kodmani-Darwish, Paris, 1987, 287 p.

IRFED, *Le Liban face à son développement*, Présentation condensée de la première étude IRFED 1960-1961 par le P. Lebret, Beyrouth, 1963, XVI - 357 p.

ISMAEL, Adel, *Histoire du Liban du XVIIème siècle à nos jours*, G.P. Maisonneuve, Paris, T. I, 1955, XXIV - 230 p., T. IV, 1958, 419 p.

JOHNSON, Michaël, *Class and client in Beirut : the sunni muslim community and the lebanese state, 1840-1985*, Ithaca Press, Londres, 1986, XVII - 243 p.

JOUMBLATT, Kamal, *Pour le Liban*, propos recueillis par Philippe

Lapousterle, Stock, Paris, 1978, 270 p.

Khalidi, Walid, *Conflict and violence in Lebanon*, Center for International Affairs, Harvard University, Cambridge, Mass., 1979, 217 p.

Khoury, Gérard, *Mémoire de l'aube*, (roman), Publisud, Paris, 1987, 377 p.

Longrigg, Stephen Hemsley, *Syria and Lebanon under french mandate*, Londres, New-York, Toronto, Oxford University Press, 1958, XII - 404 p.

Ma'oz, Moshe et Yaniv, Avner *(eds), Syria under Asad. Domestic Constraints and Regional Risks*, Croom Helm, Londres et Sydney, 1986, 273 p.

Messara, Antoine Nasri, *Le modèle politique libanais et sa survie : essai sur la classification et l'aménagement d'un système consociatif*, Librairie Orientale, Beyrouth, 1983, XIV - 534 p.

Meo, Leila, *Lebanon, improbable nation : a study in political development*, Bloomington, Indiana University, 1965, X - 246 p.

Nantet, Jacques, *Histoire du Liban*, Ed. de Minuit, Paris, 1963, 358 p. nouvelle édition, Téqui, Paris, 1986, 364 p.

Owen, Roger, *(ed), Essays on the crisis in Lebanon*, Ithaca Press, Londres, 1976.

Pakradouni, Karim, *La paix manquée. Le mandat d'Elias Sarkis (1976-1982)*, Ed. Fiches du Monde arabe, Beyrouth, 1984, 273 p.

Peuples mediterranéens, *Liban, remises en cause*, n° 20, juillet-septembre 1982, 190 p.

Picard, Elisabeth, *Liban Etat de discorde, Des fondations aux guerres fratricides*, Flammarion, Paris, 1988, 263 p.

Rabbath, Edmond, *La formation historique du Liban politique et constitutionnel, Essai de synthèse*, Publications de l'Université Libanaise, Beyrouth, 1973, 586 p., nouvelle édition, Librairie Orientale, Beyrouth, 1986, 665 p.

Rabinovitch, Itamar, *The war for Lebanon, 1970-1983*, Cornell University Press, New-York, 1984, 243 p.

Randal, Jonathan, *La guerre de mille ans : jusqu'au dernier chrétien, jusqu'au dernier marchand : la tragédie du Liban*, traduit de l'américain par B. Vienne, Grasset, Paris, 1983, 324 p.

RONDOT, Pierre, *Les institutions politiques du Liban : des communautés traditionnelles à l'Etat moderne*, Institut d'Etudes de l'Orient contemporain, Paris, 1947, 148 p.

SALIBI, Kamal, *The modern history of Lebanon*, The Weidenfeld and Nicolson Asia-Africa Series, Londres, 1965, 227 p., New-York, F. A. Praeger, 1965, XXVIII - 228 p.

SALIBI, Kamal, *Crossroads to civil war. Lebanon 1958-1976*, Delmar, New-York, 1976, VIII - 178 p.

SAYEGH, Raymond, *Les conflits dans les zones de crise : le Proche-Orient et le Liban, essai de polémologie, de géopolitique et de sociologie*, Cousset, Delval, 1986, 260 p.

SCHEMEIL, Yves, *Sociologie du système politique libanais*, Grenoble, Service de reproduction des thèses de l'Université des Sciences Sociales, 1976, 571 p.

SCHIFF, Ze'ev et EHUD, Ya'ari, *Israël 's Lebanon war*, Simon and Schuster, New-York, 1984, 320 p.

SHORROCK, William I., *French imperialism in the Middle East. The failure of policy in Syria and Lebanon (1900-1914)*, University of Wisconsin Press, 1976, 214 p.

SPAGNOLO, John P., *France and ottoman Lebanon (1861-1914)*, Ithaca Press, Londres, 1977, 339 p.

THOBIE, Jacques, *Intérêts et impérialisme français dans l'empire ottoman (1895-1914)*, Paris, 1977, IX - 817 p.

THOBIE, Jacques, *Ali et les quarante voleurs, Impérialismes et Moyen-Orient de 1914 à nos jours*, Editions Messidor, Paris, 1985, 370 p.

WEHBE, Naklé et EL-AMIN, Adnan, *Système d'enseignement et division sociale au Liban*, Le Sycomore, Paris, 1980, 241 p.

ZAMIR, Meir, *The formation of modern Lebanon*, Croom Helm, Londres, 1985, 307 p.

Pour une bonne connaissance des évolutions récentes, voir aussi la revue *Magreb-Machreq*, la *Revue d'Etudes Palestiniennes*, les *Cahiers de l'Orient* et le *Monde Diplomatique*.

INDEX

EDITIONS COMPLEXE

la mémoire du siècle

collection dirigée par André Versaille

---

1. GERARD CHALIAND et YVES TERNON
1915-1917, LE GENOCIDE DES ARMENIENS

2. HENRI MICHEL
1939, LA DEUXIEME GUERRE MONDIALE COMMENCE

3. MARC FERRO
1917, L'OCCIDENT
DEVANT LA REVOLUTION SOVIETIQUE

4. FRED KUPFERMAN
1944-1945, LE PROCES DE VICHY :
PUCHEU, PETAIN, LAVAL

5. OLIVIER CARRE
1970, SEPTEMBRE NOIR
Refus arabe de la résistance palestinienne

6. HENRI MICHEL
1944, LA LIBERATION DE PARIS

7. PIERRE BROUE
1940, L'ASSASSINAT DE TROTSKY

8. KAREL KAPLAN
1952, PROCES POLITIQUES A PRAGUE

9. HENRI ARVON
1921, LA REVOLTE DE CRONSTADT

10. ROLAND LEW
1949, MAO PREND LE POUVOIR

11. MICHEL LAUNAY
1919, VERSAILLES, UNE PAIX BACLEE ?
Le XXe siècle est mal parti

12. FRANÇOIS FEJTO
1956, BUDAPEST, L'INSURRECTION
La première révolution anti-totalitaire

13. JEAN-PIERRE RAGEAU
PRAGUE 48
Le rideau de fer s'est abattu

14. YVES TERNON
1917-1921, MAKHNO, LA REVOLTE ANARCHISTE

15. PAVEL TIGRID
1953-1981, REVOLTES OUVRIERES A L'EST

16. GEORGES GORIELY
1933, HITLER PREND LE POUVOIR

17. GORDON GOLDING
1925, LE PROCES DU SINGE
La Bible contre Darwin

18. ARTHUR FUNK
1945, DE YALTA A POTSDAM
Des illusions à la guerre froide

19. CLAUDE DELMAS
COREE 1950
Paroxysme de la guerre froide

20. JEAN-PIERRE ALEM
1917, LA DECLARATION BALFOUR
Aux sources de l'Etat d'Israël

21. ALEXANDRA KWIATKOWSKA-VIATTEAU
1940-1943, KATYN
L'armée polonaise assassinée

22. PIERRE DAIX
1964, L'AVENEMENT DE LA NOMENKLATURA
La chute de Khrouchtchev

23. FRED KUPFERMAN
1917, MATA-HARI
Songes et mensonges

24. MARC FERRO
1956, SUEZ
Naissance d'un Tiers-Monde

25. JEAN-MARIE BROHM
1936, JEUX OLYMPIQUES A BERLIN

26. PAUL DUMONT
1923, MUSTAPHA KEMAL
Invente la Turquie moderne

27. ANDRE KASPI
1974, LE WATERGATE
La démocratie à l'épreuve

28. RENE REMOND
1958, LE RETOUR DE DE GAULLE

29. ADELIN GUYOT et PATRICK RESTELLINI
1933-1945, L'ART NAZI
Un art de propagande
Préface de Léon Poliakov

30. MAURICE VAISSE
1961, ALGER, LE PUTSCH

31. CLAUDE DELMAS
1961-1962, CRISES A CUBA

32. MARIE-FRANCE TOINET
1947-1957, LA CHASSE AUX SORCIERES

33. JEAN RABAUT
1914, JAURES ASSASSINÉ

34. HELENE CARRERE D'ENCAUSSE
1956, LA DESTALINISATION COMMENCE

35. ALEXANDRA KWIATKOWSKA-VIATTEAU
1944, VARSOVIE INSURGEE

36. MOHAMMED HARBI
1954, LA GUERRE COMMENCE EN ALGERIE

37. JEAN LACOUTURE
1962, ALGERIE, LA GUERRE EST FINIE

38. CHAPOUR HAGHIGHAT
1979, IRAN, LA REVOLUTION ISLAMIQUE

39. FRANÇOIS BEDARIDA
1940, LA BATAILLE D'ANGLETERRE

40. ANNE DE TINGUY
1972, USA-URSS, LA DETENTE

41. FRANÇOIS-XAVIER COQUIN
1905, LA REVOLUTION RUSSE MANQUEE

42. CLAUDE DELMAS
1945, LA BOMBE ATOMIQUE

43. JACQUES VANDERLINDEN
1959-1960, LA CRISE CONGOLAISE

44. PIERRE ASSOULINE
1944-1945, L'EPURATION DES INTELLECTUELS

45. ANNE-MARIE LE GLOANNEC
1961, UN MUR A BERLIN

46. JOEL et DAN KOTEK
1948, L'AFFAIRE LYSSENKO

47. EMILE TEMIME
1936, LA GUERRE D'ESPAGNE COMMENCE

48. NICOLAS WERTH
1936-1938, LES PROCES DE MOSCOU

49. ALAIN GRESH et DOMINIQUE VIDAL
PALESTINE 47, UN PARTAGE AVORTÉ

50. PIERRE GERBET
1957, LA NAISSANCE DU MARCHE COMMUN

51. LILLY MARCOU
1947, LA GUERRE FROIDE: L'ENGRENAGE

52. ANDRE KASPI
ETATS-UNIS 68
L'année des contestations

53. ANNETTE WIEVIORKA
1961, LE PROCES EICHMANN

54. ANAHIDE TER MINASSIAN
1918-1920, LA REPUBLIQUE D'ARMENIE

55. PIERRE HAZAN
1967, LA GUERRE DES SIX JOURS

56. CLAUDE DELMAS
1941, PEARL HARBOR
La guerre devient mondiale

57. JACQUES LEVESQUE
1979-1989, L'URSS EN AFGHANISTAN
De l'invasion au retrait

58. CATHERINE HODEIR et MICHEL PIERRE
1931, L'EXPOSITION COLONIALE

59. YVES TERNON
1906-1916, RASPOUTINE
Une tragédie russe

la mémoire des siècles

201. CLAUDE MOSSE
-399, LE PROCES DE SOCRATE

202. ERIC VIBART
1767-1797, TAHITI
Naissance d'un paradis au siècle des Lumières

203. JEAN-PAUL BERTAUD
1799, BONAPARTE PREND LE POUVOIR
La République meurt-elle assassinée ?

204. ROLAND MARX
1888, JACK L'EVENTREUR
et les fantasmes victoriens

205. JANINE GARRISSON
1572, LA SAINT-BARTHELEMY

206. PAUL M. MARTIN
-44, TUER CESAR !

207. GUY CHAUSSINAND-NOGARET
1789, LA BASTILLE EST PRISE
La Révolution française commence

208. MICHEL VOVELLE
1793-1794, LA REVOLUTION CONTRE L'EGLISE
De la Raison à l'Etre suprême

209. CLAUDE PETITFRERE
1784, LE SCANDALE DU MARIAGE DE FIGARO
Prélude à la Révolution française ?

210. PASCAL ORY
1889, L'EXPO UNIVERSELLE

211. FRANÇOISE BRUNEL
1794, THERMIDOR

212. JACQUES GUILHAUMOU
1793, LA MORT DE MARAT

213. ARLETTE LEBIGRE
1679-1682, L'AFFAIRE DES POISONS

214. JEAN MEYER
1638, LA NAISSANCE DE LOUIS XIV

215. DANIEL DESSERT
1661, LOUIS XIV PREND LE POUVOIR
Naissance d'un mythe ?

216. PIERRE DARMON
1774, LA VARIOLE, LES NOBLES ET LES PRINCES
La petite vérole mortelle de Louis XV

217. CATHERINE SALLES
-73, SPARTACUS ET LA REVOLTE DES GLADIATEURS

218. LUCIEN POZNANSKI
70, LA CHUTE DU TEMPLE DE JERUSALEM

219. JACQUES HEERS
1492, LA DECOUVERTE DE L'AMERIQUE

220. ELISE MARIENSTRAS
1890, WOUNDED KNEE
OU L'AMERIQUE FIN DE SIECLE

221. JEAN FLORI
1095-1099, LA PREMIERE CROISADE
Aux origines de l'idéologie contemporaine

222. JACQUES HEERS
1492-1530, LA RUEE VERS L'AMERIQUE
Le mirage et les fièvres

questions au XXe siècle

collection dirigée par Serge Berstein et Pierre Milza

---

1. **RENATA FRITSCH-BOURNAZEL**
L'ALLEMAGNE : UN ENJEU POUR L'EUROPE
Préface d'Alfred Grosser

2. **MICHELE COINTET-LABROUSSE**
VICHY ET LE FASCISME

3. **ARIANE CHEBEL D'APPOLLONIA**
L'EXTREME-DROITE EN FRANCE
De Maurras à Le Pen

4. **OLIVIER MILZA**
LES FRANÇAIS DEVANT L'IMMIGRATION

5. **RAOUL GIRARDET e.a.**
LA DEFENSE DE L'EUROPE

6. **JEAN-JACQUES BECKER**
LA FRANCE EN GUERRE (1914-1918)

7. **JEAN GUIFFAN**
LA QUESTION D'IRLANDE

8. **PIERRE MILZA et FANETTE ROCHE-PEZARD e.a.**
ART ET FASCISME

9. **ALAIN DESTEXHE**
AMERIQUE CENTRALE
Enjeux politiques

10. **NADINE PICAUDOU**
LA DECHIRURE LIBANAISE

11. **YVES GAUTHIER**
LA CRISE MONDIALE
De 1973 à nos jours

12. **MICHEL DREYFUS**
PCF, CRISES ET DISSIDENCES

13. **HENRI MENUDIER e.a.**
LA REPUBLIQUE FEDERALE D'ALLEMAGNE
DANS LES RELATIONS INTERNATIONALES

14. **MICHELE et JEAN-PAUL COINTET**
LA FRANCE A LONDRES
Renaissance d'un Etat (1940-1943)

15. **SERGE BERSTEIN e.a.**
PAUL RAMADIER : LA REPUBLIQUE ET LE SOCIALISME

16. **ANDRE VERSAILLE e.a.**
PENSER LE XXe SIECLE

17. **JACQUES BINOCHE**
DE GAULLE ET LES ALLEMANDS

18. JEAN-PIERRE RIOUX e.a.
LA VIE CULTURELLE SOUS VICHY

19. THIERRY MALLERET et MURIELLE DELAPORTE
L'ARMÉE ROUGE FACE À LA PERESTROÏKA
Le système militaire soviétique à l'heure de Gorbatchev
Avant-propos de l'Amiral Pierre Lacoste et Ilios Yannakakis

20. YVES DURAND
LE NOUVEL ORDRE EUROPÉEN NAZI
La collaboration politique dans l'Europe allemande (1938-1945)

21. SERGE BERSTEIN et PIERRE MILZA
LA FRANCE AU XXe SIECLE
Tome I: 1900-1930

22. SERGE BERSTEIN et PIERRE MILZA
LA FRANCE AU XXe SIECLE
Tome II: 1930-1945

23. SERGE BERSTEIN et PIERRE MILZA
LA FRANCE AU XXe SIECLE
Tome III: 1945-1958

24. FRANÇOIS JOYAUX
GEOPOLITIQUE DE L'EXTRÊME-ORIENT
Tome I: Espaces et politiques

25. FRANÇOIS JOYAUX
GEOPOLITIQUE DE L'EXTRÊME-ORIENT
Tome II: Frontières et stratégies

26. JEAN-PIERRE RIOUX et JEAN-FRANÇOIS SIRINELLI
LA GUERRE D'ALGERIE
ET LES INTELLECTUELS FRANÇAIS

27. MARIUS SCHATTNER
HISTOIRE DE LA DROITE ISRAELIENNE
De Jabotinsky à Shamir

28. JACQUES LERUEZ
LE PHENOMENE THATCHER

29. RENATA FRITSCH-BOURNAZEL
L'ALLEMAGNE UNIE DANS LA NOUVELLE EUROPE

30. OLIVIER BROUET
DROGUES ET RELATIONS INTERNATIONALES

31. ARIANE CHEBEL D'APPOLLONIA
HISTOIRE POLITIQUE DES INTELLECTUELS EN FRANCE
Tome I: 1944-1954, Des lendemains qui déchantent

32. ARIANE CHEBEL D'APPOLLONIA
HISTOIRE POLITIQUE DES INTELLECTUELS EN FRANCE
Tome II: 1944-1954, Le temps de l'engagement

40. ENDYMION WILKINSON
LE JAPON FACE À L'OCCIDENT
Traduit de l'anglais par Eric Philippart

41. NICOLAS ROUSSELLIER
L'EUROPE DES LIBÉRAUX

42. MICHEL DREYFUS
L'EUROPE DES SOCIALISTES

43. ANNE-MARIE DURANTON-CRABOL
L'EUROPE DE L'EXTRÊME DROITE
De 1945 à nos jours

46. DANIEL LE GAC
LA SYRIE DU GÉNÉRAL ASSAD

47. D. PESCHANSKI, M. POLLAK, H. ROUSSO e.a.
HISTOIRE POLITIQUE ET SCIENCES SOCIALES

48. GEORGES AYACHE ET ALAIN DEMANT
ARMEMENTS ET DÉSARMEMENT DEPUIS 1945

49. RALPH SCHOR
L'ANTISÉMITISME EN FRANCE
PENDANT LES ANNÉES TRENTE
Prélude à Vichy

50. CHAPOUR HAGHIGHAT
HISTOIRE DE LA CRISE DU GOLFE
Des origines aux conséquences

Achevé d'imprimer
en mai 1992
sur les presses
de l'imprimerie Campin
en Belgique (CEE)

Couverture :
Beyrouth, 1986
BELGA

Editions Complexe, 1989 et 1992
SA Diffusion Promotion Information
24, rue de Bosnie
1060 Bruxelles

n' 288

Si vous désirez être tenu au courant des publications des Editions Complexe, découpez ce bulletin et adressez-le à :

EDITIONS COMPLEXE
rue de Bosnie, 24
1060 Bruxelles
BELGIQUE

Nom ....

Prénom ....

Adresse ....

....

Profession ....

Âge ....

Livre duquel vous avez tiré ce bon : ....

....

souhaite recevoir les catalogues suivants :

☐ **Histoire**
☐ **Le Regard Littéraire**
☐ **Bulletin des nouveautés**

Suggestions :

....

....

....

....

Nom et adresse des personnes auxquelles vous nous suggérez de faire parvenir le catalogue **Histoire** ou le catalogue **Le Regard Littéraire** :

....

....